大展好書　好書大展
品嘗好書　冠群可期

大展好書　好書大展

品嘗好書　冠群可期

易學智慧13

龐鈺龍／著

談古論今說周易

大展出版社有限公司

序

《談古論今說〈周易〉》是一部通俗曉暢的易學新著，對《周易》思想的精華作了深入淺出的闡述，讀之引人入勝。

人們想求得事業的成功，必須有勇有謀，既靠勇往直前的膽識，尤需深謀遠慮的機智。有勇無謀難免莽撞，有謀無勇無異空論。人生價值的完滿實現，憑機巧權術是不行的，端賴善於臨機應變的智慧。

人們的智慧，主要來自社會實踐經驗，也離不開前人累積的書本知識。實踐經驗缺乏的人，汲取書本知識尤為重要。人們的智慧，有賴思維能力的創發，恩格斯說得好：人的思維「必須加以發展和鍛鍊，而為了進行這種鍛鍊，除了學習以往的哲學，直到現在沒有別的手段」（《馬克思恩格斯選集》卷三，第四百六十五頁）。學習《周易》正是鍛鍊思維的良好途徑。對此，唐初名臣虞世南體會最為深刻。

虞世南（公元五五八—六三八年）乃唐太宗的重臣，弘文館學士，博學多才，善於謀略。史載「太宗重其博識，每機務之隙，引之談論，共觀經史」。唐太宗將他引為心腹，對他評價甚高：「虞世南於我猶一體也。拾遺補缺，無日暫忘，實當代名臣，人倫準的。」（《舊唐書》卷七十二，《虞世南傳》）虞世南是位深通易理的政治家，他根據自己的體會，和歷代將相成功的經驗，總結出一句名言：「不知《易》，不可為將相。」對《周易》的思想文化價值評價極高。此話出自一位名臣之口，確有千鈞之力，一字值千金。

作為「五經」之首的《周易》，乃儒門定國安邦的寶貴經典。它哺育了中國歷史上一代又一代明君忠臣，良將賢相。難怪封建時代各級科舉考試都將其列為必試內容。此書採取符號系統和文字系統緊密結合、相互誘導的方式，總結先秦時期百家爭鳴的思維成果，凝練而成具有永恆魅力的傳世文本，實為中華民族精湛智慧的結晶。數千年來，志士仁人無不從中汲取智慧的清泉。

《周易》一書博大精深，無論從何種角度研習它，都可望獲得新的思想啓迪。龐鈺龍先生研《易》多年，力圖從處世創業如何取得成功的視角，從中汲取智慧，多有弋獲。他採取引史證《易》、援《易》詮史的章法，博取古今中外的生動事例，對《周易》智慧作多方位的闡發，無論《莊子》《列子》的寓言，東周列國的故事，還是正史列傳，野史遺聞，他都信手拈來，例證天成，義明理透，妙趣橫生。平實無華的敘述，畫龍點睛的評説，娓娓動人，令人愛不釋手。

談古論今話《周易》，有哲理，有故事，有人生經驗，也有千古笑談，所闡述的易學思想，涉及政治、軍事、經濟、外交，方方面面。言簡意賅，予人留下深刻印象。諸如《周易》闡明的：崇德廣業的創業精神，保合太和的處世之道；與民同患的民本思想，居安思危的憂患意識；剛健篤實的實幹精神，唯變所適的變革思想；臨機應變的策略主張，處變不驚的沉著意志；萬眾一心的團結精神，一致百慮的寬容態度；自強不息的奮鬥精神，艱苦卓絕的堅定信念，等等。每項《周易》原理，引述一二例證；每個寓言、故事，說明一條人生哲理，啓發心智，催人奮進。

藥王孫思邈曾語重心長地告誡醫家說：「不知《易》，不足以言太醫。」借此推而廣之，我認為：不知《易》，不足以創偉業。這是初讀《談古論今說〈周易〉》的一點心得。龐鈺龍先生希望我為書作序，特以此應之。好學深思，手不釋《易》，願與易學同仁共勉。

唐明邦　於雲鶴書房

目錄

第二章 八卦——支撐《周易》宮殿最基本的樑柱

第四章　五行——點綴《周易》宮殿不可少的庭院

前言　《周易》就在我們身邊

一、積怨成疾　泄之即癒——中醫理論與《周易》

古代有位謹小慎微的官爺，官運亨通之際卻病了：精神萎靡不振，吃不下睡不著，四肢無力、胸腹堵悶，每日裡頭昏目眩，眼瞅著一天天地瘦下去。遍尋名醫、多方會診，傳統秘方、特效奇藥，皆不奏效。無奈之下，他兒子請來一位貌似「濟公」式的人物，這位「醫生」進屋後，既不鞠躬也不致敬，翹腿坐在病床前，一邊挖著鼻孔，一邊白眼翻著病中「大人」。這位官爺病上加氣，幾近昏厥。來者根本不摸脈、不聽診，只冷酷盯著大人，宣告判決詞：「你沒兩天活頭了。病成這樣怪誰？全是自找的！」之後，一一痛斥怒責其有生以來犯過和沒犯過以及「莫須有」的種種罪責、錯誤、醜事、惡端，言辭之惡毒，語氣之傲慢，身形體態之放蕩無禮，是這位官爺從沒有聽說、沒見過的！氣得他靈魂冒煙、兩眼出血，一聲大喝：「給我滾出去！」從沒有過的這聲怒吼，直震得窗戶嘩嘩響！接著不管不顧地破口大罵起來——多年從政的委屈、壓抑、鬱悶、痛苦……黃河決口似傾泄出來。來人微笑著，與之對罵，語氣、內容比先前有過之而無不及……這一場對罵，真所謂天翻地覆。最後，病人猛一個嘴巴扇去，沒打著對方，自己卻轟然栽倒，不省人事。

第二天，這位官爺醒來——身心俱爽，四肢通泰、神清氣朗。所有的病，竟在一夜昏睡中完全消失了。全家齊呼，簡直神醫也！只有其兒子一人在一旁冷笑：屁神醫！是我在街上隨便找來的逃荒仔……我是想逗他發火，讓他把多年積在心裡的東西釋放釋放。因為他根本沒病，只需痛痛快快「放縱」一回、不管不顧「發泄」一次。聽到這裡，這位以善隱忍而官運亨通的官爺，立時失聲大哭。

這位官爺為什麼得病？因為他的身心失去了平衡。人之生命猶如一條長河，有進必有出，當進出不平衡時就會導致這條河的枯竭或氾濫。當我們長期從事超量的身心勞作，就會因「出」大於「進」而積勞成疾；當我們長期強迫自己從事或接受不喜歡的事物，就會因「進」大於「出」而積怨成病。宇宙萬物是由無數個平衡系統組成的，人體也不例外。處於非平衡狀態的事物就是病態，如若自身無力排除病灶，其生命力就會逐漸衰減直至死亡，這就是中醫最核心的「陰陽平衡」論。

這位官爺的兒子採取的是什麼療法呢？誘發放縱，使他的身心恢復平衡。中醫療法的具體方法眾多，然究其根本大致可分針灸（包括按摩等）和方劑兩大類，所依據的原則主要為陰陽平衡、氣血暢通、天人相應（時空觀念）。幾乎所有的中醫方劑，都是根據《周易》的陰陽辯證原理，結合臨床實踐不斷創造完善起來的。每味中藥，不僅是具有特定性能和功效的個體，同時又是具有多種功能的陰陽復合體，因此，它除有解毒（祛病）的正作用之外，還有致毒的副作用，所以，一劑中藥中除有主治疾病的中藥外，還有許多消除其副作用的其他中藥，一個成熟的中醫方劑就是中藥這種相互間的對抗或協同的陰陽平衡統一體。制方原則是平衡陰陽，以達到陰生陽長，最佳的方法是「善補陽者，必於陰中求陽，則陽得陰助而生化無窮；善補陰者，必於陽中求陰，則陰得陽升而泉源不竭」。中醫方劑如此，針灸類療法亦然。

與西醫相比，中醫優勢主要有二：方法簡單、費用低廉，表本同醫、不留後患。當今世界，凡有悠久歷史的國家，都把本國歷史上產生過有價值的學術理論作為遺產來對待，一二百年前的東西對他們來說就已遠遠過時了，惟獨我們中國的《黃帝內經》《神農本草》《傷寒雜病論》等中醫經典，不僅經歷了兩千年的考驗至今一字不易，且仍是中醫學院的必修課程，仍能指導兩千年後的當今醫療實踐。

中國古代醫學家們憑借什麼能達到這麼高的水準？《類經附翼・醫易義》云：「《易》之為書，一言一字，皆藏醫學之指南。」「醫不可以無易，易不可以無醫，設能兼而有之，則易之變化出乎天，醫之運用由乎我。」醫易同根互源，它們都是以古人「天人合一」等宇宙觀作指導，以陰陽五行學說、太極八卦理論、象數思維作為理論基礎和思維模式，充分運用卦爻符號和五行干支數字系統建立起來的兩個相對獨立而又互相交叉、滲透的科學體系，二者之根都是深深扎在《周易》之上的。

二、易經處處顯神通——中式控制論與《周易》

如果說前一個故事屬「百姓日用而不知」一類，以下這則故事則屬有的放矢的「君子之道鮮矣」之類。這是筆者的易學恩師吳漱泉前輩的親身經歷：

「文革」中，我（吳漱泉）下農場管養八條水牛。這八條牛一不能牽、二不能打，兩隻手牽不了八條牛，打一條其餘都跑，踩壞了莊稼「大帽子」戴不起，牛吃飽了到水塘玩水，半夜不上來，只能等到半夜，牛上來趕回牛舍才能散工，次日清早又要放牧，工作真不輕鬆。於是想到了《易經》，想透過「學以致用」找出一條切實可行的「餵牛經」。首先找出不變的「經」：牛要吃草；牛吃飽了草要喝水；有青草就不吃枯草，有好水就不喝髒水；牛吃飽了喝足了要玩水，這些都是天經地義，都是「經」。如何應用它們？利用牛要喝好水這條經，首先設法控制牛不在水塘裡喝水。我熱天挑泉水在牛舍裡餵，天涼時把水溫熱加些鹽，構成條件反射後，水牛就不想在水塘裡喝水了。另外，在牛吃得「三成飽」時趕下水，讓它們盡情地玩水，一兩個小時後一聲喊，牛就上岸吃草，吃飽了草，八條牛乖乖跟我到牛舍去喝水，這樣一下子就把八條牛控制住了。

《易經》之「易」，有「簡易」「變易」「不易」三種含義。宇宙萬事萬物變化不已，所以叫做「變易」；「變易」的事物有規律可循，故叫做「不易」；掌握了「不易」的規律，解決問題就簡易多了，因此叫做「簡易」。這就是《易經》揭示的中國式的「控制論」，大到安邦定國、小到家庭瑣事都實用，上面介紹《易經》在餵牛方面的「學以致用」，僅僅是拋磚引玉。

日本近五十年來日新月異的成就有目共睹，而日本戰後第一任首相吉田茂卻說：「日本人很早以來就醉心於中國，一直不遺餘力地輸入中國文化」，「古代的中國擁有非常先進的文明，對日本來說，學習中國是一個莫大的恩惠。」難怪在日本，要求課長要精通《三國演義》、部長要精通《孫子兵法》、經理要精通《周易》，沒有這些資本，晉升是困難的。由此可見，代表中華古老文明的《周易》，對世界文明的影響有多大，而我們這些土生土長的華夏子孫，卻「身在福中不知福」，沒有儘可能多地從中汲取所需的營養，結合現代文明產生世界一流的管理觀念，使中國躋身於最強盛國家的行列，這實在令人痛惜！

三、易經濃縮成功思維——人生智慧與《周易》

《周易》由《易經》和《易傳》組成，《易經》由陰（- -）陽（—）兩種符號構造的六十四個卦象以及解說每一卦的卦爻辭組成；《易傳》則是從不同角度對卦象和經文的闡述和解釋，由《文言》《彖傳》《象傳》《繫辭傳》《說卦傳》《序卦傳》《雜卦傳》等十篇（又稱「十翼」）組成。《周易》之「周」的含義有兩種說法：一曰「周普」（周全、完備），一曰「周代」（自古就有周文王囚禁羑里而演《周易》之說）。「易」字的含義主要有四種說法：日月，蜥蜴，變易（變化），簡易、變易、不易。

「易」由上面的「日」和下邊的「月」組成，說的是「一陰一陽之謂道」。在《說文解字》中，「易」被解釋為蜥蜴（也叫變色龍），蜥蜴的皮色可以隨著環境而改變，許慎認為由此而引申為變化之義。按照甲骨文中的象形字「易」的原型，表現的是用手把一個容器中的水傾倒給另一個容器（見圖1），足見「易」的本義是表示變化的，由水平面的變化而延伸及一切事物的變化。

由此可見，「易」字之為書名，本義就是變易，通觀《易經》全書，時時處處都在講變化：每卦的爻位揭示的是「變易」，六十四卦的排列順序（《序卦傳》的非覆即變、《京房易》的八宮遊歸）體現的也是「變易」，「易」之名切合書之實。難怪西方把《易經》譯成「變化的書」（The Book of Change）。

《易經》是怎樣來的？古代伏羲氏治理天下時，仰首觀望日月星辰的變化，低頭俯察山川澤壑的形態，並且環視鳥獸毛皮的紋理，以及適宜生存於大地之上的種種事物；就近取法人類自身，致遠取象各類物形，經過觀察和取象，於是開始創作八卦。以此融會貫通天下萬物神奇莫測的性質，以此來類比概括天下萬物多姿多采的情態。既然《易

圖1　從甲骨文到籀文、金文中「易」字的演化

經》是由象天象地總結出來的，是仿生於自然界的思維產物，它闡述的智慧特點自然就是「道法自然」。

「高山流水遇知音」，說的是俞伯牙與鍾子期的故事。俞伯牙何以學得一手好琴？因為他拜了當時第一流琴師成連為師。成連教俞伯牙練好基本功後，發現伯牙的音樂創造性尚未激發，便說：我的本事你都學去了，要想讓你再有所提高，只有讓我的老師來教你了。伯牙非常高興，便隨成連跋山涉水去拜訪成連的老師。

成連將伯牙帶到東海蓬萊山的大海邊，那兒有一小茅棚。成連讓伯牙留在茅棚中等候，自己去尋老師。伯牙等了數天，不見老師回來，更不見老師的老師來，在無聊地等待中，他欣賞起了大海。大海的景色變化萬千，時而風平浪靜，風和日麗；時而驚濤拍岸，氣勢磅礴。既有日出水面，又見月盈滄海，觸景生情，伯牙激動不已，搬出琴來，即興而彈，想不到竟成了千古絕唱。

這時，他突然明白：原來老師的老師，就是大自然。從此，他進入了真正的音樂創作境界，他彈高山、彈流水，創作出了很多優美絕倫的不朽之作，皆係師法自然所得。

人生在世，我們不得不面對許多困惑，有些人處理得好，消災得福；有些人糊裡糊塗，惹禍招災。於是每當這時，我們多麼希望有位知己悄然而至，為我們指點迷津。然而，人海茫茫，知己難覓！俗話說「求人不如求自己」，老子也曾說過「知人者智，自知者明」，如果自己是自己的知己，能為自己解憂除禍，那自然是最好不過了，但要達到「自知」的境界，老師是必需的，到哪裡找這樣高明的老師呢？遠在天邊，近在眼前，他就是闡述「以不變應萬變」的《易經》。

萬變不離其宗，只要你真正讀懂了揭示大自然變化規律的《易經》之理，就會找到助你成功的事業經、婚姻經、養生經等等。

《周易》是我國傳統文化的源頭，我們不能只把《周易》看作是一把鑰匙，只顧尋找使用它的方法。更重要的是要從中找出配製鑰匙的辦法，用這種辦法去配製各式各類的鑰匙，去打開各種各樣的智慧大門。如果這部著作，能為讀者在這方面起到一點拋磚引玉的作用，則吾心願足矣。

第一章　陰陽——構築《周易》宮殿最基本的磚瓦

第一節　陰陽概論

一、從「半瓶酒人生論」談起

面對著半瓶酒，一個人說：「還有半瓶！」而另一個人卻說：「只剩半瓶！」僅二字之差，卻反映出兩種不同的人生觀，前者充滿了樂觀情感，後者卻凝聚了悲觀思緒。其實，無論你是悲觀還是樂觀，半瓶酒仍是半瓶酒，既不會因你的悲觀而增加，也不會因為你的樂觀而減少，然而我們就是無法左右自己產生這些觀點，因為我們都是普通人，我們的心態永遠在積極（樂觀）和消極（悲觀）之間搖擺。

對待人生的態度，可以分為積極和消極兩種，其他方面我們均可劃分為相互對應的兩大類。據說，已故的周恩來總理會見一位外國朋友時，對他的提問對答如流，外國朋友對周總理如此了解國內各行各業的具體情況深為欽佩，沉默片刻之後突然問道：「貴國共有多少個廁所？」心想你周總理即使再精明也不可能用精確數字回答這一問題。周總理不假思索的對答更是出乎這位外國朋友的預料：「共有兩個，一個男廁所，一個女廁所。」這個幽默小故事，恰好是對「一分為二」的中國陰陽論最好的注解。

地球上的人類，種類繁多，按膚色劃分有黃、黑、白等，按語言劃分有英、漢、法、德等，按民族劃分就更多了，然而若按性別劃分，世界上只有兩種人，即男人和女人，這就是中國的陰陽論。

凡是積極的事物都屬陽，因此，陽象徵天、日、晝、剛、健、男、君、夫、大、多、上、進、動、正等；凡是消極的事物都屬陰，因此，陰象徵地、月、夜、柔、順、女、臣、妻、小、少、下、退、靜、負等。古人把天地未分、混沌初起之狀稱為太極，太極生兩儀，就分出了陰陽。兩儀生四象，四象生八卦，八卦相重為六十四卦，六十四卦平方又可分四千零九十六卦……這樣無止境地分下去，說明宇宙間的一切事物，都可以一分為二，都存在相互矛盾的陰陽兩個方面。

二、陰陽辯證——敵友總是相對的

管仲是中國歷史上有名的賢相，齊桓公之所以成為春秋時期的五霸之首，賴有管仲之力，而管仲之所以成為齊相，又全賴鮑叔牙的鼎力相舉。鮑叔牙與管仲的朋友關係的確非同一般：倆人一塊經商，分利時管仲多要，從人對此不滿，鮑叔牙說：「不是他貪財，是他家貧窮，我自願讓給他。」隨軍出征，管仲總在後面，敗陣後退時卻跑在前頭，別人譏笑他膽怯，鮑叔牙則說：「管仲有老母在堂，指望他奉養，並非怯陣。」倆人議事，管仲的意見經常不對，人說他無能，鮑叔牙則說：「他的才能沒有機遇發揮，一旦有機遇，必定百無失一。」因而管仲才與鮑叔牙結為生死之交，嘆道：「生我者父母，知我者鮑叔。」

若論朋友，古今中外，普天之下，除鮑叔牙與管仲，恐怕難得第二。

魯迅在批判世態炎涼的社會現實時，曾寫道：「君不見管、鮑貧時交，紛紛輕薄何須數！」然而，就是這樣的一對世人感嘆不已的朋友，卻由於各事其主而一度成為敵人（齊襄王被殺之後，齊國一片混亂，齊襄王的兩個弟弟公子糾和公子小白都爭先恐後地回國繼承王位，作為公子糾的師傅管仲和作為公子小白的師傅鮑叔牙，都想設法輔佐自己的主人登上王位），後來終究為了富國強民的共同大業化敵為友，成為歷代有志之士崇敬的楷模和效仿的榜樣。

齊桓公一心想成就霸業，問管仲：「我不幸有兩個毛病，一是好打獵，二是好女色，不知對霸業有沒有妨礙？」管仲說無害。桓公又問：「就我來說，什麼樣的行為有害霸業？」管仲答道：「不能識別賢人，有害霸業；明知是賢人而不任用，有害霸業；

用賢人而不信任，有害霸業；聽信小人的話慢賢逐賢，有害霸業。」經管仲提醒，桓公明白了阻礙他成就霸業的個人因素，集中火力消滅了這些「敵人」，於是成就大業之路在他腳下展開。

由此可見，陰陽分則態勢定，故而《周易・繫辭傳》首言「天尊地卑，乾坤定矣」。卑高、貴賤皆出自人心，處地不同則卑高有別，卑高移位則貴賤變矣。這說明陰陽的劃分不是一成不變的，這種看似無規律的變化，又有著恆定不變的自然規律，就像日月的運行一樣，我們只有認識其內在規律，才能把握這些變化，對事物作出正確的判斷。作出判斷之後，就要按需歸類分別對待，判斷正確就會產生「吉」的決策，判斷失誤就會導致「凶」的後果。

陰陽乃世間萬物之根本，故《周易》之象由象徵陰陽的「--」和「—」的兩種符號組成，《周易》經文由代表陰陽的乾、坤二卦作首，乾代表天、尊、高、貴、動、剛、日、晝等，這些都屬陽的範疇；坤代表地、卑、低、賤、靜、柔、月、夜等，這些都屬陰的範疇。

三、陰陽平衡——人生苦惱的消除

有一隻脖子上繫了鈴的老虎，聽到鈴聲就獸性大發，肝火上升，危害人類。如果誰能解除老虎脖子上的鈴，那真是大功一件。然而，粗暴無常的老虎怎麼能夠讓你乖乖地解鈴呢？人們不禁無計可施。

據說，這時有一位乳臭未乾的孩子，提出了一個最簡單的問題。他說：老虎脖子上的鈴，是誰繫上去的呢？哇！人們一下子恍然大悟：能給老虎繫鈴的人，不就可以解鈴嗎？這就是我們通常所說的「解鈴還需繫鈴人」。然而，那個繫鈴的人如果已不在人世了呢？我們只有設法了解繫鈴的方法了，找到了繫鈴的方法也就找到了解鈴的方法，這就是「有陰必有陽」的道理。

筆者特別欣賞一位朋友的人生格言：世上有多少困難，就必然有多少解決它們的方法。根據陰陽互根原理，困難和解決困難的方法都是長在一棵根上的瓜，只要沿著產生困難的藤找下去，就能找到二者共同的根，然後順藤摸瓜就能找到對應的解決辦法。生活中，讓造謠的人出來認錯闢謠，請挑撥離間的人出來認錯以和解被挑撥雙方，用製造冤假錯案的人出來平反，往往是最有效的。

這就是，解鈴還需繫鈴人的道理；這也是，陰陽對立統一的古為今用。

苦惱是什麼？苦惱是由於理想與現實的強烈衝突所引起的精神痛苦。人們理想中的東西實現不了，而和理想衝突的現實卻成為必然，這就是苦惱產生的根源！如果理想為陰，現實則為陽，苦惱的產生就在於陰陽失衡（現實滿足遠遠小於理想要求），因此解除苦惱的辦法就可劃分為兩類：一是增陽的加法，二是消陰的減法。

前者，可理解為嘗試做一些新鮮事，把生活中不利的因素轉化成新的樂趣或機遇，以增加快樂的來源；後者，可理解為消滅慾望，放下包袱，去掉那些對我們是負擔的東西，停止做那些已覺得無味的事情，以減少苦惱的來源。

一位俊美的姑娘住進了醫院，天性活潑的她，耐不住這白色世界的寂寞，吵嚷著要出院，心情很沮喪。後來她看到了別人收集的玻璃糖紙，忽然來了靈感，將小松樹枝掛在牆上，把糖紙疊成花狀插於松枝中，看上去頗像一件工藝品。

這一小小的成功使她感到了病房中的樂趣，以後她不斷地用糖紙做一些小玩藝，送給病房裡的每一位病友，並給病友們畫速寫。愉快的心情、高雅的情趣使她的病情大為好轉，也為病房帶來了生機。

此加法一例也。

有一位將軍，在家中把玩他所珍藏的古玩。有一次，一不小心，一只特別珍貴的瓷杯從桌子上掉下來，幸好他眼疾手快，搶前接住，不過一身冷汗卻沒有避免。待到心神穩定下來之後，他細想到：我帶領千軍萬馬出生入死，都未曾害怕過，為何今天為了一只杯子被驚嚇成這個樣子？

終於他悟通了，有了「得失之心」才使他驚駭，於是他隨手就把杯子打破。有了得失之志和得失之心，就有了悲歡喜樂，超越善惡、得失，隨緣即是福。

此減法一例也。

四、陰陽轉化——天堂和地獄就在一念之間

小時候看連環畫，第一遍看過之後，總是習慣性地把書中反派人物一一標上「壞蛋」記號，因為那時候頭腦中只有「好人」和「壞人」兩種概念，至於「壞蛋」是如何變壞的，根本不去想那麼多。隨著年齡的增長和閱歷的增加，懂得世間之人絕非「好」「壞」二字可以簡單概括得了的，也懂得了即使從某一角度或某一範圍劃分出來的「好人」和「壞人」也不是絕對的，後來讀到一則禪語故事，方才明白「好」「壞」往往就在一念之間，於是便愈加謹慎起來，生怕死後不能升入天堂。

一名武士問某禪師：「真有天堂地獄嗎？」「你是做什麼的？」禪師問說。「我是一名武士。」武士答道。「什麼?你是一名武士!」禪師叫道，「看你的樣子，我還以為是個乞兒呢。」武士聞言大怒，欲抽劍發威。禪師說道：「地獄之門由此打開!」武士一怔，覺得此話實有至理，於是收劍向禪師鞠了一躬。「天堂之門由此敞開。」禪師說道。故事的結論是：天堂、地獄就在人的一念間。

自然界萬物，其內部都同時存在著相反的兩種屬性。這對立著的陰陽兩個方面，互為其根，相互依存、互相為用，無陰則陽不存在，無陽則陰也不存在。事物中對立著的這兩個方面，總是處在相互作用、相互轉化之中，在一定條件下向其對立面轉化。陰極

生陽，陽極生陰，陰陽消長中量的變化可轉化成質的變化，是世界萬物發展變化的根本法則，古代先哲們就是從代表陰陽的兩種符號作起點，創造出一個龐大的、根深葉茂的易學體系。

《周易》是集中華上古陰陽文化之大成者，它把一切自然現象和人事吉凶統統納入由陰（--）陽（—）兩爻組合成的六十四卦系統。懂得了陰陽之概念，才能了解《周易》的思想基礎；參悟了陰陽之道理，才能剖析《周易》的思維模式。

第二節　陰陽符號的由來與「崇陽抑陰」

一、從「怕老婆可笑」看「男尊女卑」的根深蒂固

有關怕老婆的故事很多，而絕大多數是以笑話形式流傳的，然而作者在某書上讀到以下這則故事時，卻怎麼也笑不起來，不知讀者是否也有同感。

幾位懼內的男人，深感名聲不佳，聚會座談，擬定「男子漢條約」，以改變形象。甲先提出第一條：「今後，每次她們吃飯前，為維護我們男子漢大丈夫的尊嚴，一定要偷偷嘗它幾筷子！」

乙接著說道：「每晚為其洗腳後，絕不再給她擦乾！」

丙又續上一條：「再上商場給她們買皮大衣、金項鏈時，我們也要大膽提出買一條褲衩的正當要求！」

丁興奮地嚷道：「對！再加上一條，她們再扇我們耳刮子時，我們絕不能給她們揉手！」

戊面色激動：「我們還應在大庭廣眾面前重建尊嚴，以改變輿論！我再提一條，她們要敢在街上當眾揪我們耳朵，我們絕不能一聲不吭，一定要跺腳咧嘴以示抗議！」

己挺身而起：「我再提一條殘酷建議，當她們當眾對我們無禮時，我們就當著滿街行人的面，給她們下跪、磕頭，以至出血！看她們羞也不羞！」

自然，這則「怕老婆」故事有些誇張，是為諷刺那些懼內的「大丈夫」們而作的。然而，「怕老婆」到底有什麼值得可笑之處，竟引發人們如此地掩飾。實際生活中，「怕老公」的人遠比「怕老婆」的人多得多，為什麼沒有引起人們的注意呢？一句話：是「男尊女卑」的觀念在作怪。

其實，中國人最初是「怕老婆」的。對此，《白虎通・號篇》有明確的記載：「但知其母，不知其父。」就是說，在遠古母系氏族時代，一家、一族之主是女人（老婆），男人就像轉蓬飛雁，在家族中毫無地位。

因為那時的社會生產力非常低下，人類的生存繁衍主要靠女人來維繫，後來人類生產活動從自然牧獵向有意識的農耕轉化，男人成了經濟生活的主力，主次地位才顛倒過來，這些變化從《周易》的產生亦可反映出來。

據《周禮・春官・大卜篇》記載，《易》有三種，或曰三個系統。即：夏代之易，曰《連山》；商代之易，曰《歸藏》；周代之易，曰《周易》。三易，就是夏易、商易、周易的總稱，其共同特點為「其經卦皆八，其別（卦）皆六十有（又）四」。夏易和商易早已失傳，故內容不詳。據傳，夏易以艮卦為首卦，象徵「山之出雲，連綿不絕」，故稱作《連山》；商易的首卦是坤卦，象徵「萬物莫不歸藏於其中」，即萬物都以大地為根源，始發端於大地，終又歸藏於大地，故稱作《歸藏》，因其首卦為坤、第二卦為乾，故又稱作《坤乾》；周易，即流傳至今的《易經》，其六十四卦序為首卦乾、次卦坤，至既濟、未濟兩卦結束。商易的「首坤次乾」，反映了商代社會人重母統的觀念，而這種觀念正是母系氏族社會的孑遺；周易則正好相反，「首乾次坤」反映的是周代社會人重父統的思想。無論是商人的「首坤次乾」還是周人的「首乾次坤」，都是試圖從自然現象中為自己的思想尋找根據。比如周人的「首乾次坤」卦序，在他們看來，既然「天尊地卑」是自然的，那麼卦序「首乾次坤」也是自然的，並由此闡發出君尊臣卑、父尊子卑、夫尊妻卑、官尊民卑的系統思想。

自西周開始，儒家思想統治了中國幾千年，而儒家又把《易經》名列為「群經之首」，由此可見深深打有「夫尊妻卑」烙印的《周易》，是「男尊女卑」思想的總源頭，難怪「男尊女卑」觀念在中國這樣根深蒂固。

二、陰陽符號的由來與傳統的崇陽觀念

筆者在農村長大，從小就親眼目睹許多「重男輕女」現象，但深刻感到傳統文化的崇陽觀念卻是在近幾年。

記得有一次給西班牙朋友講授中國傳統風水學，當講到陰陽基本概念時，其中一位女士問：「既然陽代表的是男、積極、進步、尊貴、剛健、吉、好等方面，陰代表的是女、消極、後退、卑賤、柔順、凶、壞等方面，可不可以說女人不如男人？」

我趕忙解釋說：「男性和積極、尊貴等都屬於陽這個集合，女性和消極、卑賤等都屬於陰這個集合，但不能認為男性就與積極、尊貴而女性與消極、卑賤劃等號，況且無陰就談不上陽，陽有陽的優勢、陰有陰的妙處……」

這位西班牙朋友似乎明白的點點頭，然後說：「我知道中國也講男女平等，龐先生是不會贊成「男尊女卑」的，我剛才的提問只是開個玩笑。」她哪裡知道，崇陽思想已在中國傳統文化中根深蒂固，男尊女卑觀念就是其中之一。

《周易》六十四卦之象皆由象徵陰陽的「- -」和「—」的兩種符號組成，從這兩種符號的由來可以看出，《周易》所體現的崇陽思想由來已久和根深蒂固。

1.自然界的典型代表：日、月

自然界最典型的代表，莫過於日、月（晝、夜），人類要生存，不能忽視日月的規律。陽爻「—」和陰爻「--」兩個符號，可能就是源於對日、月的形象描述。

在文字出現之前，人們開始時把日、月都畫成「○」形，後來覺察到這樣畫容易記混，不如把日畫成「○」形，而把月改畫成「☽」形，一對比實在不錯。幾經觀察竟發現太陽表面有暗斑（黑子），而月亮表面有暗紋（山谷），就索性把「○」改畫為「⊙」、把「☽」改畫為「☽」，這樣比先前的更逼真更好看。久而久之，又出現了一位更精明的人，他覺得把「⊙」和「☽」抽象化更易記，經過再三推敲琢磨，終於將「⊙」中一點抽出來畫為「—」，將「☽」中兩橫抽出畫為「--」，一比較確實非常簡練。由於視力的差異等原因，有的認為月牙有三道暗紋，也有的認為有四道暗紋。此後很長年代裡，「○和☽」「⊙和☽」「—和--」、「---」等，一直被人們單用、並用或混用，借以記時。

某年某月某日，伏羲偶然從一隻白色靈龜背上發現了八卦，他當即聯想到「—和--」這兩個古老悠久的符號，同時受到了某種感應，沒用多久便把八卦破譯了出來，而「—和--」即為我們今天看到的陽爻和陰爻。

由此可知，《周易》中代表陽爻的「—」來源對太陽的形象描述；而代表陰爻的「--」來源對月亮的形象描述。太陽和月亮相比，自然是太陽更為重要了，萬物生長靠太陽嘛！崇陽思想也就由此產生，一代又一代流傳至今，這種思想便在人們的腦海裡根深蒂固。

2.自然數的奇偶代表：1、2

《周易》中代表陽爻的「—」來源於自然數中奇數的代表「1」；而代表陰爻的「--」來源於自然數中偶數的代表「2」，國家政府把重大節日都定在「一」日；民間百姓則喜愛「好事成雙」，凡事多選雙數。

傳統陰陽學說，雖然主張陰陽平衡、和諧，但掩飾不住崇陽抑陰的根本，這種崇陽思想影響到社會各個領域，我國古塔層數多為奇數，就是這種崇陽抑陰觀念在古代建築領域裡的具體體現。我國現存的古塔大約有二千座，其種類和樣式紛繁雜多，但層數卻大多是奇數，並以7層、9層、11層、13層居多。如杭州靈隱寺的石塔是7層，西泠社的華嚴經塔是11層，雲南大理的南詔塔是17層，少林寺塔林中的墓塔層數亦多為奇數。因為在古代數學中，1、3、5、7、9等單數稱為奇數，為陽，是陽剛的象徵；2、4、6、8、10等雙數稱作偶數，為陰，是陰柔的象徵。

由此可見，「崇陽抑陰」理念與「重奇輕偶」論說分不開，這在傳統姓名學中也有著充分體現。在「1－81數理」中，奇數多吉、偶數多凶，「重奇輕偶」內涵非常明顯，例如：「1」為天地開泰的太極數，「3」為進取如意的增進繁榮數，「5」為福祿長壽的福德門數，「7」為剛毅果斷勇往邁進的進取數……此皆吉利誘導之數也；

「2」混沌未定的分離破滅數，「4」為身遭凶變的萬事休止數……此皆凶險誘導之數也。然而，「1－81數理誘導」吉凶之理何在？諸書均未對此進行詳細論述。以下是著者的一點淺見：

「1」是奇數中最小者，陽剛的體現。

「2」是偶數中最小者，民間忌諱「農曆初一」、崇尚偶數，「好事成雙」現象處處可見。新婚洞房的「喜」字要剪成「雙喜」，節日喜慶要雙龍共舞（又稱「二龍戲珠」）等等。

「3」是代表眾多的數字中最小（最少）的一個，預示著大千世界中的萬事萬物活動（或所處）的空間至少是三維，象徵天、地、人「三才」的概念就是這樣產生的。「3」由「2」和「1」相加而得，寓意萬事萬物在三維空間的發展遵循著陰陽兩種規律。

「4」代表四時（四季）、四方，「4」由「3」加「1」而得，寓意萬事萬物隨自然界春秋之變，離不開三維空間，更離不開時間這一要素，所謂「沒有脫離開時間的空間，也沒有離開空間的時間」。

「5」代表五行、中央、平衡，代表五進制。「3＋2＝5」寓意三維空間事物的陰陽兩種表現方式和相互依存關係可由五行體系概括，故由三個陰爻或陽爻組成的八卦具有五行屬性。「4＋1＝5」寓意五行中必須有一行處於中央支配地位，此系統才能相對平衡穩定。

「9」代表無窮盡，象徵無限。

「10」與十天干、十進制有關。九九歸一，因此追求「十全十美」永遠是人類美麗而遙遠的夢想。

三、從「民怕官」還是「官怕民」看陰陽和諧的重要性

孔子路過泰山旁邊，有個婦女在墳前哭得很傷心。他派弟子去詢問為什麼，那婦女說：「從前我公公死於虎口，後來我丈夫也死於虎口，如今我兒子又是這樣送命的！」孔子說：「那你為什麼不離開這裡，搬到其他地方去？」回答說：「這裡沒有殘暴的統治。」於是孔子不無感慨地說：「看來，殘暴的統治比吃人的老虎還要厲害得多呀！」此「民怕官」之典型也。

「六軍不發無奈何，宛轉娥眉馬前死。」唐代大詩人白居易《長恨歌》中的這兩句詩，描述的是楊貴妃馬嵬坡之死。唐玄宗天寶十五年（公元七五六年）六月，在范陽起兵叛亂的安祿山打進潼關直逼長安，玄宗驚惶失措，帶著楊貴妃、楊國忠在禁軍的護衛下倉皇西逃。走到馬嵬坡時，饑餓疲困的禁軍將士對造成這種局勢非常憤怒，不肯再前進，要求殺掉楊國忠和賜死楊貴妃。面對隨時即可嘩變的將士，玄宗的確害怕了，否則

不到萬般無奈的地步，又如何會忍痛割愛呢？貴為天子，卻保護不了自己心愛的女人，由此可見玄宗此時此刻的處境，此「官怕民」之典型也。

對官與民的關係，唐太宗曾有過著名的論述：「水所以載舟，亦所以覆舟，民猶水也，君猶舟也。」筆者在此不再贅述。

第三節　陰陽學說與中國時空觀

一、時空觀在日常生活的反映

古時春季的一天，邵雍到洛河橋頭擺了卦攤。臨近中午，一位老農過來問道：「早上出門時，總覺著要有事，這不，菜賣完了就急急忙忙往回趕，您給算算是吉是凶？」邵雍讓他抽個字，老農彎腰拿了一個遞給邵雍說：「我大字不識，還是請先生明示吧。」邵雍一看是一個「筷」字，便抬頭對老農說：「恭喜恭喜，您今日中午必有口福，快快回家吧，晚了就趕不上了。」老農聽完，自言自語地說：「只求平安無事就行，哪敢奢望什麼好事喲！」說完便走了。

老農回到家，他的外甥見他就說：「我已等兩個時辰了，見你不回準備走了，今日是我爹的六十大壽請你去喝酒。」老農換了件衣服，高興地赴宴去了。

自老農離開半個時辰，此時午時已過，邵雍正要收拾卦攤回家休息，從南邊車上跳下一個人來說：「請先生留步，早聽說先生神機妙算，有意請您看看命運如何，今日巧遇望先生垂教。」邵雍讓其抽個紙卷，此人撿了一個拆開一看是個「筷」字，望著邵雍心裡七上八下。邵雍慢慢地說：「從這個『筷』字來看，乃不吉之兆，你今日必遭水淋之災，望處處小心。」此人看看天氣晴朗，萬里無雲，便連個「謝」字未說就上車回家了。一路上快馬如飛，直到家門口才長出一口氣，心想：「都到家了也沒見著一個水珠，可見邵氏一派胡言。」話音剛落，卻被一盆髒水澆了個正著。原來是老婆不知他回家，將一鍋涮鍋水隨意潑出，讓匆忙趕回的丈夫碰巧遇上。

當天下午，邵雍剛走到橋頭，就見一人在那兒等候。等邵雍坐穩，那人瓮聲瓮氣地說：「老先生，給我看看今天的運氣。」邵雍讓其抽取一個紙卷，那人不假思索地拿起一個遞給邵雍。邵雍一看仍然是一個「筷」字，不禁驚嘆：「不妙！」那人便催他快說，邵雍說：「從這個『筷』字上看，你今天將有關籠之災，你性情暴躁，不免要招災惹禍，望謹慎行事。」那人說：「我呆在家裡不出門，看還會不會招災惹禍。」說完揚長而去。那人回到家中，蒙上被子就睡，一會兒便鼻聲如雷。

不料，被一位婦女罵醒，原來是他家的豬糟蹋了婦女家的菜園子。那人火冒三丈，衝出去與之對罵，因笨嘴拙舌被對方罵急了，伸手就是一拳。那婦女本來就有病，一拳下去，便倒地沒氣了。不到一個時辰，來了幾個衙役便把他抓走關進了大牢。

三人問卜，先後抽取的是同一個「筷」字，為什麼會占出不同命運呢？因為時間不同。中午那筷子是用來吃飯的，所以第一個人有口福；午時過後，飯已吃完，筷子要放到水裡洗，所以第二個人必遭水淋之災；筷子用完了，就要裝入筷籠，故第三個人將有入籠之禍。

俗話說：三十年河東，三十年河西。三人抽取同一「筷」字問運，其結果卻大相徑庭，此時間變化引起空間變遷所致也。邵氏的神機妙算，來自對生活常理的體察入微和對時空差異的準確定位，看似平常卻令人回味無窮。

筆者曾就時空觀請教我國著名的易學家吳漱泉老前輩，他說：「我國文明自古就是時空相結合的，比如我今日請你吃中午飯，只告訴你時間，沒告訴你空間（吃飯地點），你吃不到飯，這叫時空相結合。世界上沒有超空間的時間，也沒有超時間的空間，空、時相結合將萬物分成五種類型，在空、時相結合中生生不息地運行。所以說尸子說『上下四方曰宇（空間），古往今來曰宙（時間）』」。

二、時空觀在企業識別和姓名識別策劃中的應用

1.企業識別策劃的優劣在於對時空內涵的把握

CI（Corporate Identity）又稱企業識別。CI策劃是一種由歐美開發出來的經營

技法，現在通行的說法是企業形象設計或塑造。

企業形象的競爭，實質就是差別化的戰略競爭。它主要表現在經營宗旨（企業理念）、經營行為（企業活動）、經營特色（企業視覺）三方面的與眾不同，即我們通常所說的「CI」戰略（策劃）。視覺識別，是對企業理念的靜態塑造，即是在企業理念確定以後，由一系列良好的視覺形象（名稱、標誌、標誌色、象徵圖案符號等），透過媒介傳遞給社會公眾，從而達到塑造良好企業形象的目的。

大家都知道，企業（產品）的名稱，必須體現出企業的本質和特點，同時還要考慮到易於讓社會公眾接受（便於記憶、感覺吉祥等）以及名稱本身的吉凶誘導。然而，還有更重要的一方面被世人忽視，那就是沒有充分考慮這個名稱所在的空間。

其實，「名稱」也是一種事物，一旦產生就擁有一個特點的場，與周圍其他有聯繫的場就開始發生作用。如這個名稱場屬性為木，而法人代表的人場屬金或企業處所在西方（全國或本城市），就不利；若相反屬木、水或在東方、北方就有利。此空間因素在企業識別系統的體現之一。

由圖案（文字、符號）和色彩構成的企業標誌，是建立在吸引感動社會公眾的前提下對企業風格的一種直觀體現，其圖案、色彩除體現企業本質和特點外，由於每一種文字、圖案、符號、色彩等都是一個相對獨立的事物，因而也就具有各自的場，因此企業標誌中的這些不同形式的場就要相互作用。

依據五行理論分析，按強弱劃分其結果只有兩種：一種是相互之間相生者居多，則表現出來的是一種較強的場；一種是相互之間相克者居多，則表現出來的是一種較弱的場（能量在相尅中被消耗）。

較強的場對社會公眾的影響，肯定比較弱的場要大得多，是正作用還是反作用要看這種場的屬性與環境的生尅關係。此空間因素在企業識別系統的體現之二。

企業的名稱和標誌策劃，除了充分考慮內外空間因素外，還應充分考慮時間因素。比如，企業在創業開拓時期，體現的主要是「木」性和「震」場，名稱和標誌必須與此相輔相成；企業處在規模壯大時期，體現的主要是「土」性和「坤」場，名稱和標誌必須與此相符才對。

依據不同角度，我們還可按20年、10年、5年、3年、1年、3月、1月等劃分性場，如某一段時期適合「金」性、「兌」場，我們在企業名稱和標誌策劃時就必須把這一因素充分考慮進去。

此外，企業法人的變更、主產品（或經營領域）的改變，也應及時更換與之相符的新名稱和標誌。猶如我們人類隨著身體的成長和季節的變換，衣服也隨之改換一樣，企業名稱和標誌也應隨著時間的推移而有所變遷。此即時間因素在企業識別系統的體現。

2. 姓名識別策劃的吉凶取決於對時空概念的理解

姓名與人的關係猶如衣服與人，衣服、姓名為虛、為陰，人為實、為陽，根據陰陽辯證理論，名與人之間存在一種相互依存、互相影響的辯證關係。姓名，作為代表一個人的特殊符號，其暗示與誘導力可以在一定程度上影響人生之命運，無怪乎有人稱姓名為「終生相伴的護身符」。可惜的是，如今還沒有更多的人開發利用好它，更有甚者因此而遺憾終身。

按陰陽辯證的觀點，每個人的名字對其一生皆有好、壞兩方面的誘導，世間十全十美的事物是不存在的，人之姓名也不例外。在受到種種制約而無法更改新名字的情況下，採用什麼樣的方式方法，能夠使姓名中的積極（吉利）誘導（暗示）信息發揮到最大限度，而將其中消極（凶惡）影響減小到最低限度，便成了許多人的夢想，這相當於傳統風水學中的化解。

姓名化解方法很多，常用的有「簽名設計法」，「字號彌補法（包括乳名、別名、筆名等等）」，「他名借助法（包括人名、物名、地名等）」等。這些都是從不同角度將時間和空間因素為我所用。

姓名與人生猶如生物與大地，我們可以從生物類別和狀態，判斷出它所處地域的許多情況，可以根據這些判斷進行人為的選擇（如耕作、綠化等），然而自然界的生態平衡卻自有它的原則和規律，豈能是人力所為，此乃空間奧妙之所在；姓名與人生的關係猶如魚與江河，倘若魚已經游入大海，那麼，魚與此江河的乾涸或澎湃就再無瓜葛，此乃時間神秘之所依。

三、干支紀時——時空觀最好的體現

中國有四大發明，世界公認。其實，干支紀時法，應該算作中國的第五大發明，因為它是時空全息的直接應用，只有這種紀時方法才能真正反映時空全息之內涵。

中國五千多年文明史，最早的時空觀就是「天圓地方」說。在太極混沌觀念下，提出陰陽兩元論，這實為球形的一維坐標系統概念，進而以觀察者為中心提出「天干地支」說。「干支」說，把人類生存空間看成是一個隨人們所在位置為中心，把其四周的空間等分成十個天干空間區域，分別取名為甲、乙、丙、丁、戊、己、庚、辛、壬、癸；在此基礎上又認為時間是與空間密切聯繫著的，再把人類賴以生存的旋轉體（地球）考慮進來，仍以觀察者為坐標原點，把旋轉著的地球空間等分成十二個地支固定區位，依次分別命名為子、丑、寅、卯、辰、巳、午、未、申、酉、戌、亥，這實質上類似於極坐標的形式。繼而把天干跟地支又有機地組合成六十甲子，完成了中國記載時間的體系。其中用地支記月和時辰，用干支來記年和日，再用上、中、下三元進行擴展及天、地、人作為時空全面考慮的基本框架。

翁文波先生在《天干地支紀曆與預測》中講道：「干是干擾、干犯；支是支持、支撐。」筆者贊同此說，認為：天干反映的是來自天（宇宙）的干擾信息；地支反映的則是大地（包括人類自身）對此的支撐、接受規律。

《群書考異》說：「甲者拆也，言萬物割符甲而出也。」意思是種子從甲殼中生出，破土而出。人們常見到種子出土時還頂著把「小雨傘」——甲殼的樣子。「甲」字的象形，畫的就是這個樣子。乙，說「萬物初生，曲孽而未伸也」。意思是根子還沒有伸直，我們吃的「豆芽菜」的形狀就是這是狀態。

由此可見，古人使用天干的概念，其最初之本義是借此反映植物從種子萌發到結出新的種子之過程規律的，由於這一規律是宇宙規律（季節變化等）的具體顯現，故而我們也可以說天干次序記錄反映的是，宇宙天體對地球生物的干擾（影響）規律。

「子」乃一陽初生，十二地支之首，有開天闢地之象徵。子為孩子、種子、卵子等（子月婦女懷孕率最高），萬物皆從「子」中來。《說文》：「陽氣動，萬物滋。」故：子，滋也，言陽氣始萌，萬物滋生於下。子居正北方，水旺之鄉，木（包含所有生命在內）之「沐浴」之地，水性流動無固定形狀，有風流、暗昧之象。故又有「子，孽也，陽氣始萌，孽生於下也」之說。「丑」為醜陋、為扭曲，象徵嬰兒降生時的醜陋、種子萌發時的屈扭，有萬物初生的艱難之象，《說文》：「鈕也，十二月，萬物動，用事象手之形。」意為草木萌芽，像許多人的手扭在一起。

由此可看出，地支的排列同天干一樣，不是簡單的先後次序，而是透過生物的發生、少壯、繁盛、衰老、死亡、再生而體現宇宙氣場的變化規律。

由於干、支排列次序本身是對宇宙規律的一種特殊反映，故而中國的干支紀時方法，則必然會巧妙地反映出宇宙間萬事萬物運動發展的規律。干支紀時所表現出來的時間全息方面很多，主要體現在時間全息守恆和時間與空間全息對應兩個方面。

一天分十二時辰，一年分十二月，一天從子時到亥時為一循環周期，反映的是一天氣溫高低、光線明暗等變化規律；一年從子月到亥月為一循環周期，反映的是一年氣候寒暑、陽光強弱等變化規律。一天的子時與一年的子月，一天的午時與一年的午月，皆有著驚人的相似之處。日復一日，年復一年，這種變化規律沒有任何改變，這就是時間全息守恆。

甲與子，乙與丑依次組合，成為六十甲子年。而六十甲子的循環規律恰好與土、木二星的會合周期相吻合。天象研究發現，木星繞太陽一周十二年，土星繞太陽一周是三十年，兩者最小公倍數是六十年。

另外，水星是每隔五十九年回到原方位，所以，六十年是土、木、水三星的會合周期，而這種會合有可能造成旱澇、地震等自然災害。例如，一九六六年三月二十三日河北邢臺發生七·二級大地震，上推六十年，一九〇六年十二月二十三日新疆瑪納斯發生八級地震；一九七六年七月二十八日河北唐山發生七·八級地震，上推六十年，一九一七年七月三十一日吉林琿春發生七·五級地震……

由於《周易》與中醫、兵法等緊密結合而奇神地發展著，因而以六十甲子為單位的干支紀時方法，在中國大地上，數千年來以農曆形式，有效且準確地指導著中國農民進行農業耕作，一直沿用至今。這種紀時概念和單位，是中國宇宙時空觀最好的體現，展現著中國獨有的思辨方式和豐富的哲學內涵。

第四節　陰陽理論揭開戀愛婚姻之謎

一、陰陽互依——「異性相吸」之謎

同性相斥，異性相吸，這種現象在我們的日常生活中處處可見。對此，一個建築工地的領導曾經談過他的切身體會。

一次因為工作量減少，工地領導辭退了工地上僅有的六七個做臨時工的女孩子。誰知道，第二天沒到休息時間工人們老早就休息了，過去休息一次只是十幾分鐘，甚至上午、下午都不休息，而現在一休息就是一個多小時，工人們無精打采的，吵嘴打架的事情也一下冒出來了，有兩個人還被打破了頭。工地領導分析了半天也沒有找出原因，後來還是一個挨了打的工人一語道破天機：「誰叫你們把那幾個女孩子辭退了，不就是節省那麼十幾塊錢嘛！」於是那幾個被辭退的女孩子又被請了回來。這下工人們幹活的勁

又大了，他們在工地上又叫又喊，還不時變換花樣搞些競賽。

陰陽互依，是宇宙的自然規律；兩性相吸，是人類的自然特性。柏拉圖在《宴會》一文中寫道：男人和女人，最初是合為一體的，後來上帝將它劈開，一半是男人，一半是女人，所以，男人和女人總是要急切地撲向自己的另一半。儘管人類經歷了幾百萬年的變化，社會形態幾經變更；儘管人類有語言不同、膚色差異、種族之別，但發生於男女之間的自然的相互吸引的情感卻是永恆的。

沒有陰則無所謂陽，沒有陽則陰，就失去了存在的意義。異性相吸，男女相悅，天經地義。正是有了男女之間的這種永恆相吸，才有了許多可歌可泣的愛情故事；正是由於這種永恆的相吸，才有了許多牢固穩定的婚姻家庭。

二、陰陽對立——「冷戰婚姻」之謎

老桂先生在《人生病態放言》中講述了自己親身經歷的一個故事：男的是他的一位朋友，是某全國重點大學的教授，社會聲望很高，品格穩重端莊；妻子是小有名氣的演員，為人溫文爾雅；獨生女兒十七八歲也聰明俊秀；家庭收入雖不如那些「大款」，據說也頗為可觀。加上三室一廳的住房……總之，在五十歲左右的知識分子人中，他們可算是個上乘之家了。二十年來，從不吵鬧，從無糾紛，相敬如賓，禮儀有加。誰不稱讚他們是好夫妻，有個好家庭?!

但令人費解的是：如此令人羨慕的一對夫婦，出乎意料的事竟連續發生了。先是獨生女兒離家出走，接著是妻子患癌症去世，再後來男的也臥床不起，醫院檢查，也是癌症末期。男的回首一生，唯餘悔恨：

「如果當年和妻子及時分手，雖一時難堪，但畢竟可重新開始各自健康的生活。誰又能在年輕時不犯錯誤呢？尤其在特定情境的衝動裡?!然卻從此都背上了道義的十字架，終於沒能掙脫自身與外界的套子……總之，作繭自縛。到頭來，欺人害己，僅有一次的生命就這樣荒廢了。」「當初，我們為什麼不能打得人仰馬翻、鬧它個天翻地覆，大家都撕破臉皮，誰也不再當個『人』呢?!」

讀罷這個「冷戰」故事，一種不可名狀的淒涼油然而生。陰陽互依，導致異性相吸、男女相悅；陰陽對立，又使得異性相斥、男女相害。這就是神秘不可捉摸的大自然，它在贈送我們沃土讓我們播種幸福和歡樂的同時，也將痛苦和悲哀的種子一起給予。一不留神，我們就會播下與願望相反的種子，那是由我們年輕的無知所致，大自然會原諒我們，再給予我們改正的機會；然當我們已經分辨出種子（或種子萌發後的植物）的好壞時，卻給自己找種種理由而聽之任之，我們就要受到大自然的懲罰——吞下自己親手播種的苦果。

陰陽對立，男女相斥，猶如山與水：山高峻挺拔，很難給水以儲蓄的空間；水往低處流，總想掙脫山的束縛，然而人間卻不乏「山清水秀」的美滿婚姻。異性相斥、男女相害，猶如兩軍對壘：冷戰只能加重雙方的內耗，戰爭才能贏得新的和平，「硝煙散盡」的婚姻，葉更綠花更紅。

三、陰陽互根——「湊合婚姻」之謎

有關愛情的故事看到、聽到的實在太多了，至今想起來，倒是一個不是愛情的愛情故事留給作者的印象最深，臺灣柏楊先生在《柏楊談男人和女人》一書中是這樣講的。

希臘哲學家柏拉圖有個弟子，以求偶之事上詢，並問以挑選之術，柏拉圖乃囑之曰：「你沿著麥壠，從這一端走到那一端，不能回頭，摘一個全壠中最大的麥穗給我。」弟子遵命而行，邊走邊看，見一個大的，正要去摘，一想前面可能有更大的，乃再往前走，果又見一個更大的，再要去摘，一想前面可能還有更更大的，乃再捨去，等走到最後，發現全是癟腳貨色，比遺留在背後的那些差多啦，可惜已無法回頭，只好隨便摘一個而歸。

書中只講述了一個結果，也可能還有其他結果：比如他一走下麥壠，不管三七二十一，把第一眼看見大一點的麥穗摘下就往回跑；比如這個弟子像上面說的一樣走到麥壠最後，一賭氣，赤手空拳來見他的老師；比如他不守師約，再回頭尋找，只要後面沒有緊跟的他人把大的摘掉……其實他選擇哪一個麥穗並不重要，重要的是他選擇以後的態度。因為麥穗的大小只是相對而言，沒大則無所謂小，對一個急於得到麥穗的人來說，只要這個麥穗健康成熟就足夠了。何謂愛人？並非簡單所指「所愛之人」。作者給「愛人」所下的定義是：選擇以後仍然去愛的人。

當我們認為一個人好時，彷彿他身上的一切都令人滿意；當我們認為一個人壞時，似乎他身上的一切都一塌糊塗，這是我們經常犯的一個感覺錯誤。當我們從婚姻的角度去判斷一個人是好還是壞時，所下斷語的依據往往是從他的幾個表現突出方面得來的，比如他很有才華或財富、他很有正義感或責任感等等，殊不知這些耀眼光輝的另一面即是令人不快的陰影，這就是陰陽互根的原理。

富有才華的人往往自以為是，財富過多則容易招惹是非；富有正義感的人往往難以被人接受，責任心過強則容易勞心傷神，這就是禍福同源的道理。心急之人，辦事利索，說幹就幹，雷厲風行；但往往情緒急躁，急於求成，不夠穩重，這就是我們通常所說的「雙重性格」。

就像《紅樓夢》裡的賈寶玉，誰能說得清他是好人還是壞人？脂批說這個人：「說不得賢，說不得愚，說不得不肖，說不得惡，說不得光明正大，說不得混賬惡賴，說不得聰明才俊，說不得庸俗平凡，說不得好色好淫，說不得痴情痴種。」

一個孩子跟著他的父母到商店買玩具。他看中了好幾樣，按照孩子的慾望，這幾樣都應當買下來。孩子的父母從經濟角度考慮當然不能答應孩子的全部要求。於是，父母對孩子說：「你可以挑一件最好的——僅僅限於一件。」這時候我們會看到多數孩子都表現出猶豫不決，因為他看中的玩具各有所長，都有它獨到的誘人的地方。

類似這種情況，在婚姻之前的對象選擇中也同樣多，因為「理想的婚姻對象」標準，任何一個人都無法同時具備。陰陽互根，在「賢內助」方面表現很出色的人，往往在「好外助」方面發揮很一般或較差勁，如果魚與熊掌不能兼得，這便是「湊合婚姻」。倘若從來沒有見到過熊掌而認為得到的魚就是熊掌，或者根本就不想什麼熊掌認為得到一條魚足矣，這便不是「湊合婚姻」。

其實，魚和熊掌各有各的味道，如果能放下「物以稀為貴」和「得來不易便是寶」的主觀理念，客觀地細細地去品嘗，我們就會發現：「湊合」的只是婚姻形式而絕非愛情內涵。否則，就會適得其反。

四、陰陽轉化——「愛情墳墓」之謎

有許多人，結婚時給人的感覺是「具備愛情的婚姻是幸福的」。可是，過一段時間以後見到他們，無意中問一句「情況如何？」他們的回答竟出乎我們的意料：「不過如此」。作者在一本書裡就看到這樣一個故事：

好久不見一位朋友，他們新婚燕爾的甜蜜深深印在我的腦海。一日相見，問他：「情況如何？」他卻回答：「不過如此。」我一怔要他解釋，他挺坦率地說：「儘管××和我沒有多少矛盾，但我們都有一點不太妙的感覺：彼此習慣了的婚姻生活遠遠不如剛開始那樣生動有趣，甚至讓人想到一句不該想到的話：『婚姻是愛情的墳墓』」。我不無擔心地問：「那怎麼辦？」他頗為得意地笑道：「好不容易我總算找到了一個辦法，我發現我每次出差回來，我們的關係一下子親多了。小別似新婚，也許真的有道理。」故事的結局：兩人分居剛滿十天，不謀而合、不約而同地給對方打電話。雙方在電話裡問寒問暖，相互介紹工作、生活的體驗，講述一些新人新事，講的聽的都覺得津津有味，過去那種相互指責、埋怨的情景不見了，似乎人人身上都只有優點而沒有缺點似的。

這個故事提示我們，在婚姻中存在一種「距離美」。兩顆相愛的心，猶如兩個已被點燃的木柴，如果過分緊密，就會因燃燒空間不足而使火勢減弱；如果相距遙遠，又會因無法相助同樣使火勢減弱；只有雙方保持在不近不遠的距離，才會獲得最大的火勢。陰極生陽，陽極生陰，人間處處體現著「物極必反」的道理。如果讓一個年輕人擁有老年人的智慧和人生體驗，那麼，世間成功者不知要增加多少倍；如果讓每一位老年人仍然擁有年輕人的精力和朝氣，那麼，年輕人將永無出頭之日。這就是陰陽轉化之理，這就是「物極必反」的規律，那些才華橫溢的天才，為什麼大都過早離開人世，是這個道理；一些如膠似漆的新人，為什麼大都容易生離死別，也是這個道理。

婚姻中存在「空間距離美」，也存在「時間反差醜」。前者因距離產生相吸，又因相吸而將對方美化；後者因反差而產生相斥，又因相斥而將對方醜化。距離美，比如因「思」而生「戀」，因戀而追憶對方的種種優點，最後導致美的昇華；反差醜，比如因「煩」而生「惱」，因惱而累加對方的種種不足，最終導致醜的定位。同樣是他做的一件事、同樣是他身上的一種特點，處於距離美和反差醜的兩種不同情態下，會得出兩種不同甚至相反的評價，如果兩種評價之間的差距永遠是那樣遙遠，則婚姻離愛情的墳墓不遠了；如果二者之間天壤之別得讓你無法接受，則婚姻已經步入墳墓，無法挽救了。為了防止後一種類型的發生，在婚前距離美占優勢的情況下，設法多進行幾次反差醜的訓練是很有必要的，比如設法爭吵，讓對方的缺點多暴露一些（同時也多向對方暴露自己的不足）等等。如果能在婚後不斷發現對方的優點，而對他的缺點早有了解，這樣的婚姻是斷然不會一下子走入愛情墳墓的。

五、陰陽統一——「廢話不廢」之謎

共產主義理論導師馬克思在一篇文章中談到寫情書的奧秘：結結巴巴，吞吞吐吐，詞不達意，欲言又止，忐忑不安，流露出心中的衝動、慌亂和沒把握，這種樣子反而打動了對方的心，一邊讀著一邊想像著他寫信時那份表情，真可愛！啊，他是多麼愛我！顯然，這情書裡講的全是廢話，但表達了一顆真實的心，所以廢話不廢，廢話養愛，廢話養情。

牛頓與他的表妹談戀愛，一起散步時，總是說他的物理學，一句廢話也不會說，表妹覺得毫無興趣，以後再也不和牛頓好了。你請人吃飯，飯桌上大都講的是廢話，但廢話不廢，廢話聯絡了感情，滋潤了感情。要辦事，本來就是一兩句話就可表白清楚的，然而若沒有那一番廢話，這一兩句話就很生硬，就解決不了問題。散步、聽歌、旅遊、游泳、騎馬，不講廢話講什麼。

廢話給人幽默感，讓人輕鬆、親切，疲勞頓解，隔膜消失，心理距離迅速靠近，從陌生變為親近。會講廢話有一番學問，要真誠，有愛心，充滿關懷，善解人意，自己無憂，才能感染別人放鬆。善講廢話，肯定是一種魅力。花前月下，談情說愛，嘮嘮叨叨，沒完沒了，說些什麼？廢話！愛情是無法解釋的？糊塗的愛，你的缺點我能忍受，我們就有希望共處。

周國平寫過一篇哲理寓言，說是人們排著長隊走向死亡。但隊如長龍，挨挨擠擠，進展緩慢。等得不耐煩了，女人們拿出毛衣來織，男人們拿出美女畫報來翻，青年人乾脆打起撲克牌，賭徒們更是不失時機，孤注一擲。他由此感悟到，原來人們害怕寂寞甚於害怕死亡。廢話可以排除寂寞，廢話可以實現陰陽統一。

我們不願講廢話，認為它是白水，對婚姻質量沒有任何營養價值；我們害怕講廢話，因為它猶如空氣，經常受到污染源的侵襲。然而，我們做飯離不開白水，我們洗滌離不開白水，就連我們生病吃藥也需要白水；無論我們坐在室內還是站在戶外，無論我們坐在車裡還是站在峰頂，我們都在呼吸空氣。所以，我們沒有理由不去贊美江河的奔流，我們也沒有理由再次拒絕風雲的變幻。廢話不廢，這是大自然給予我們的恩惠！為了你的婚姻機器能夠正常運轉，請經常使用「廢話」這一潤滑劑吧！為了你的愛情之樹能夠碧綠常青，請用「廢話」經常澆灌吧！

第五節　陰陽理論發現事業成功的奧秘

一、失敗是成功之母——如何面對失敗

在一座山廟裡，住著老和尚和小和尚。老和尚叫小和尚到山下買油，小和尚端著油碗上山時，心情很緊張，雙眼盯著油碗。到了山頂，油都撒光了。老和尚笑了，教小和尚走路時不必去想油，平常怎麼走，就怎麼走。小和尚照辦了，結果從山下買油來到廟裡，碗裡的油能滿滿的。

失敗是成功之母，萬里之行始於足下，我們都曾有過「到了山頂油都撒光」的經歷。然而，並非失敗之後就必然是成功。我們看到許多人，多次失敗之後仍然還是失敗，而有的人卻恰恰相反，這與他們在失敗面前採取的態度和方法有關，換句話說，是否找到失敗的根源是決定下一次是否成功的關鍵。以上故事中的老和尚是如何教小和尚做的呢？「不要去想油」和「平常怎麼走就怎麼走」，前者是態度（不要總想著失敗——撒油），後者是方法（要注意腳底下的路——把步子放穩）。

日本圍棋名將吳清源，曾稱雄日本棋壇，有一次竟輸於新手坂田。吳清源仔細檢查了失利的原因，發現自己參戰時老是為了「保」自己的名聲，是處於「應戰」的地位。後來，他以一個普通棋手的姿態出現，向坂田「挑戰」，結果反敗為勝。吳清源不僅自己如此，還經常教導新手如何面對失敗。有一次，他在與一位新手對弈之前，看到新手戰戰兢兢、心裡很害怕的樣子，就藉由講故事的方式告知對方：要戰勝的敵人首先是自己的怯懦、自己的害怕、自己的包袱、自己的得失觀念……這位新手聽了這個故事，懂得了其中的含義，心胸坦然，與吳清源開展，竟戰勝了這位棋壇宿將，吳清源講的就是上面提到的「老和尚和小和尚」的故事。

萬里長城是由無數塊磚和連接磚與磚之間的黏合物組成，世人只看到一塊塊磚，而對那些起著特殊作用的黏合物視而不見，這正如常人審視一項偉業時，只看到成功對大業的貢獻而忽視失敗的作用一樣。「是故易有太極，是生兩儀，兩儀生四象，四象生八卦，八卦定吉凶，吉凶生大業。」（《周易・繫辭傳上》）「太極」猶如一張可以任意繪圖、作畫的白紙，而不是什麼也沒有。

說得更具體一點，「太極」就是要大幹一番事業的決心和志向（而不是渾渾噩噩混日子）；「兩儀」就是陰陽，具體到幹大業就是對黑道還是白道、文鬥還是武力等陰陽兩種方式或渠道作出選擇；「四象」就是東西南北和春夏秋冬，就是確定具體方向和時間（什麼是真正的敵人，哪裡是最後的目的地；一萬年太久，只爭朝夕）；「八卦」就是具體怎麼做每一件事，到這時成功和失敗開始不斷出現……「吉凶生大業」，一般都解釋為「能趨吉避凶，則偉大的事業可成」，筆者的理解是「成功與失敗，都是成就大業的所必需」，學會如何面對失敗，則成功離你不遠矣。

二、成功是失敗之母——如何面對成功

列子學習射箭，中靶後請教關尹子，關尹子問其是否知道射中原因，列子回答說「不知道」，關尹子叫其回去再練。三年後列子再來求教，關尹子重問時列子說，知道射中原因了，關尹子告知要牢牢記住，並說無論做什麼事都應如此。

故事提醒我們：如果不知道成功（射中）的原因，說明這種成功只是偶然，用這種心態及方法對待下一個（射箭）目標，就不能保證必然是成功（射中）。這就給我們提

出一個問題，那就是「如何面對成功」？

《增廣賢文》說：「成名每在窮苦日，敗事多因得意時。」我們發現周圍有不少曇花一現的人物，十有八九都是因為第一次成功之後，沒有保持謙虛謹慎的精神，沒有像爭取第一次成功那樣，帶著極大的熱情和耐心，繼續虛心地去爭取更多人的幫助，於是便再沒有新的造就，新聞熱浪一過，便被人們遺忘了。至於那些稍有成績或稍有權力就飄飄然起來，出言不遜，惡語傷人，目中無人，自視過高的人，原來的朋友會敬而遠之，新來的朋友也懶得靠近你，驕兵必吃敗仗，驕人必被冷落。如果只是被冷落，那還算是不幸中之大幸，因為驕人往往會遭人作對，受人捉弄，甚至暗算，讓你慘敗而歸，讓你不能東山再起。

三、成功與失敗總是難解難分

陰陽互根，成功與失敗總是緊緊交織在一塊、糾纏在一起。人世間，沒有全是成功的人生，也沒有全是失敗的人生。有人說「失敗乃成功之母」，也有人說「成功是失敗之母」，為什麼？因為成功後容易驕傲，為以後的失敗打下了伏筆、種下了禍根，一方面的成功也為另一方面的失敗創造了條件。

最後成功才算真正的成功，秦末劉邦與項羽爭天下，史籍記載得清清楚楚：劉邦遇到項羽，幾乎陣陣敗北，最好的情況也是深溝高壘，絕不出戰，最後垓下一戰，四面埋伏，竟將項羽軍隊全殲，乃至項羽自己也很不服氣，說：「天亡我，非戰之罪也！」不管怎樣，最後是劉邦成功了。至於項羽，雖然得到一個「英雄」稱號，但卻無法同「失敗」分開（後人多稱他為「失敗的英雄」）。

項羽是一位名將，在軍事方面的天才也表現得非常出色，但軍事和政治畢竟不是一回事，他不知道政治要比軍事複雜得多，導致他失敗的致命傷恰恰就是不懂政治而在打了幾個勝仗之後，驕傲情緒使他忽然自以為很懂政治。所有這些，都注定了他在取得軍事上的成功之後要成為政治上的失敗者，最後以軍事上的失敗而告終。

政治和軍事不同，文學和政治有異，事業和生活也不是一回事，成功與失敗的交織更是耐人尋味，以下故事就是最好的例證。

1.最偉大的詩人卻是一個愛情殉葬者

一八三七年一月二十七日，彼德堡郊外的晚上。白茫茫的原野上，淒寂而沉靜。兩個成年男人，在漫起的雪片中面對面僵持著，他們的手中都握著槍。片刻的沉悶之後，槍聲陡然響起。矮個頭的男人應聲撲倒，血從他的腹部汩汩流出，染紅了周邊一大片白雪。倒地的男人在地上痛苦地滾動著，隨即拼足全身氣力，用左手撐起了身子。他舉槍瞄準那在雪地中驚懼顫抖的男人，瞄了好長時間才扣動扳機。他打中了，但對面的男人並沒有被擊倒。

這裡進行的是一場決鬥，倒地的是普希金——俄羅斯歷史上最偉大的詩人。兩天以後，他死去了。

俄羅斯的文壇為著這悲慘的一幕，久久地哀傷著。日後，在「詩人之死」的章節下面，留下了這樣的詮釋：這是陰謀者對天才與美的絞殺；這是浮華女人給偉大詩魂造成的毀滅。

作為一個詩人，他是一個事業成功者，作為一個愛人，他是一個婚姻失敗者，他殉葬於自己的愛情。如果他知道，陰謀家們早在迫不及待地謀劃著他的生命，他一定會設法跳出這預設的圈套；如果他知道，他所深愛著的不過是一顆輕浮的靈魂，他一定會拒絕這無益的犧牲。

2. 失敗的仕途造就成功的詩人

「屈原放逐乃賦《離騷》」，屈原早年因學識淵博，「明於治亂，嫻於辭令」，深得楚懷王信任，官至左徒和三閭大夫。因主張舉賢授能、修明法度、聯齊抗秦，遭到舊貴族保守勢力的反對，終遭失敗，被懷王貶逐。他在長期的放逐生活中，先後寫下了《離騷》等不朽詩篇，成為我國文學史上第一位偉大的愛國詩人。《楚辭》中有一篇《漁父》，講述的就是他放逐生活的故事。

屈原被流放之後，流落江湖。有一天，他在河邊徘徊，容顏憔悴，面貌乾枯，頭髮蓬亂，大聲吟道：「心不怡之長久兮，憂與愁其相接。」聲音回蕩在蕭颯的天地間。忽然河邊蘆葦叢中搖出一艘小船，上面有位漁父，仙風道骨，不同凡俗。

漁父看見屈原，一眼認出他來，吃驚地問：「這不是三閭大夫嗎？你怎麼來到這裡？弄成這個樣子？」屈原仰天長嘆道：「舉世皆濁我獨清，眾人皆醉我獨醒，就是因為這個我被流放到這裡。」

漁父出語驚人：「聖人不拘執於事物，能夠與世推移。世人皆濁，你為什麼不索性攪渾泥、揚起波來？眾人皆醉，你為什麼不索性連酒帶糠都喝下去？何必深思高舉，與眾不同，自己弄到這個地步？」屈原慷慨激烈地答道：「我只懂得剛剛洗完澡的人，必須換上乾淨的衣服，怎能反而穿沾滿灰塵的衣服，使它玷污清潔的身體呢？我寧可投到大江的清流中葬身魚腹，怎麼讓皓皓的清白沾染世俗的塵埃呢？」漁父聽完，臉上浮出一種神秘的微笑，掉轉船頭，順流而下，引吭高歌道：「滄浪之水清兮，可以濯吾纓；滄浪之水濁兮，可以濯吾足。」（如果滄浪的水流清澄啊，可以用來洗我的帽纓；如果滄浪的水流渾濁啊，可以用來洗我的腳。）

河水有清有濁，就像古代政治家遇到的君主一樣，有英明也有昏庸。無論河水清濁，都能為我所用。君主英明，可以借以做一番事業；君主昏庸，也未必沒機會或多或少地實現自己的目的。即便不是全部而是部分目的也可以，總比完全放棄好。屈原的性格，從其《離騷》等作品中可以得到證實，確實剛烈忠直。這種性格不利官場上的周旋，也許還有其他什麼因素，總之，他在政治仕途方面是失敗了，然而卻因此在文學上取得了巨大成功。

在中國歷史上，有許多像屈原這樣的文學偉人，唐代的李白、杜甫就是其中兩位。李白是繼屈原之後的又一偉大的浪漫主義詩人，被後人冠以「詩仙」稱謂；杜甫是我國文學史上影響極為深遠的一位偉大的現實主義詩人，被後人冠以「詩聖」稱謂。李、杜創造出高不可及的文學業績，古代名將名相有幾人及得上他們的成就？然而他們卻都在政治仕途方面打了大敗仗，大概都懷著「徒列空言」的深深遺憾離開人世，後人也這樣為他們遺憾。

當然，古代名相名將，多是文人出身，這證明一個偉大的政治家或軍事家必須具備相當的文化素養。然而一般說來，文學與政治、軍事畢竟不是一回事，需要不同的智能結構和個性特點、不同的認識方法和思維方法。就政治而言，李、杜是失敗者，其主要原因在於他們那不適合政治活動的詩人氣質；就文學而言，他們又都是成功者，其成就的取得與他們的政治失利遭遇分不開。「憤怒出詩人」，倘若他們的仕途一帆風順，就不可能寫出那些不朽的詩篇了。

四、天敵是生存之源——逆境的恩賜

捕獲後的沙丁魚，在運往外地的途中往往會全部死亡，即使在中途更換海水也無濟於事。挪威漁民終於發現沙丁魚在運輸途中死亡的原因，是沙丁魚有愛打瞌睡的習性。於是這些漁民就在運送沙丁魚的箱裡，放進幾條凶殘無比的鯰魚。鯰魚四處追逐沙丁魚，沙丁魚為了躲避被鯰魚吃掉的厄運，就不得不疲於奔命，再也不敢打瞌睡。這樣，雖然在運輸途中有少許的沙丁魚被鯰魚吃掉，但絕大多數的沙丁魚卻因鯰魚的追殺而存活了下來。

惰性是人類的天性，因此我們需要激勵，倘若沒有任何壓力，就會一事無成。激勵和壓力可能給我們帶來諸多煩惱和痛苦，但卻使我們找回成功所必需的熱情和鬥志。

逆境在給我們帶來痛苦和打擊的同時，也將與凡人拉開距離的機遇恩賜給我們，這就是陰陽互根原理。

熟悉中國歷史的人都知道，偉人是在逆境中造就的。故而司馬遷在《史記》中開宗明義地寫道：「蓋西伯拘而演《周易》；仲尼厄而作《春秋》；屈原放逐，乃賦《離騷》；左丘失明，厥有《國語》；孫子臏腳，兵法修列；不韋遷蜀，世傳《呂覽》；韓非囚秦，《說難》《孤憤》；《詩》三百篇，大抵聖賢發憤之所為作也。」

逆境猶如一道門，門這邊是失敗的黑暗，門那邊便是成功的光明。艱苦的逆境向我們挑戰，我們必須用空前的智慧和努力予以反擊。面對災難性的挑戰，僅憑智慧和力量的擁有還遠遠不夠，首先需要的還是戰勝逆境的信心和勇氣。然而，只要你戰勝了這種挑戰，就會取得超人的成就，你就會發現：逆境不過是命運之神的另一種恩賜！

五、時勢造英雄——機遇的代價

我們常說「時勢造英雄」，然而「時勢」決不像女媧娘娘的手那樣，把一團泥土捏成一個人形放到地上就讓他活起來。時勢是一種客觀存在的時空，它也許提供了構成一個機遇所必要的東西，但它本身卻並非真正意義上的機遇。依據陰陽互根原理，陰可以轉化為陽，陽也可以轉化為陰。歷史中惟一永恆的東西是「變化」，它所包括的一切因素都在發展，原先成為機遇被利用的，也許馬上就反過來成為反抗利用者的力量。

時勢的發展有自己的邏輯，這個邏輯對於每一偉人，既是機遇同時也是制約。甚至機遇本身便是一種制約，順應機遇而作出合適的抉擇，本身便是取消了作出別的抉擇的可能性。從這個角度來看，所謂機遇，分明是歷史的陷阱，它讓你憑藉著它去獲得成功，代價是從此以後你得跟它走，在時勢的不斷發展中時刻改變自己，不到面目全非而不止。否則你便被它拋棄，像諸葛亮那樣空留一腔遺恨。

我們還常說「識時務者為俊傑」，時勢為偉大的成功者提供了機遇，同時也對他們造就了制約空間，即使是諸葛亮那樣雄才大略無與倫比的人，也不能擺脫時勢的制約。

諸葛亮出山之前，曹操已經統一了北方，孫權也已占據了江東，這就是同時代的偉人給他製造的「時勢」。於是，三顧茅廬的佳話誕生了。《隆中對》所定的大計開始一步一步實施，先是與孫權聯盟取得了赤壁大戰的勝利，接著是穩住荊州，協同劉備挺進四川，奠定蜀漢政權，至此他勾畫的「三分天下」的宏圖基本實現。只要貫徹「外結孫權，內修政理」的國策，一待「天下有變」，便可以實現《隆中對》後半部的計劃了。然而關羽卻把荊州丟了，歷史就是這樣無情！漢中若丟失，可以奪回；荊州若失於魏，亦可以奪回；偏偏荊州丟給了東吳，而向東吳用兵則不啻是自取滅亡，違背了孫劉聯盟以抗曹的大計，其結果必是共遭覆滅。至此，諸葛亮陷入了一個歷史的死角，由他一手扶植起來的蜀漢集團，最好的結果也不過像東吳一樣割據苟安。

然而，他卻為了青年時代的宏偉理想、為了報答「知遇之恩」，「鞠躬盡瘁，死而後已」地去打一場注定要失敗的戰爭，這就是時勢的偉大，也正是這種敢於挑戰時勢的精神，使他由「識時務」的英雄變成了「挑戰時勢」的偉人。

制約著諸葛亮的並非是自然生命的終結，而是來自歷史車輪運轉中自具的力量。儘管特定的時勢在漢末分裂時造就了他，但是時勢的發展在統一的事業中遺棄了他。「合久必分，分久必合」，而能「合」的畢竟不是他。

歷史並不只是在某一個人面前展開，歷史是所有人共同經歷的一段時間。機遇就像一個「公開的秘密」，它對人人公開，而幾乎就沒有人看到。它存在於每一地方、每一時刻、每一事物之中，如天上滿布的繁星與大地上叢生的青草，卻幾乎全被忽視，如水一樣空自流走，無聲無息。

某一個聰明的人、傑出的人，一下子抓住它，成就了常人無望其項背的大業，人們才恍然大悟，才知道自己浪費了多少良機。於是有的人心服口服，跟著強者走，有的人卻於懊悔之餘，頓生惱火與嫉恨，聲言這本是我也能夠輕易做成的，沒什麼了不起。可悲可憐的庸人啊，沒有英雄的素質和胸懷，他們便無法理解「機遇的代價」。

六、知足者常樂——財富的隱患

有一農夫，在山野中掘地，挖到一座價值連城的金羅漢。他的家人和親友來向他祝賀，很為他高興。這個說：「這尊羅漢最少由一百多斤的金子打造而成。」那個說：「哈哈，這回你們這一生可都吃喝不盡了！」然而，沒過多久，這位農夫卻滿臉躊躇起來，整天喊：「憂愁啊，憂愁！」旁人不解地問：「你已成千萬富翁了，還有什麼事好憂愁的呢？」他的回答使別人大吃一驚：「因為我不知道另外的十七座金羅漢在哪裡？」（羅漢共有十八位）

這個故事告訴我們：富不富有，不在於金錢的多寡，而在於知足不知足。

占有金銀不是真正的「富」，位居高官不是真正的「貴」，俗話說「鐵打的衙門流水的官」，金錢堆積起來的財富更是如蓄積的水，只要有一處決堤，頃刻間就會一瀉千里。故而，真正的「富」是「才識」的擁有，是「智慧」的無限；真正的「貴」是一種

「一覽眾山小」的境界，是一種「萬事俱備只欠東風」的狀態。

隱居南陽被譽為「臥龍」的諸葛亮可稱得上是這樣的「富貴」之人，貧困潦倒的孔丘也擁有這樣的「富貴」。幾千年來，我們的炎黃子孫就是依靠對這些「富貴」的繼承和致用，屹立於世界民族之林，所以擁有這種「富貴」的人就是聖人。

這種「富貴」是如何擁有的呢？「探賾索隱，鉤深致遠」（《周易・繫辭傳上》），這句話，用現代的科技術語解釋，就是借助「望遠鏡」看清更遠的東西，利用「顯微鏡」分辨細微的物質。當然「望遠鏡」和「顯微鏡」只是一個比喻，但古人應用《易經》的學問，可以起到今人「望遠鏡」和「顯微鏡」的作用，甚至有過之而無不及。

世間萬物皆可分為陰陽，財富於我們的影響自然也有陰陽兩個方面。財為養命之源，無錢是談不上什麼有福可享（精神文明是要有物質文明作前提的）；財又是災禍之根，錢財多了反成了一些人的負擔和災禍之源泉，他們的慾望因錢財的增多而逐漸膨脹，最後釀出各種事端。只有做到「得而不喜，失而不憂」的陰陽平衡狀態，才能成為財富的永遠擁有者，否則就會失去財富，甚至成為財富的殉葬者。

美國經濟歷史上，曾經有過一個很具諷刺性的統計。在一九二三年的某一天裡，芝加哥的一間大酒店內，聚集了十位當時最有成就的財經巨子，他們意氣風發地吹牛一番。當然，以他們當時的成就，沒有一個人不敢不洗耳恭聽，好好地向他們學習成功之道。

這些人士，聚在一起的時候，真的可以將整個世界的經濟買下來，他們左右了當時國際的政治經濟思想。二十五年後，他們個人的際遇卻有了很大分別，十個人中只有兩人安度晚年，有八個是死於不幸，他們雖然曾經賺取了天下人的錢，但卻不能好好地為自己打算一下，連自己的賺錢特長也保不了，成功又有什麼意思呢？

以上的例子，並非外國獨有，我國歷史上也有很多這樣的例子。晉朝時代的巨富石崇、乾隆時代的和珅、晚清時代的胡雪岩，都曾經成為中國歷史上最有錢的人。但是到了晚年，也都是走上了自殺、被殺和抄家等可怕的道路。

第六節　陰陽辯證與家居養生

一、由「千萬買鄰」談家居養生的陰陽辯證

據唐代李延壽《南史・呂僧珍傳》記載：季雅被罷免南康郡守的官職之後，在呂僧珍家旁邊購買了一處宅院。僧珍詢問他購買宅院的價錢多少。季雅回答說：「一千一百萬錢。」僧珍聽到這麼昂貴的價錢，感到很奇怪。季雅說：「我是用一百萬錢買房宅，

用一千萬錢買鄰居呀！」

故事中的季雅不惜多花費十倍於宅院的價錢來買鄰居，可見好鄰居在家居養生的重要性。這使我們不由想起「孟母三遷」的故事，蒙學《三字經》裡有「昔孟母，擇鄰處，子不學，斷機杼」。由此可知「孟母三遷」的故事廣為人知。

孟子的母親正是意識到了生存環境與人生道路之間的關係的重要性，才一而再、再而三地選擇所處的生活環境。他們先是住在距離墓地不遠的地方。既是墓地，就少不了挖穴築墓一類的事情。此時孟子還是一個頑童，見人挖穴築墓，覺得很好玩，就很高興地做起這樣的遊戲「嬉戲為墓間之事，踴躍築埋」。應該說，孟子這樣做是少兒喜愛模仿的天性的表現，並不意味著他將來要成為一個幫人挖穴築墓的人，可是，孟母卻從中看到了問題的嚴重性，認為這樣一種生存環境不利於孟子的成長，於是就離開這裡，在靠近集市的地方住了下來，誰知孟子玩耍時，又模仿商賈，做一些買賣人的遊戲。孟母一見，決定再次搬家，這次搬到離學校很近的地方住下來。這時，孟子又仿效學校教授禮儀的樣子，擺設禮器，進退很合禮節。孟母這才放下心來，說：「真可以居吾子也。」於是就在學館旁定居下來。

孟母定居學館附近，取決於她對這一生活環境的認同。她認為，學校是傳授知識、教授禮儀的地方，孟子生活在這種環境中，可以知進退、識禮儀，對孟子日後的生活道路很有好處。後來，孟子果然不辜負母親的厚望，刻苦讀書，成為一代名儒。

張惠民老師在一書中談道：當代的「環境心理學」，研究環境與人的關係，也就是從人文地理學、心理學、生態學、社會學的立場，研究環境對人的行為、性格、感覺、情緒所產生的影響和作用。為了深入研究，將環境劃分為物理環境、社會環境和象徵環境。

物理環境即自然環境和構築環境。對於自然環境，要考慮人和動物擁有怎樣的行為空間，其次是有關氣象、風土等自然環境條件與人的心理行為方面的關係問題，從而分析人的性格差異。構築環境實際是人工環境，中心是與人生活關係最為密切的住房建築問題。但建築一般可用上百年，很難適應瞬息萬變的生活方式，如何解決這一心理矛盾，使建築學家頗為頭疼。構築環境，與擁有它的城市和鄉村的自然環境及社會環境不可分離（頗似中國風水學的「環境氣場」）。

社會環境，人在社會中需要控制自己的行為，以適應社會。

象徵環境，從美學立場出發，考察環境中所包含的一切自然事物和人為事物作為一種象徵，如何對人類起作用，以及人類如何對環境起作用的過程。

從上述國外類似風水學內容的學科和研究來看，他們的水準還僅處於初級階段，處於理論探索階段，遠不及我國風水學已發展到了應用技術階段。

根據中國的陰陽學說，任何事物皆有陰陽兩種屬性或兩種表現形式，影響家居養生的「鄰居」也分為陰陽兩個方面。陽的方面，就是我們通常稱為「看得見、摸得著」的東西，包括「孟母三遷」講述的諸多內容等；陰的方面，就是我們通常稱為「看不見、摸不著」的東西，而這些正是傳統風水學所討論內容，其對家居養生方面的影響主要從「形勢」的辯證關係上體現出來。

形勢，即地形和地勢。形指形狀和形態，勢指勢態和勢力。二者一陰一陽，是風水學中兩個絕對不可分而又相對獨立的重要概念。「有其形必有其勢，有其勢則必有其場」，有其場則必然對人產生相應的吉凶影響。

形與勢的概念之別：「千尺為勢，百尺為形」。形比勢小，勢比形大。勢是遠景，形是近觀。形呈現的是一隅環境，勢體現的是整體風貌。形是單座的山頭，勢是起伏的群峰。勢如城郭垣牆，形似樓臺門第。勢居乎粗，形居乎細。左、右、前、後謂之四勢，山、應、案謂之三形。

形與勢的辯證關係：形是勢之積，勢是形之崇。有勢然後有形，有形然後知勢。勢立於形之先，形成於勢之後。形由勢造成，形住於內，勢住於外。形得應勢，勢得就形。勢背而形不住，形行而穴不結。認勢惟難，觀形則易。由大到小，由粗到細，由遠到近。來勢為本，住形為末。

在引入「龍」的概念之後，則勢的解釋可以形象化，「勢」可指連綿起伏「龍脈」的格局趨勢，即山川的整體外觀；在引入「山」的概念之後，則形的解釋亦可以具體化，「形」可指結穴之山或對其影響較大之山的具體形狀。然而如今我們居住的城市中，大多沒有「真山（形）」「真龍（勢）」，那麼城市住宅的形與勢又該如何論呢？簡單地說，把密集相連的萬家屋脊看作蜿蜒起伏的「龍脈」，把具體的樓房建築視為富有特徵的「高山」，這樣，根據「有諸內而形於外」（有什麼樣的外形，便會有什麼樣的內涵，起什麼樣的作用），古為今用論說城市風水了。

既然城市的樓房建築有山巒一樣的形狀、街道有水流一樣的特徵，它們就有山、水的內涵，起著類似的作用，曉此道理則家居養生不難把握矣。

根據內外統一的陰陽論，「形與勢」的吉凶原則的應用，既適用於家居外部環境的論述，也適用於家居內部環境的分析，這一點務必請讀者牢記在心。例如，家居內部要求「形與勢」的辯證統一，在以古典中式風格為主的家居中非要擺上幾個與之格格不入的西方現代家具，則會打破形與勢的和諧美。除固定和移動設施（家具）的設計擺放外，居室色調的選擇，綠化植物的配置，都屬「形與勢」的論述範圍之內。

家居養生，首先是陰陽問題，並非五行問題，「形與勢」只是陰陽問題的一種特殊表現形式。善惡問題、吉凶問題其根本原因是陰陽問題，陰陽平衡為吉、為善，否則為凶、為惡。陰陽對立是一種宇宙平衡態。陰盛則陽衰，其結果一般是傷陰損陽，反之亦此。陰盛陽衰、陽盛陰衰是宇宙兩種相互對立能量的一種轉化，在人事上必然表現出不平常事情的發生。對於家庭，陰盛陽衰則出鰥夫，但同時也出寡婦，對男女雙方都有災。

二、生機盎然百病消——陰陽和諧營造「好氣場」

目前，在庭院內外種植花草樹木，或把植物放置家居室內培養，已成為現代市民們的一種時尚。在工作之餘，面對生機盎然的綠色植物；或是一覺醒來，嗅到沁人肺腑的花草清香，確實使人感到賞心悅目和心曠神怡。但是，我們也經常見到有些人抱怨，有些人是自己不會養，花了不少時間和精力，卻只收到事倍功半的效果，甚至把花木養得死不死活不活，連自己看著也來氣；而另一些人，則是缺少起碼的有關植物知識，更不了解植物之間、植物與人之間的陰陽五行、相生、相剋原理，把一些有毒的植物種植家中（或擺放在室內），造成對人身心健康的危害（依據陰陽五行原理，植物種植或放置的位置不正確或植物的生物場與某人的生命場相剋，都會導致對人身心健康的侵害，我們將這種侵害統稱為「放毒」）。

家居植物能預防和治療疾病，對保障人的身心健康起著不可忽視的作用，其作用方式有直接和間接兩種，直接的如植物（包括花果）的顏色、香氣、分泌物以及其他釋放物對人的身心健康直接有益；間接的如植物可調整居室內部的陰陽平衡、阻擋室外煞氣入侵等等。可見，家居綠化所涉獵的學科很廣，是項非常有學問的工作。

植物的預防和治療疾病的作用，依賴它自身的旺盛，若想把植物養得鮮活，除了培植技術之外，還有個方位擺放問題。如東南方向，天一亮便受到陽光的照射，陽光充足，可以種植擺放陽性的植物；西南方向夏季日曬強，通風良好，可種植擺放中性植物；東北方向光線不足，午後變得陰暗，可以種植陰性植物；西北方向西風較強，受到北風吹襲，故家居中此方位上，盡量不要擺放植物或放置不懼風寒的仙人掌之類。

天地萬物分陰陽，植物亦遵循這個規律或生或滅，如杜鵑、菊花、白蘭、玫瑰、茉莉、梅花、牡丹、芍藥等為喜陽的植物。如果你把它安放在潮濕陰暗的環境中，就長不好，或不開花。另外植物與植物之間，植物與人物，植物與環境，都存在相生、相剋的關係。植物可以預防、治療疾病，可以調心養神，旺宅旺人；也可以害人，因為植物自身存在一個「場」，它和宇宙萬物一樣也存在著陰陽、五行及相生、相剋之現實，因此，我們在庭院綠化和家居植物擺放方面，就要遵循這些科學的旺宅規律，求得與自然的和諧，創造一個旺盛、美好、舒適的家居環境。

三、山不轉水轉——陰陽平衡造就「山水情」

地球上最高的山峰珠穆朗瑪峰，最深的海溝西太平洋馬里亞納海溝，都在北緯三十度附近，這是什麼原因呢？許多學者百思不得其解。而用《周易》的陰陽觀點來回答這一問題，則顯得非常容易。

依照《周易》理論：宇宙萬物雖然紛亂繁雜，然皆可劃分為陰陽兩大類。山，凸出地平面，走向為上，屬陽；澤，凹入地平面，走向為下，屬陰。有陽就有陰，有陰就有陽，猶如人類因為男女的均衡而得以繁衍，世間萬物只有取得陰陽平衡的和諧，才能存在和發展。故而，地球上有山就有澤，有澤就有山，山澤對立統一、相互依存，地球才能取得平衡和諧——相對穩定。因此，北緯三十度附近既然有地球上最高的山——珠穆朗瑪峰，也就必然有地球上最深的澤——馬里亞納海溝；山峰與海溝對立統一，相互依存，保持相對平衡，取得相對穩定。

在《周易》中，山為艮（☶），為陽卦，由一個陽爻和兩個陰爻構成，代表少男；澤為兌（☱），為陰卦，由一個陰爻和兩個陽爻組成，代表少女。如果把代表山的☶和代表澤的☱放在一起進行觀察，我們就會發現這兩組符號恰好是三陰三陽，是平衡的。易云：山澤通氣，萬物生，「萬物生」就是世界的形成。中國傳統風水學講「山地生男，澤地生女」，事實的確如此，山區男子多，娶媳婦實在困難。而水鄉女子多，而且能幹，如著名的「福建惠安女」，多出女強人。

傳統風水學講：「水伴龍行，水停龍住」。古人把像龍一樣蜿蜒起伏的山巒，形象地稱之為龍，因龍總是離不開水，故此沒有水伴山巒不美，好山好水才是好風水。風水選擇的五大要素（即「地理五訣」）為龍、砂、穴、水、向，其中「龍、砂」皆是言山，在安穴立向時，總是山、水並舉。有時山勢有某些不足時，可以靠來水和流向彌

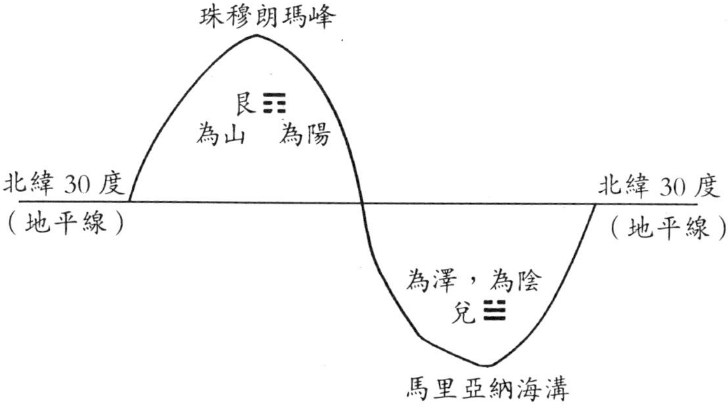

圖2　「S」形示意圖

補，這就是俗話說的「山不轉水轉」的道理。看一個地區的氣場如此，看整個地球大氣場也是這個道理。世界各地凡有大山之處，必為大江大河之發源地，且山水並行。由此可見山與水之情誼是如此深重，這是傳統風水中「山水情」的含義之一。

中國傳統風水學講：「大河大江收氣厚，涓流點滴不關風」，收納氣厚的大河大江有：美國的密西西比河、埃及的尼羅河、伊拉克的幼發拉底河、中國的長江等，這些發達國家、文明古國的著名江河都集中在地球上接近的緯度上（北緯三十度左右），決定了這個緯度的氣場好。如果橫坐標代表北緯三十度，珠穆朗瑪峰可以畫在橫線上，而馬里亞納海溝則畫在橫線下方，二者形成正弦曲線（如圖2所示）。

這條正弦曲線，在中國符號學中稱「S」形曲線，風水專業術語為「曲則有情」，是好氣場的象徵。好山、好水的風水寶地，必然是富有「S」形的

「山環」與「水抱」之最佳組合，這是風水中「山水情」的含義之一。

第七節　陰性思維在經營管理中的應用

一、「無解」即是解——陰性思維揭開「七橋之謎」

古代有一個世界難題，叫做「七橋之謎」，在一張地圖上有七座橋，要你從某一座橋出發，走遍七橋而不重複。人們想，這還不簡單嗎？於是蜂擁而至，要解這「七橋之謎」，然而年復一年，代復一代，世上無數的聰明人、大學者，一個個皆以失敗而告終。但是，後來者仍然接踵比肩，絡繹不絕。有一年，終於有一個數學家，用嚴格的方法論證了：七橋無解。於是大家信服了，不再鑽牛角尖了。無解，即是最終的解。

凡題就有解，這是一般人的邏輯，我們暫且稱它為「常態思維」；「無解」也是解，這是一般人所不能接受的一種定則，我們暫且稱它為「非常態思維」。根據事物「一分為二」的陰陽定律，思維可分為陰、陽兩種思維。我們把常態思維稱為陽性思維，或叫正態思維；我們把非常態思維稱為陰性思維，或叫負態思維。

正態思維即陽性思維，其主要特點是從常規的、現有的、正方向的、積極的方面或角度著眼，這種思維適合處理一般或常規的事物或難題；負態思維即陰性思維，其主要特點是從非常規的、從來沒有的、反方向的、消極的方面或角度著眼，這種思維適合處理一些特殊時代和環境下的事物或難題。

雖說陰性思維是一種非常態思維，但在我們日常生活中也並非少見，例如：「棄權」也是行使權力的一種特殊方式，「沉默」也是一種特殊方式的回復，如此等等。只要我們不把自己定格在常態思維中，就會時常視異常為正常、變特殊為普通，我們通常所說的「隨機應變」能力，就是來自熟能生巧的陰陽兩種思維訓練。

《周易》的全部內容以及由這種思維模式引發開來的應用易學體系，處處體現著這種思維訓練。難怪，從古到今的名師賢相姜子牙、諸葛亮、劉伯溫等等，沒有一個不是應用易學高手，他們濟世安邦的深邃智慧、平亂治國的雄才大略，皆得力於「《周易》智慧」給予他們的特殊思維訓練，這種中國古老模式的思維訓練是《周易》的精髓，是中國人趕上和超過外國人最值得信任的智慧法寶，這是那些沒有真正讀懂《周易》的人永遠無法體會到的。

「思維同步」，「科學沒有國界」，外國人也在以某種特殊的方式加強訓練自己的思維，他們已經對中國的《周易》以及以這種思維模式為主的應用易學體系，產生了極為濃厚的興趣，如果我們自己不爭氣，就要永遠落後於他們。

美國一出版商有一批滯銷書不能出手，他靈機一動想到利用總統，於是給總統送去書並再三徵求意見，繁忙的總統便回了一句：「這書不錯」。於是出版商便以「現在總統喜歡的書」大作宣傳，而使該書一搶而空。不久，該書商又拿一本去「徵求意見」，有了上回的經驗，總統便以「這書糟透了」作答，沒想到得到這種回復以後，出版商卻巧妙以「現在總統討厭的書」大加渲染，書又售盡。第三次總統接受前兩次的教訓不作任何答覆，出版商竟又以「現令總統難以下結論的書」廣而告之，居然又一搶而空。

這位美國出版商真是一位善於使用陰性思維的高手，他對普通結論的變通智慧，令我們這些創造陰陽學說的華夏子孫自嘆不如。

二、以退為進「原價銷售」——陰性思維使他成為繩索大王

被譽為「日本繩索大王」的島村寧次在幾年前還是一個窮光蛋，他的成功有賴於以退為進的「原價銷售法」。

開始，島村以五角錢的價格大量買進麻繩，然後以原價賣給東京一帶的紙袋工廠。這是一樁賠本生意，島村心甘情願地賠本幹了一年，贏得了一個「島村的繩索真便宜」的好名聲。於是，訂貨單源源不斷地飛來。這時候，島村拿著購物收據對訂戶說：「這是我一年來購買繩索的收據，這一年，我一分錢也沒賺你們的，長此下去，我只好破產了。」訂戶為島村的誠實所感動，情願每根繩索增加五分錢。島村又拿著賣物收據找到

供貨商：「一年來，我是一分錢也沒有賺到，只是給你做了義務推銷員，再幹下去，我是受不了了。」供貨商翻閱著一張又一張原價賣出去的發票，感動不已，於是每根繩索降低五分錢供貨。

這樣，島村每賣一根繩索就能賺一角錢，其利潤已相當可觀了。沒幾年，島村就成為一個腰纏萬貫的富翁了。每當人們問起他致富的訣竅時，島村寧次深有感觸地說：「『原價銷售法』開始時吃虧，而後便占大便宜。實際上這是一種極為高明的經營訣竅，只有那些膽識謀略過人的企業家才敢於為之。」

經商的目的就是為了賺錢，其要旨則為用最短的時間賺到最多的錢。然而島村卻反其道而行之，以賠錢的「原價銷售法」開始他的繩索經營事業，從他後來取得的巨大成功來看，這一經營戰略確實奏效。

如今曉得「以退為進」的推銷員已經很多了，什麼「試銷產品不要錢」啦，什麼「商場開展贈送活動」啦……然而他們太心急了，還沒有讓人感到他們後退的誠意，就急於轉身朝前（錢）走，故而不能達到「以退為進」的真正目的。

我們常說：「欲速則不達」，「捷徑不捷，彎路不彎」，就是對「以退為進、以迂為直」的逆向（陰性）思維的肯定，然而要運用陰性思維獲得一個切實可行的具體戰略方針或操作方法絕非易事，要做到最佳效果的實施就更難了，這就要求我們對陰陽之理要有更深層次的參悟，進而透過豐富的實踐體悟對它的把握。

三、變大為小「反彈琵琶」——陰性思維獲得更多經營謀略

海南島有一飼養能手孫會昭，一九八二年開始養鴨時，每隻都養到六～七斤以上才出售，結果鴨大而滯銷，人們嫌花錢太多不想買。於是，他採取反向經營方式，變大為小，養至二～四斤左右上市，銷路很好。每年鴨子上市，大都集中在夏秋兩個收穫季節之後，鴨多價低；旺季一過，鴨少而價高。後來，他看到農民種反季節瓜菜可以賣好價錢，受這一啟發，他大膽實踐，使自己養的鴨子大都在淡季市場長成售出，獲得了較高的經濟效益。這是「反彈琵琶」經營謀略的一個很好例證。

「反彈琵琶」是指經營者不循常規，反向求異，以異務稀，以稀取勝。市場運行有買方和賣方兩個主要因素，產品經營者提供商品，購買者購置商品。從表面上看，似乎是經營者決定商品品種和供給時間。而實際上，購買者的需求才是決定商品的根本所在。某種商品少，社會需求大，價格高；某種商品多，社會需求小，價格就低，或造成積壓。企業經營者要跳出傳統的思維框架，運用逆向思維，掌握消費者的「跨越心理」，不能光盯著眼前的市場，要從更遠的時空上掌握市場運行規律，不隨大流，在顧客需要而他人意想不到的時間和品種上多出冷門，適應、引導和改變消費者的偏好，以適取時，以新取實。故而「反彈琵琶」可從以下幾個方面著手：

時間反彈：與季節相逆，推出反季節產品，冬季推出夏季需要的某些產品，夏季反賣冬季需要的某些產品。此時，顧客雖少，但經營者更少。況且，適應某些顧客的購買心理，認為淡季購買的人少，價格便宜，選擇餘地大。有些商品緊俏，消費者擔心到了旺季買不到合適的。在大雪紛飛的嚴冬，南京「蝙蝠牌」電扇在京銷售而引起轟動就是典型的一例。

回歸反彈：與產品創新相逆，推出「復古」新品。近年來，我國一些廠家推出三四十年代盛行的旗袍，並再次流行，就適合了人們消費行為上的「懷舊心理」。

功能反彈：與產品質量相逆，推出實惠產品。質量無疑是產品的生命，但並非所有產品內在技術標準越高，銷路就越好。如有的廠家生產鞋墊、襪子、手絹及婦女衛生用品等，由通行的「耐用型」向「一次使用型」產品轉化取得了成功。一九七五年前後，當美國一些廠家大量生產落地式支架電視時，日本新力公司與此相反，迅速生產一種輕便彩色電視機，在功能不減的情況下，小型、低價、實用，很快取代了美國彩電。

四、用人之短——陰性思維孕育最佳管理之道

前面我們曾對正態思維（即陽性思維）和負態思維（即陰性思維）作過概述，在企業的用人管理方面，陽性思維適合處理一般或常規的人才管理，但也需不斷學習新知

識，使其不斷適應新時代、新環境，避免形成落入俗套的「習慣思維」；陰性思維適合處理一些特殊時代和環境下的人才管理問題，尤其是在一個企業剛剛開始創業（改革）或經濟（政治）環境動蕩不定的特殊時期。「垃圾是放錯了地方的寶貝」，一個稱職的管理者應該會用、善用、敢用人之「短」。「使智、使勇、使貪、使愚。智者，樂立其功；勇者，好行其志；貪者，邀趨其利；愚者，不顧其死。因其至情而用之，此軍之微權也。」（《黃石公三略》）

據某書描述，A君從機關到某虧損企業當廠長，三年後，使這家企業躋身全市同行業榜首，他成功的用人經驗就是「用人之短」，把吹毛求疵的人派去當質檢員；爭強好勝的人派去擔任生產任務；好出風頭的人派去從事市場公關等等。

宇宙世界由陰陽兩部分組成，人員也有陰陽之分：男性和女性，老職工與新職工，能力強的和能力弱的，外貌漂亮的和醜陋的，出身高貴和貧賤的，工作表現積極的和消極的，氣質外向的和內向的。作為一個稱職的管理者，如果能充分運用陰陽之道，準確掌握每個人各方面的陰陽性質和程度，那麼，出現驚人的管理業績又有何難？

第二章　八卦——支撐《周易》宮殿最基本的樑柱

第一節　八卦類象之源

唐孔穎達引《易緯．乾坤鑿度》說：「卦者，掛也。言懸掛物象以示於人，故謂之卦。」由此可見，「卦」是一種原始的符號。八個單卦作為描述宇宙萬物的模式符號，分別象徵宇宙間八種大的自然物象。八卦還各自有著極為豐富的取象，而以下是最基本、最主要的取象：

乾☰——天　坤☷——地　震☳——雷　巽☴——風

坎☵——水　離☲——火　艮☶——山　兌☱——澤

一、陰陽之本——八卦類象源一

乾：☰，為全陽之卦，陽中之極，故乾代表純陽的天。乾為剛健，表示天體運行，四時更替不止。巽、離、兌三個「兩陽爻一陰爻」之卦皆由乾卦而來。

坤：☷，為全陰之卦，陰中之極，故坤代表純陰的地。坤為柔順，表示萬物之母的大地，能吸收和儲存一切能量。震、坎、艮三個「兩陰爻一陽爻」之卦皆由坤卦而來。

巽：☴，下方陰爻為靜，上二陽爻為動，象徵大地靜止而地上之物搖動，風吹之象，故巽為風。巽卦由乾卦而來（☰→☴）：天最下方，熱的、乾的陽性物質被冷的、濕的陰性物質所代替，那自然是風了（風的形成就是由於冷熱、乾濕不同引起氣壓分布不均而導致空氣的流動）。風無孔不入，故巽卦為風、為入。

離：☲，外二陽爻為高溫、為實、為火焰，中間陰爻為低溫、為空、為木柴，燃燒之象，故離為火。離卦由乾卦而來（☰→☲）：在天的中間，進行陰陽交替，只有烏雲群中的閃電能顯示這一特徵，閃電能引起大火（這在古代極為普遍）。閃電本身也是很美麗的，故離為閃電、為火、為麗。

兌：☱，下方二陽爻為剛、為實、為石土，上方陰爻為柔、為虛、為靜水，湖澤之象，故兌為澤。兌卦由乾卦而來（☰→☱）：天最上方，熱的、乾的陽性物質變成了冷的、濕的陰性物質，這自然是雲了，雨點落到地面，就形成了沼澤。湖澤使人們喜悅，故兌為澤、為悅。

震：☳，上方二陰爻為靜、禁錮，下方陽爻為動、為突破，由內向外突破，爆炸之象，爆炸之聲響如雷鳴，故震為雷。震卦由坤卦而來（☷→☳）：大地深處的陽性物質在動（陽為動），那自然是地殼裡滾燙的岩漿在運動導致地震，地震的爆發總是伴隨著巨大的響聲（如雷鳴）。一陽在地下，不會穩定，一定要動，故震為雷、為動。

坎：☵，外二陰爻為靜、為河兩岸，中間陽爻為動、為流水，水流之象，故坎為水。坎卦由坤卦而來（☷→☵）：離地面不遠處有物質在動（陽為動），那自然是不被肉眼所見的地下河在流動了，地下水冒出地面就成了我們能看到的泉水，泉水匯成小溪，小溪匯成江河。上古時代生產力低下，洪水常常氾濫成災，人們對江河之流水不像靜止的湖澤那樣，而是懼多於喜，故坎為泉、為水、為陷。

艮：☶，下方二陰爻為柔、為大地，上方陽爻為剛、為山峰，高山之象，故艮為山。艮卦由坤卦而來（☷→☶）：大地的最高處有一陽剛物質，那自然是由堅硬岩石組成的高山了。在大地上方陽氣上升到極點，不能再升了，只好終止，再者大山擋路，故艮為山、為止。

巽、離、兌三卦皆由乾卦而來，震、坎、艮三卦皆由坤卦而來。這說明，有了天地之後，萬物才開始產生。

有了萬物，而後才有男女，才有夫婦。所以，乾、坤二卦相當於人之父母。作為母親的坤卦（☷）向父親乾卦（☰）索取陽，生下男孩，最先得到一陽的震卦（☳）是長男，其次得到一陽的坎卦（☵）是中男，最後得到一陽的艮卦（☶）是少男。父親向母親索取陰，生下女孩，最先得到一陰的巽卦（☴）是長女，其次得到一陰的離卦（☲）

是中女，最後得到一陰的兌卦（☱）是少女。

天地產生萬物，父母生育兒女，乾、坤衍生八卦。再一次顯示：「天地創生萬物」這一宇宙創生論，是《周易》的精髓之一。

二、象形之始——八卦類象源二

對於以上闡述的「八卦」，你可以理解為八種自然現象，也可以理解為八類物質（事物和人物）、狀態，也可以理解為八種生物場等等。總之，這是「聖人設卦觀象」後「方以類聚，物以群分」的結果，而這種把各種「相同象」的歸類，正是《周易》思維的第一大特點——取象比類。

乾三連（☰），乾為天，宇宙天體都是圓的，故乾代表圓滿，代表健康的整體，代表實實在在；人的頭為圓形，故乾為首；乾陽剛健，故為善奔之馬；天至高、至大、至尊，像國君、像家父，故乾為君、為父；天之最大標誌為紅紅的太陽，故乾為大赤（赤為紅色）；木果結於樹梢，圓而在上，乾圓之象，乾為木果，此皆從天、圓之象類出。

坤六斷（☷），坤為地，土地都是由一個個方塊兒組成，故坤表示方的、小碎塊的東西；大地柔順、支承萬物，故坤為柔順、為支承，主靜；大地為生物之源，故坤為母；布方而柔，故坤為布；大輿者，象大地之載物，故坤為大車；牛，忍辱負重象坤，故坤純陰柔而不武，故坤為文；土生萬物之繁多也，故坤為眾；乾天為白，坤夜為黑，故坤為黑夜。

兌上缺（☱），上面有缺口的都可以用兌卦表示，凹地、溝狀處所、鉤月等；兌上缺，又代表被毀折之物品，故兌為毀折；秋金殺伐之氣為毀折，故兌為正秋；魚生於澤，一切動物都飲於澤，人也不例外，故兌為悅；人高興了話就多，故兌為說；兌☱，外邊柔軟的是嘴唇，裡面兩排是堅硬的牙齒，故兌為口；舌頭質軟性硬，刀劍起不到的作用它能做到，故兌為舌；兌卦☱上方陰爻如羊角，羊善鳴而有角，故兌為羊；此皆從「兌上缺」類出。

艮覆碗（☶），像個碗一樣扣在那兒，故艮為山、墳、島、乳房等；上陽爻為硬為實、下二陰爻為軟為虛，故艮為帶腿桌子等；山上多石、多小路，故艮為石、為徑路；☶象為門闕，象閽寺，故艮為門、為寺；狗守門，阻止來人，故艮為狗；☶，上邊一橫是大拇指，下邊是其他四個靈活的手指，故艮為手。

離中虛（☲），外陽爻為剛象外殼堅硬之鱉、蟹、蠃、蚌、龜等水中之物；外陽爻為振動的翅膀，內陰爻為靜止的身體，故離為飛鳥；中間是空的如窗戶、倉庫、停在道邊沒人的汽車都是離卦；離外堅剛像盔甲，故離為盔甲；離為火，外實中虛，像太陽，故離為日；離☲像兩個強者挾逼一個弱者，故離為戈兵；皆從「離中虛」類出。

坎中滿（☵），代表外柔內剛的事物，故坎為桃子、棗等裡面帶核的東西；兩陰夾

卦名	自然	人物	屬性	動物	身體	方位	季節
乾	天	父	剛健	馬	首	西北	秋冬間
坤	地	母	柔順	牛	腹	西南	夏秋間
震	雷	長男	動	龍	足	東	春
巽	風木	長女	入	雞	股	東南	春夏間
坎	水雨	中男	陷	豬	耳	北	冬
離	火日	中女	麗	雉	目	南	夏
艮	山	少男	止	狗	手	東北	冬春間
兌	澤雲	少女	悅毀	羊	口	西	秋

圖3　八卦取象類比簡表

一陽而危險，故坎為陷；兩陰掩一陽而不見，故坎為隱伏；二陰在外一陽居內，陰中陽像夜中月，故坎為月、為夜；盜竊暗中、隱伏作案，故坎為盜；水流為曲，弓輪者有意強使直為曲，故坎為弓輪；坎曲像耳，故坎為耳；豬喜在泥水中滾爬，故坎為豬；血為流水之類，故坎為血。

震仰盂（☳），上空底實之象，故震為峽谷、溝渠等；上面空了就帶響，故震為雷、為響；古無鞭炮，用爆竹，故震為竹；一年雷始動在「驚蟄」節，時空統一於東方，天象中東方七宿為青龍，故以震為東、為龍；震之一陽動在下，故凡動之在下者，皆以震卦，故震為足；大路上有許多人在走，故震為大路。

巽下斷（☴），下方陰爻靜，像入地之樹根，上方二陽爻動，像生長之樹幹，故巽為木、為長、為高；木之小者為草，風吹草動，動則有風，故巽為風；翅膀的舞動帶來風，故巽為翅之家禽；草枯為繩，故巽為繩；繩為工具之用者，木工墨線，織女紡線，抬工繩索，皆繩，故巽為工；翅膀的舞動帶來風，風遇物而改變方向，故巽為進退不定；此皆從木、風之類出。

三、引申假借——八卦類象源三

八卦動物取象，《周易・說卦傳》只論經常見到之家禽家畜，我們可以據此以取象類比方式，引申出更多的動物之象。如艮為狗，可引申為像狗一樣的豺、狼等獸；兌為羊，可引申為像羊一樣的羚、鹿等獸；坎為豕（豬），可引申為野豬、大象等獸；巽為雞，可引申為不善飛之鳥；震為龍，可引申為凶猛、動作快速（虎、豹、獅）等獸；坤為牛，可引申為似牛或較溫順等獸；乾為馬，可引申為似馬或善奔跑等獸；離為雉（野雞），可引申為一切善飛之鳥。

除動物之外，其他事物亦可引申或假借類出。如：震為龍，借指龍的子孫，即中國人；乾為君，可借指為君子；兌為毀折，可引申為跌倒和改革；乾為剛健，引申為穩健向前；乾為戰鬥，可引申為競爭；震為雷，可引申為吃驚、憤怒、拒絕等；離為美麗，可借指鮮花、美人；艮為山，可引申為洲、島、暗礁、彼岸等。

四、靈活變通——八卦類象源四

例如：離卦，外硬內軟，可引申為外有堅硬鱗甲之魚蝦，多代表靜魚、死魚等可供人食用之魚；震為龍，也可引申為魚，但多為動魚、活魚等供人觀賞之魚。

再如：坎為陷、為夜，引申可為夜間不能自由活動的睡態，若坎卦居下卦（或互卦）見離，則「離中虛」可讓「坎中滿」得到任意發揮，故可變通為「濃睡」之象意。巽為木，卦中見水則為舟；兌為秋，卦中見離（離為火，為心之色，「火紅的心」，故離為心）為「愁」；艮為山，見水則為島。

第二節　八卦與成功人生的八種寓意

一、生命在於運動——乾☰

乾卦，為全陽之卦，陽中之極，為剛健，表示天體運行，四時更替不止。

1. 健康的標誌在於心動

「人生是否有價值，應該依其間各種行為而定，不是依其生命的長短。」（傑瑞達）

自古以來，人們就相信長壽代表福氣，隨著醫學的發達，平均年齡延長的新聞更是層出不窮。可是生命如果變成長尾鳥的尾巴，累贅而又無用時，反倒精簡短小更好。

對上些年紀的人，有句常用的祝辭：健康長壽。然而健康就等於長壽？長壽一定健康？請看下面故事。

有個七十來歲的人去醫院檢查身體。醫生告之：什麼病也沒有。他很高興：「我能不能活到百歲？」「愛吸煙麼？」醫生問。「不，從不吸一口。」「喜歡喝酒麼？」「不喜歡，一滴不沾。」「那麼，對夫妻生活還有興趣麼？」「早戒絕多少年了。」「您可有別的嗜好？譬如著書立說、養花下棋、書法繪畫、老友漫談之類？」「沒有。我什麼嗜好也沒有！」醫生不解了：「那，您活一百歲又幹什麼呢?!」

醫生最後一句，問得實在絕妙。這樣如同一潭死水的生命，即使永不乾枯也會變臭，意義何在？

2. 生命的意義在於運動

生命在於運動。在不斷的運動中，我們能輕鬆地保持我們的體力和活力；在不斷的運動中，我們能長久擁有自然賦予我們的聰明和才智。刀不磨要生鏽，一把生了鏽的刀還能談得上「鋒利」？「戰馬推磨」的故事，給我們的就是這樣一種啟示。

有個國王養著成群優良的戰馬，一匹匹膘肥體壯，訓練有素。鄰國幾次來侵犯，都被他們驍勇善戰的騎兵殺得落花流水，只好屈膝求和。戰火平息了，國王心想：「如今天下太平，我還要養這麼多戰馬幹什麼？既費飼料，又花人工。」思來想去決定：把戰馬下放到民間，去幫助老百姓推磨拉碾，既能節約國庫開支，又可為百姓服務，需要時再重新召集起來。公告一下，各地的百姓都來宮中牽馬。從此，這些戰馬就在磨坊裡和碾場上忙碌起來。

幾年過去了，鄰國養精蓄銳，元氣恢復，突然調集重兵，向這個大國進攻。國王急忙召回戰馬，列陣迎戰。三聲金炮響過，誰想到這些馬都低著頭，在原地轉起圓圈來。一匹馬都不會朝前奔跑了——原來它們已經拉慣了石磨。

二、千里始於足下——坤☷

坤卦，為全陰之卦，陰中之極，為柔順，表示萬物之母的大地，能吸收和儲存一切能量。

我們常常用「千里之行始於足下」，來形容大業初創的艱難和重要性。大地之所以能成為萬物之母，依賴它能吸收和儲存能量。對於偉大的事業來說，這種能量就是人才和人心的擁有；對於個人而言，這能量就是才智和信念。

我們強調「人才重要」，並非當領導或什麼領袖才需要懂得它，有哪位成功者是僅僅靠他自身，而沒有得到妻子、孩子、朋友的幫助呢？坤為大地、為眾多，坤卦提示我們：擁有親友們的更多理解和支持，對我們每個普通人也都很重要。

1.欲獲得先付出——管仲計謀成功

大地富有，在於它的無私奉獻；我們要想擁有更多，就必需首先付出。「錢能買心，也能買命」的故事，講述的就是這個道理。

齊國宰相管仲向主君桓公說：「去年的租稅收入多達四萬二千金。在下有個請求，請把這筆錢撥給將士，作為預付獎金，凡是答應立下戰功的人，統統有獎。」「好的。」桓公說。管仲連忙把全軍將士集合起來，高聲宣布道：「遲早要打仗了，到時候勇敢殺敵人，現在就有獎金可拿。」將士交頭接耳，最後一名士兵走上來說：「要殺幾個才行呢？」「一百人。」管仲說。「好，我試試看。」管仲給了那名士兵百金。此例一開，將士們紛紛上前報名，結果凡是殺敵將首級的人賞千金，殺敵兵十金……四萬二千金一下子就花光了，將士們高高興興地離去。

桓公說：「那筆錢會白費嗎？」管仲說：「不必擔心，領到獎金的士兵，在出陣前，他們會用那筆錢讓雙親、妻子高興；上戰場時，他們為了維護榮譽，報答恩惠，一定會拼命作戰。如果由於他們的賣力作戰而擊潰敵人的話，這筆費用算是便宜的。」果然，士兵的雙親、兄弟、妻子都向士兵說：「得到那樣的恩惠，你身為男子漢答應人家的就要做到，到時不可以怯懦無能。」不久，齊與他國開啟戰端，誠如管仲所預料，齊兵奮勇作戰，大獲全勝。

2. 山川使大地俊秀——關鍵人才是勢力的象徵

大地的俊俏秀美，在於它將山川置身懷抱；大業的成就，在於領袖善於或注重延攬舞臺後的「軍師」或「導演」。「用好三傑」的故事，提示我們的就是這些寓意。

漢高祖劉邦平定天下不久，賜宴群臣，提出這樣的問題：「我與對手楚王項羽比，無論勇氣、軍備、武勇我都遠遠不及他，然而項羽卻得不到天下，天下卻落在我手裡，這是什麼原因呢？」

高起和王陵回答說：「陛下攻城略地，把所得的城與地都分給了有功之人，利害與部下一致。相反，項羽雖然勇猛過人，但他卻嫉妒賢能之士，厭惡有功的人；同時他不把得到的勝利品分給有功的部下。這是兩者得失的分野。」

高祖聽後一笑，道：「你們只知其一而不知其二。要知道，運籌帷幄、決勝千里，我不如張良；平定國家，安撫人民，做好完全準備，我不如蕭何；率領百萬大軍，百戰百勝，我不如韓信。這三個人我無不佩服，他們是天下的人傑。但我能夠合理的運用這三傑，讓他們發揮本領，這就是我得到天下的原因。而項羽連惟一的能臣范增都無法運用，這是他失去天下的原因。」

三、春雷一聲震天響——震☳

震卦，為雷、為動、為突破，有由內向外突破、爆炸之象。一聲春雷，給人以興奮和激勵，於是我們就知道大雨即將來臨，萬物將要復甦。因此，我們常常用「春雷一聲震天響」來形容某一事件給我們內心帶來的震撼和激勵。

1. 善於造勢——誠聘四皓出山，呂后擊敗對手

我們看見那從萬丈高山跌落而下的瀑布，在那震耳欲聾的水擊聲中，我們感到了一種無法言狀的力量。這種勢感效果來自落差，我們在物理學中學過「動能」和「勢能」的概念，只要是所居位置足夠高，其具有的「勢能」並不比「動能」小。故而，成功的策劃者，非常善於「造勢」。這就是震卦給我們的提示，「請四皓出山」的故事，就是漢代著名謀士張良為呂后擊敗對手，運用「造勢」原理進行的一次成功策劃。

據《史記》記載：太子盈的母親是呂后，呂后是漢高祖劉邦在貧賤時所取之妻。高祖建立帝業後，呂后年紀較大，經常留守關中，與高祖日漸疏遠。高祖認為太子盈過於柔弱，不像自己，常想廢掉他。如意的母親是戚夫人，戚夫人是高祖在任漢王時，於定陶獲得，生下可愛的如意之後，更加深得高祖寵愛，常隨高祖到關東，她日夜啼哭，想立如意為太子。高祖也認為，如意的個性像自己，也有廢盈而立如意的打算。對比之

下，情勢對如意和戚夫人這邊明顯有利。

呂后想盡了辦法要保住其子盈的太子之位，也為了報戚夫人奪走丈夫之愛的仇恨，但所有的辦法都無濟於事，於是她去找謀臣張良。經不住呂后的再三略帶威脅的拜託，只好獻上一計：「皇上一直想聘請四個在野的賢人出山，只是他們始終不肯，若將他們迎為賓客，太子經常請此四人赴宴，必會被皇上看見，而詢問原因。到那時……」

於是，呂后和太子設法終於請出了這四個人。有一次太子正在家請這四人時，被高祖看到了。「這不正是歷經數載所尋覓的東園公、角里先生、綺里季、夏黃公嗎？」高祖想，「他們怎麼會在這裡？我請你們，你們總是躲著我。現在你們怎麼願意跟我兒子來往呢？」高祖不解地問。四人齊聲回答說：「皇上一向看不起儒生，經常罵不絕口，我們不願受人侮辱，所以才遠遠地躲起來。現在聽說太子仁德，恭敬仁孝，尊敬賢者，善待儒生，愛惜有才德之士，天下有才德之人都想為太子效力，所以，我們自願前來拜見太子！」高祖心想，我原來以為太子聲望不佳，沒想到天下有才德之士竟慕名而來。他目送四人離去後說：「太子羽翼已成。」於是，高祖便召來戚夫人，告訴她死了立如意為太子之心：「雖然你我都想改立太子，但太子如今已有四位賢人輔佐，羽翼漸豐，甚至凌駕於我之上，所以無法輕言廢立太子之事，你就忍一忍吧。」

2.勇於突破——毛遂自薦，齊國合縱成功

震卦，一陽在下而兩陰爻在上，有「突破」之象徵。就像埋在地下的炸藥，需要一

根導火索去引爆一樣，新的突破需要我們勇敢地挺身而出，去做「第一個吃螃蟹的人」。「毛遂自薦」的故事，提醒我們：突破性的爆炸，需要我們具有將引燃的導火索暴露外面的勇氣。

公元前二六〇年，秦軍重重包圍邯鄲，趙國危在旦夕。趙孝成王急忙委派他的弟弟平原君為特使，到楚國去商討救兵。事關重大，平原君準備從門下食客中挑出二十名勇識、才略兼備的人物與他同往。經過一番精心挑選，只選出十九位，這時有個名叫毛遂的人自我推薦，要求加入。

平原君對這張面孔很是陌生，就問他來這裡幾年了，毛遂回答說：「三年了」。平原君大為驚訝，就對毛遂說：「一個有才能的人處在世上，就好比錐子在袋子裡面，若是銳利的話，尖端很快就會戳穿袋子，露在外面。可是，你來到我門下三年，從未聽過有人稱讚你，可見你沒有什麼本事，你不能去。」毛遂申辯說：「不對！那是因為我從來沒有能夠像錐子那樣放進您的口袋裡，今天就是求您把我放進袋子裡去。若是我早有被放在袋子裡的機會，將不只是錐尖露出口袋而已，就連整個錐子都會像禾穗一般挺出來。」平原君覺得毛遂的話有道理，就說：「好吧，就給你這個機會。」於是毛遂即跟隨平原君等人到楚國請求救兵。

到了楚國，平原君和楚王商量聯合抗秦的事，一再說明兩國的利害關係，但談論了半天，仍無結果。從早上談到中午，仍沒有說動楚王。於是毛遂前往助陣，對楚王說：

「有關合縱的利害，是兩句話就可解決的事，為什麼談了這麼久呢？」楚王不屑一顧地對毛遂說：「我跟你主人談正事，你打什麼岔呀？還不快給我下去。」毛遂冒著生命危險，手持寶劍挺身而上，對盛氣凌人的楚王針鋒相對：

「大王您之所以呵斥我毛遂，是仗勢楚國強大的威勢。現在十步之內，您再也沒法仗恃楚國的威勢了，您的生命就操在我毛遂手中。」接著又說：「商湯以七十里的地方，便統治了天下，周文王以百里之地，號令諸侯，這難道是他們士卒眾多的關係？實在是他們能夠依據已有的情勢，振作他們的威武罷了。目前楚國擁有五千里地，加上百萬雄師，這是稱霸天下的大好時機啊！白起，只是一名小將，但他率領幾萬秦兵來跟楚國作戰，一戰就攻下鄢、郢兩地；再戰，焚毀楚國的夷陵；三戰，污辱了您的祖先。這是百代不解之仇，連趙國都替楚國感到羞恥。你身為楚國國君卻不引以為恥啊！你要搞清楚，合縱是為了楚國並非為趙國的。」楚王被他的凜然正氣所驚懾，也被他深刻的分析所嘆服，驚惶之下連連點頭：「是是是……你說得對極了！對極了！我願以整個楚國跟趙國聯合抗秦。」毛遂又追補道：「合縱的事就這樣決定了嗎？」楚王回答：「對，就這樣定了。」

於是，毛遂讓人快拿雞狗馬血來，說：「大王您應先歃血表示合縱的誠意，其次是我的主人，再其次是我。」就這樣，在楚殿上完成了合縱的大事。不久楚國和魏國的援軍兩路進擊，終於解開了邯鄲之圍。

故事中的毛遂，是一個不願或不懂拍馬屁而又滿腹經綸，卻總沒有納入袋中的鋒芒人物，最後就只能採取「自薦」的方式了。要知道，自薦是需要勇氣的。因為「自薦」這條路實在不好走通，否則古今中外，就不可能有那麼多人感嘆「英雄無用武之地」了。

四、野火燒不盡，春風吹又生——巽☴

巽卦，為木、為風、為進退，此皆有「柔弱者堅強」之寓意，故而巽卦有「野火燒不盡，春風吹又生」的象徵。

1.弱者最強——主動示弱，仲達勝曹爽

草木柔弱，但最堅強。風吹來甘心示弱，彎曲身子保全根部或犧牲身子保全根部，只要根部存在就能再生，這就是巽卦告訴我們「柔弱者堅強」的啟示。「主動示弱，仲達勝曹爽」的故事，講的就是這個道理。

三國時候，魏吳蜀對立最緊張的時期，魏明帝去世，由年僅八歲的曹芳即位，他就是順帝，遺詔由太尉司馬仲達與大將軍曹爽擔任輔佐。司馬仲達年長老練，而曹爽年少氣銳，他們兩人一開始就注定要成為冤家。曹爽血氣方剛，索性用計使司馬失勢以便獨攬政權，曹爽向幼弟進言，讓仲達擔任太子的教育工作。曹爽雖然握有政權，但心中依

然感到不安，於是利用與自己同派系的李勝前往故鄉荊州當刺史的機會，到仲達那兒假借臨行前問候的名義探一探仲達的虛實。當時的仲達已經七十歲了。

李勝探問司馬仲達的時候，仲達是在兩名侍女的攙扶下一跛一跛地走出來的。他衣著不整，嘴角流著口水。仲達指著自己的嘴巴說：「口好乾。」侍女捧一碗米湯讓仲達喝，仲達卻喝得七零八落，似乎是個完全不能自理的人。

李勝看到這樣的情景就說：「聽說你中風了，但沒想到有這麼利害。」過了一會兒，李勝又道：「實在太慘了。」「對了，你要到並州嗎？」「不是的，我要到本州（即出生之州，故鄉的意思）的荊州。」李勝回答。「本」與「並」發音相似。李勝認為仲達老邁聽錯，便當即斷定仲達再也沒有昔日的那種叱咤三軍的氣概了。

李勝辭別仲達府邸，馬上去見曹爽，將所見所聞一五一十向曹爽報告，兩人都認為仲達已經老邁而大為安心。李勝離開仲達之後，仲達甩開兩個侍女，挺起胸膛，理好衣服，喃喃自語道：「那個傻瓜完完全全被我瞞過去了。」仲達隨即著手進行搞垮曹爽的策略。後來打倒曹爽，將其誅殺，獨專政權。再往後，仲達的孫子代魏稱帝，建立晉朝，因他為子孫統一霸業打下的基礎，追尊他為「宜帝」。

2.無孔不入者堅——見風使舵，縣令巧斷案

巽為風，風因無孔不入而無所不至，也因善於隨機應變而遍及四方，這就是「柔弱者堅強」的另一種表現形式。

《西遊記》第七回「八卦爐中逃大聖，五行山下定心猿」中講到：「那老君到兜率宮，將大聖解去繩索，放了穿琵琶骨之器，推入八卦爐中，命看爐的道人、架火的童子，將火扇起鍛鍊。原來那爐是乾、坎、艮、震、巽、離、坤、兌八卦。他即將身鑽在巽宮位下。巽乃風也，有風則無火。只是風攪得煙來，把一雙眼薰紅了，弄做個老害病眼，故喚作『火眼金睛』。真是光陰迅速，不覺七七四十九日，老君的火候俱全。忽一日，開爐取丹，那大聖雙手捂著眼，正自揉搓流涕，只聽得爐頭聲響。猛睜眼看見光明，他就忍不住，將身一縱，跳出丹爐，呼喇一聲，蹬倒八卦爐，往外就走……」

由此可見，孫悟空煉就「火眼金睛」是他「見風使舵」的結果，而下面故事中的孫知縣，從原告想自殺想到令其假死巧斷奇案，也屬「見風轉舵」的一種特殊應用，很值得我們借鑒、學習。

清朝時，合肥縣劉某之女小嬌先後許給三家：一個武官的兒子、一個商人、一個小財主。三家人為娶小嬌，互不相讓，告到了縣衙。孫知縣受理「爭妻」案後，思索再三方才理出一個頭緒，於是宣布開庭審案。

武官的兒子申訴說：「小嬌是自幼由父母做主許配給我的，理應我娶。」商人說：「你一走十多年，沒有音訊，小嬌的父親死了，小嬌的母親才把小嬌許配給我，理應我娶。」小財主說：「你去經商，一走二年，連個話也沒捎回來，小嬌已一十八歲，不能在家久等，我已送了聘禮，理應我娶小嬌。」

於是，孫知縣就讓小嬌從中挑選一個。小嬌含羞低頭，一言不發。孫知縣連連逼問，小嬌又羞又恨，一氣之下喊道：「我想死！」孫知縣一拍驚堂木道：「一女嫁三夫，古來未有，看來此案只有如此，方可了結！來人！拿毒酒來！」一個差役應聲走到孫知縣面前，孫知縣寫下一張字據，命差役去庫房中取毒酒。差役將「毒酒」取來，小嬌捧起毒酒喝下肚去，不一會兒直挺挺地躺倒在地上。孫知縣對堂下的三個男人說：「你們誰要此女，就把她拉走！」三個男人你看我，我看你，都不開口。最後還是武官的兒子走上前去背起地上的「死屍」，大步走出公堂。

武官的兒子背著小嬌回到客店，忽然發現小嬌還有一口氣，於是把小嬌放到床上，守候在床邊，當天晚上，小嬌醒來，恢復如初，兩人遂結為夫妻。原來，孫知縣在字據上寫的幾個字是：取麻藥酒。孫知縣見風轉舵或曰見縫插針，以此「迂迴」之計，終於使這一棘手的「爭妻」案得以完美解決。

五、萬物生長靠太陽——離☲

離卦，為日、為火、為燃燒之象。

太陽能夠給予我們光和熱，因為太陽內部有產生核反應的物質，和外部擁有讓它核裂變的空間。同理，物體燃燒能放出光和熱，也需要內部物質（木柴、煤炭等燃料）和外部空間（空氣、氧氣等）。任何成就都是連續奮鬥的結果，奮鬥的過程需要能量的不斷補充，這種類似光和熱的能量之來源，需要由內部（物質）和外部（環境）兩種方式來解決。

1. 內部（物質）——需要是動力的源泉，信心是勝利的保障

四川邊境有兩個和尚，一個窮，一個富。窮和尚對富和尚說：「我想到南海去，你看，怎麼樣？」富和尚說：「那麼，你依靠什麼去呀！」窮和尚說：「我有一個水瓶、一只飯碗就足夠了。」富和尚說：「我多年來就想買條船下南海去，至今尚未如願，你僅靠這些能去得了嗎？」過了一年，窮和尚從南海回來了，告訴了富和尚，富和尚聽後，頗感慚愧。從西蜀到南海，不知有幾千里遠，富和尚不能去，而窮和尚卻去了。（清・彭端淑《白鶴堂詩文集・為學》）

環境的好壞不是事業成功與否的決定因素。意志堅定、不怕任何艱難險阻的精神力量，即內在因素才是取勝的根本。然而，毅力和信心不是我們說有就有的，有時候我們對一件事情卻怎麼也產生不了完成的信心，更無法堅持多久；而換一件事卻信心百倍，且很容易堅持做下去，這就與我們是否想（適合）做這件事有關。假如窮和尚不是「想去南海看看」，他又怎麼能信心百倍，堅持到最後勝利嗎？

2. 外部（環境）——目標是毅力的來源，激勵是成功的風帆

一九五二年七月四日清晨，加利福尼亞海岸籠罩在濃霧中。在海岸以西二十一英里的卡塔林納島上，一個三十四歲的查德威克涉水下到太平洋中，開始向加州海岸游來。十五個鐘頭之後，她又累，又凍得發麻。她知道自己不能再游了，就叫人拉她上船。她的母親和教練在另一條船上，他們都告訴她海岸很近了，叫她不要放棄。但她朝加州海岸望去，除了濃霧什麼也看不到。她又游了幾十分鐘，實在感覺無法再堅持了，人們這才把她拉上船。她漸漸地覺得暖和多了，開始感到失敗的打擊，於是不假思索地對記者說：「說實在的，我不是為自己找借口，如果當時能看到陸地，也許我能堅持下來。」

她說得沒錯，令她這次半途而廢的不是疲勞，也不是寒冷，而是在濃霧中看不見目標，因為拉她上船的地點離加州海岸只有半英里。兩個月後，她成功地游過了這一海峽，成為游過這一海峽的第一個女性，且比男子的紀錄還快大約兩個鐘頭。

在艱難中跋涉，有無信心克服困難至關重要，而要戰勝困難，彼岸（目標）的作用不可忽視。目標不只是界定追求的最後結果，也是催人奮進的強大動力，查德威克小姐橫渡卡塔林納海峽的失敗與成功，就是最好的例證。

六、大江東去浪淘盡——坎☵

坎卦，為水、為江河，象徵危險和陷阱。

世間處處多陷阱，沒有不歷盡坎坷的成功。大江東去，浪濤盡、千古風流人物。自古「危」「機」並存，只有那些善於保全自己的英雄，才會笑到最後，這就是坎卦給我們的啟示。

1.保全自己——多挖洞，孟嘗君不敗的奧秘

戰國時代，有一次，齊國的孟嘗君派他的食客馮諼（一說為馮驩）到封地薛收取租金、貨放的貨款。馮諼臨行出發時問孟嘗君：「收完帳之後，究竟買些什麼東西回來比較合適呢？」「怎麼都可以，只要是我們沒有的東西都可以買。」孟嘗君說。馮諼抵達薛地，付得起的人就收，付不起的人就免掉租金，並將契據全部燒毀。人們高呼「孟嘗君萬歲」，發誓效忠到底。馮諼辦完事回來對孟嘗君回報說：「我買了我們沒有的東西——『義』回來了。」然後把經過的情形一一敘述一遍。孟嘗君先是吃驚，繼而則發怒，但已無可挽回，也就罷了。

一年後，孟嘗君被齊王免掉宰相的職位，失意地返回封地，令他吃驚的是，封地的老百姓都在道路兩旁列隊歡迎他歸來。「如今我總算明白馮諼所謂買『義』回來的苦心了」，並向馮諼表示感謝和歉意。馮諼說：「聰明的兔子擁有三個洞，以確保自己的安全。你現在只有一個洞，還得趕快再挖兩個。」

馮諼連忙去遊說秦昭襄王（一說為魏惠王），闡明聘請孟嘗君的時機和利害。於是秦王隨即派出使者帶著重禮打算聘請孟嘗君，這個消息也被齊王耳聞到了，齊王就連忙派出特使把孟嘗君請回去，再度讓他擔任宰相之職。

馮諼這時又向孟嘗君進言道：「請你要求齊王把先王的宗廟建於薛（因為有先王的宗廟在此，君王就不敢來進攻以免背上破壞宗廟的罪名）。」齊王答應了這一要求。馮諼便對孟嘗君說：「這樣以來就有齊、秦、薛三個洞了。你今後就可以高枕無憂了。」由於這個原因，孟嘗君到死都安泰無事。

有「三個洞」，就等於擁有三個實力據點，其中任何兩個據點的實力對於上司都存在一種威脅力量，這是多挖洞的奧秘之一；其二是，天有不測風雲，人有旦夕禍福，萬一有什麼突變事故，就不會驚惶失措。

2.柔克剛——不把事情做絕，司馬仲達笑在最後

三國時，蜀國的諸葛亮與魏國司馬仲達在五丈原對峙時，無論孔明如何誘戰，仲達就是不肯出戰。當時孔明贈送女用服飾品羞辱仲達「不是男子漢」，甚至連仲達的部下也說「公甚恐孔明」，他還是不應戰。後來孔明死在軍中，蜀軍無奈回撤。仲達得知孔明已死，就命將兵追擊撤退的蜀軍，但看見蜀軍車上的孔明木像，仲達連忙下令退兵。這件事被後人嘲笑說：「死孔明嚇走活仲達」。其實，他知道孔明已死，車上的孔明只是木像而已，但他假裝誤認孔明在世而退兵。他之所以沒有追擊孔明並殲滅蜀軍，乃是為了保身的緣故，也是人生仕途經驗的心得。

他打仗時不可得到壓倒性的勝利，只打小贏的仗，盡量使朝廷對他的警戒之心有所放鬆，不把他看作是「那麼可怕的人物」；另一方面，打仗時他總是留下一些敵人，既

然有敵人，那麼軍人地位就安穩了，如果沒有敵人，那等待他的將是漢朝的韓信的命運：「狡兔死，走狗烹」。班師回國時，他不回都城洛陽而留在途中的長安，這也是為了保身，因為他認為擁有大軍進京將會給自己帶來不利。

俗話說，「看誰笑到最後」。雖然司馬仲達一時為天下人嘲笑，但到最後，他反過來笑天下的人。三國時期的風雲人物：曹操、孫權、劉備，包括諸葛亮在內，雖名噪天下，但都沒有如願以償地統一天下。出乎人們的意料，卻也是情理之中地，統一大業卻落在司馬仲達之手，這很值得欲成大業者深思。

七、無限風光在險峰——艮☶

艮卦，艮為山、為止，象徵攀登的要領。

「山重水復疑無路，柳暗花明又一村」，是說攀登高山要有信心。人生就是不斷攀登的過程，因為我們相信「無限風光在險峰」；成就事業猶如跳高運動，最後必然以失敗而告終。學會另闢新徑，同時也別忘了在天黑之前下山，這就是艮卦給有志攀登者的提醒。

1. 世上無難事，只要肯登攀——另闢新徑，蘇秦合縱成功

據《戰國策》記載：蘇秦用連橫的主張去遊說秦惠王，他的奏章上了十次都沒有被

秦王採納，身上的黑貂皮袍子穿破了，帶的費用都花光了，資材用品沒有來源，只有一副慚愧、憔悴的模樣，快快而歸老家洛陽。回到家裡，妻子不迎接他，嫂子不給他做飯，父母不同他說話，那境地十分淒慘。

但是，蘇秦並不因說秦失敗及其親人對他的冷漠而氣餒，他發憤讀書，找到了姜太公所著的《陰符》兵法書，奮發攻讀起來。他每天誦讀《陰符》，用心研究揣摩其中的謀略。大約花了一年的功夫，終於得其要領，於是放棄連橫而採取合縱的主張去遊說六國聯合抗秦。

他先是步入燕鳥集營闕，在華屋之下游說趙王。趙王十分高興，授予宰相印，兵車一百輛，錦繡一千捆，白色玉璧一百對，金幣二十萬兩，車隊尾隨他後面，到各國去約定合縱，拆散連橫，以此壓制強秦。於是，他先後遊說了趙、燕、韓、魏、齊、楚等六國……蘇秦遊說六國後，達成了六國南北聯合，他便成了合縱盟約的領導人，同時成為六國的宰相。蘇秦回到趙國後，趙肅侯封他為武安君。

自此，廣大的天下，眾多的百姓，威嚴的王侯，掌權的謀臣，都要取決於蘇秦的謀劃。於是，他將六國合縱的事向秦國宣布。秦兵十五年之久，不敢窺視函谷關。

2.上山容易，下山難——趁天黑之前下山，李夫人將芳華永駐武帝心田

漢武帝時，有一個宦官叫李延年，特別擅長舞伎音樂，深得武帝寵愛。後來他借機將自己的漂亮妹妹介紹給漢武帝，武帝被李女的美艷征服，立她為李夫人，深得寵愛，生有一男。從此以後，李氏家族接二連三地出現在朝政上。而這個結果在下面一場表演之後，更為顯赫。

李夫人明白自己是以女人的美貌博得武帝的寵愛，死後家族能否繼續這樣顯赫，取決於武帝是否能不忘她的故情。故而在其病危期間，無論武帝如何懇求，李夫人執意不肯與他正式相見，武帝無可奈何地離開了。

事後，李夫人的姐姐責怪李夫人道：「為了和皇上約定家人的未來，怎能以這樣冷漠的態度對待皇上呢？」

李夫人說：「我是故意這樣做的。我是以美貌服侍皇上的。如今皇上若看到我的病容，一定因色衰而愛弛，愛弛則恩絕。皇上之所以對我依然念念不忘，憑的就是我的昔日的美麗。現在我因病久寢，容貌憔悴，不再有過去的美艷了，皇上見後一定會嫌棄，進而拋棄我，怎麼還可能對我的家人加以照顧呢？」

李夫人就本著這種信念死也不見武帝，死後她的兄弟都獲得了高官顯爵。而始終思念李夫人不已的武帝，將她的容貌畫在屏風上，在甘泉宮不斷思念著她。武帝死後，大將軍霍光體諒武帝的心意，將他們合葬，並追謚李夫人為孝武皇后。

李夫人不愧為一位實用惟上的心理學家，她的這種愛情心理戰術，表演得何等出色。花容月貌總有衰朽的時候，瀕臨衰朽之際，也就是紅燈顯示之時，趕緊刹車，以免被撞翻的危險。

八、氣蒸雲夢澤，波撼岳陽城——兌☱

兌卦，兌為喜悅，又為毀折；既寓意著享受，又象徵著失敗。氣蒸雲夢澤，波撼岳陽城。猶如湖澤帶給我們萬千氣象時，也將憂患帶給我們一樣。成功的喜悅與失敗的遺憾，總是交互出現在我們的人生旅途。

「人生追求的目的有二：一是得到想要的，一是享受擁有的。可惜往往只有最聰明的人才能達到第二個目的。」（史密斯）

追求想要的東西和享受擁有的，是兩件截然不同的事，但我們經常把二者搞混。很多人不但追求想要的東西，更把追求的過程視為一種享受。也就是說，人們把目的和手段混為一談。當然，只為目的而不擇手段，會使人破產。隨著年齡的增加，使我們懂得後者才具有人生的大智慧。

1.享受現在——漁民優哉游哉

碧綠的大海邊，金黃色沙灘上，躺著一個衣著寒傖的漁民，在曬太陽、閉目養神。一個旅遊者走來，很為漁民惋惜。在得知漁夫身體沒病、天氣又非常適合打魚之後，便問：「那麼，您為什麼不出海呢？」「早上，我已經出過海了。」「捕得魚多嗎？」「不少。起碼夠我今天吃的了。」遊客十分衝動：「想想看，如果您今天第二次、第三次甚至第四次出海，您就可以捕到多得多的魚！那麼，一年後，您就可以買一臺發動機！兩年後您將買一條機動漁船！您可以建冷藏庫、燻魚廠、海魚醃製廠！……您將能駕駛直升飛機追蹤魚群，用無線電指揮您的船隊！您就會捕到更多的魚！」「然後，怎麼樣呢？」漁夫問。「然後，您就可以優哉游哉地坐在碼頭上，在溫暖的陽光下閉目養神，要不就輕鬆愉快地眺望那碧綠的大海！」遊客興高采烈地說。

「可是，現在我已經這樣了——我本來就在這兒閉目養神、眺望大海、優哉游哉——只是因為你的打擾，才……」漁夫打了個哈欠，把頭轉向了另一邊。

2.《老人與海》的成功——失敗者的快樂

《老人與海》是一本相當精采的小說，搬上銀幕之後，老人的形象更加栩栩如生。主人公桑提亞哥是個辛勤勞苦、飽經滄桑的貧苦漁民，是生活中不幸的失敗者。他出海捕魚八十四天仍一無所獲。經過三天三夜的奮鬥終於捕得了一條大魚，又在回來的途中被鯊魚吃得精光，返港時只剩下了一副骨架。在同大自然的搏鬥中，桑提亞哥是失敗了，但是，他在精神上卻始終是個強者，儘管連遭失敗仍不氣餒，從不抱怨生活對他的殘酷和不公正，更不乞求別人的憐憫和同情。他具有頑強不屈的意志、堅忍不拔的毅力和勇於拼殺，蔑視痛苦、死亡的非凡品質。

桑提亞哥是堅強和勇氣的化身，他總是一個人在茫茫無際的大海上孤零零地戰鬥。他雖然戰敗了，但他很快就振作起來，準備投入新的戰鬥。他渴望戰鬥，甚至在夢裡也夢見「獅子」，充分顯示了他對勝利與未來的熱烈嚮往。他作為老人，深知自己失敗的必然，但仍能保持樂觀主義精神。

在同大自然的搏鬥中，他深感一個人孤軍奮戰是勢單力薄的，也很想呼喚著同伴的支援，然而，他始終未能得到這種援助，這在老人來說，又是可悲的。他雖然是個普通的漁民，但他的形象卻是勇敢和堅毅的精神力量的象徵。

故事中的「老人」與大自然搏鬥，這是一場沒有勝負的戰鬥。在他與大海和怪魚搏鬥中，很難分辨誰勝誰負。老人獲得的只有疲倦，他回到海邊上屋裡大睡一覺。所以海明威說「人不是為失敗而活」。但是，人也不是為勝利而活，人是為了全力戰鬥而活。這位諾貝爾獎的得主，就是在人生的戰鬥中，用自殺結束了自己的一生。

第三節　八卦象徵與企業形象策劃

一、從「涸澤之蛇」看企業形象策劃的重要性

池塘的水乾枯了，水中的蛇要搬家。有一條小蛇對大蛇說：「你在前面游走，我在後面跟著，人們就會認為只不過是一般的蛇過路罷了，必定會先把你殺掉，不如我們兩

口相銜，你把我背著走，人們見了就會認為我們是神君。」於是，它們便用嘴相銜，大蛇把小蛇背著越過大路，人們看見了，都趕緊躲開，並且說：「這是神君！」

蛇，在自喻為「龍的傳人」之中國，享有「小龍」之美名絕非偶然，「涸澤之蛇」的故事，使我們對蛇的智慧留下了深刻的印象。如果那兩條蛇像人們司空見慣那樣，越過熙熙攘攘的大路，肯定會性命難保；相反它們由於採取了「相銜負我而行」的奇特形象，從而產生了「人皆避之」的效果，安全地到達了目的地。

在危機面前，蛇尚能如此，作為萬物之靈中的精英——企業管理的佼佼者，我們應該從中得到什麼啟迪呢？

這則故事告知我們，事物的外在形象同它的內涵一樣重要，有時往往成為事物生存與發展的關鍵所在，根據《周易》陰陽統一、互相轉化的原理，事物的外在形象有時則是其內涵的一部分，而且往往是非常重要的一部分。沒有一個良好的企業形象，企業就無法在競爭中健康發展，由此可見企業形象策劃的重要。

二、從「可口可樂」的成就看成功的企業形象策劃

一提到「可口可樂」，人們便想到那具有特殊口感的飲料和各種大型體育活動的贊助廣告，以及它在商品包裝上的特殊字母和鮮明圖案。名牌產品之所以在世界各地「稱

王稱霸」，就在於它們有著良好的企業形象。

任何事業的成就，都依賴於天時、地利、人和，企業的生存與發展也取決於這三種因素，在何種程度上對企業的影響，而良好的企業形象則能對影響它健康發展的三種因素進行積極的改變，從而達到使企業在競爭中立於不敗之地的效果。

首先，天時：良好的企業形象，可以得到公眾的信賴，為企業的商品和服務創造出一種消費心理。

企業的生存與發展，離不開社會公眾的參與和關注，離不開廣大消費者的信賴與支持，而所有這些又都與企業形象有不解之緣，難怪《日本公司經營》一書中提出：「在商品日趨豐富的社會中，選擇哪個公司的產品很大程度上取決於企業形象。」良好的企業形象會使客戶慕名上門，推銷人員會事半功倍，營業額的提高也就成了理所當然的事。

其次，地利：良好的企業形象，可以擴大企業的知名度，增強投資或合作者的好感和信心。

一個企業具有了優良的形象，在需要融通資金時，各種投資機構都會樂於參與，在危機面前也會伸出援助之手；實力雄厚的企業會自動找上門來合作，從而使風險減小，企業發展基礎更加穩固。

再其次，人和：良好的企業形象，可以吸引更多人才加入，激發職工的敬業精神，創造更高的效率。

有「貝」之財易得，無「貝」之才難求。企業之間的競爭歸根到底是人才競爭。良好的企業形象，使人才感到這裡的工作環境為他提供了用武之地，這裡的用人制度能使自己的聰明才智得以發揮。企業形象好了，職工就有一種優越感和自豪感，加之配套系統（統一的工作服、辦公用品等）的相互感應，創造出一種朝氣蓬勃的氣氛，使他們的工作熱情日趨高漲，工作效率不斷提高。

三、八卦象徵在企業形象策劃中的應用

既然，企業形象如此重要。那麼，它又是透過那些方面在社會公眾心目中生根開花的呢？只有認清了這些方面的真實所在，才能對症下藥，找到更為合理的策劃渠道。

1.乾☰——產品質量形象的象徵

乾，為天，為充實盈滿的金玉之物，高質量的產品應該貨真價實，故乾卦象徵產品質量形象。

2.兌☱——消費利益形象的象徵

兌，為澤，為喜悅，消費者對所享用的產品非常滿意，正如人或動物飲用湖澤中水獲得喜悅一樣。

3.離☲——企業發展形象的象徵

離，為火，為光明美麗，企業蒸蒸日上的發展前景，猶如旭日東升的太陽，給人以溫暖和希望。

4.震☳——企業規模形象的象徵

震，為雷，為聲勢浩大，企業規模的不斷擴大正像隆隆雷聲震撼萬里，勢不可擋。

5.巽☴——工作效率形象的象徵

巽，為風，為迅速（風馳電掣），高效率的工作節奏猶如無孔不入的風，可以拔起參天大樹。

6.坎☵——改革開拓形象的象徵

坎，為水，為危陷，勇於冒險和志於開拓都需要特殊資本作保證，正如決堤的洪水一瀉千里。

7.艮☶——企業標誌形象的象徵

艮，為山，挺拔顯眼，具有獨特風格的企業標誌猶如峰巔上奇異的涼亭，使遊人流連忘返。

8.坤☷——社會參與形象的象徵

坤，為地，為眾多，社會活動的廣泛參與正如黃土處處可見一樣，給人以踏實穩定之感。

9.八卦象徵在企業形象策劃中的應用

依據先天八卦的排列順序，乾一、兌二、離三、震四、巽五、坎六、艮七、坤八，在這八種企業形象中「產品質量」應排在首位，其次是消費者利益、企業發展前景……依此類推，這與企業競爭實踐是非常吻合的，說明將八卦象徵引入企業形象概念是可行的，另外，由《周易》六十四卦卦意的企業化解釋，則更能說明此舉在企業策劃中的實際指導意義。

例如：坤上乾下為「泰」卦，而乾上坤下則為「否」卦，依據下卦為內上卦為外和自下而上（由內及外）的原則，可以解釋為：內部有了良好的產品質量形象，再透過廣泛的社會活動的參與，就會通泰順達；相反，如果沒有高質量的產品作保證，僅靠廣泛的社會活動的參與效應，試圖達到良好產品質量形象，會否塞受阻。同理，坎上離下的「既濟」與離上坎下的「未濟」二卦則說明：有了蒸蒸日上的發展勢頭，進行大膽的冒險開拓是會成功的；而試圖由冒險行動造成一種蒸蒸日上的假象是注定要失敗的。

坎上乾下的「需」卦與乾上坎下的「訟」卦則說明：在保證產品質量的前提下進行產品改革，是消費者所需要的；而置產品質量不顧所進行的任何改革都會引起消費者的爭議乃至訴訟；同時也說明，真正需要的改革應首先從消費者的意見開始（坎卦在外卦為「需」），若置消費者意見不顧，僅從企業自身情況著眼就會出現矛盾甚至官司（坎卦在內為「訟」）。其他諸卦，讀者可以自行推演核對。

第四節　八卦模式在住宅環境方面的應用

一、隨時調好心中天線——柯林頓永保青春的秘密

美國總統柯林頓的辦公桌玻璃板下面，放著一篇「座右銘」，人們爭相傳抄，不脛而走。其全篇英譯漢如下：

青春，不是人生的一個時期，而是一種心態。

青春的本質，不是粉面桃腮，不是朱唇紅顏，也不是靈活的關節，而是堅定的意志、豐富的想像，飽滿的情緒，也是蕩漾在生命甘泉中的一絲清涼。

青春的內涵，是戰勝怯懦的勇氣，是敢於冒險的精神，而不是好逸惡勞。許多六十歲的人，反比二十歲的人更具上述品質。年歲雖增，但並不摧老；衰老的成因，是放棄了對理想的追求！

歲月褶皺肌膚，暮氣卻能褶皺靈魂。煩惱、恐懼，乃至自疑，均可摧垮精神，傷害元氣！

人人心中，都有一部無線電臺。只要能從他人或造物主那裡收到美好、希望、

歡暢、勇敢和力量的信息，我們便擁有青春。

一旦天線垮塌，精神便會遭到憤世和悲觀的冰霜的鎮壓。此時，即使二十歲的人，也會覺得老了；然而，只要高豎天線，不斷接收樂觀向上的電波，那麼，即使你年過八十歲時，也仍覺得年輕。

從以上這則「座右銘」中，我們不難知道：柯林頓總統永保青春的奧秘，就在於他的「天線」始終處於良好狀態，那部「無線電臺」能及時正常地接收讓他永遠年輕的積極信息。

其實，大自然（造物主）並不鄙視誰，任何人都擁有她賜予的這樣一部「無線電臺」（包括接收天線）。可惜的是，大多數人並沒有很好地珍惜和利用它，要麼年久失修不能使用，要麼接收到的多為不利身心健康的消極信息。然而，如何才能更多地接收到有利於我們身心健康的積極信息呢？這就是我們通常所說的「趨吉避凶」的問題。

要實現「趨吉避凶」，可從自身內部和外部環境兩方面著手。從自身內部著手，就是透過宗教信仰和修行煉功等方式或渠道，自我維修各自的「無線電臺」（包括天線），使其處於最佳狀態和方位（此屬另一範疇內容，在此暫不贅述）。然而由於種種原因，我們的能量往往不足以達到「自我維修和調整」的目的，這時就需要借助外部環境的力量來實現。外部環境包括很多內容，我們能夠駕馭或利用且容易奏效的當屬居住環境的選擇與調整，也就是我們通常所講的住宅環境問題。

二、用八卦模式選擇門主灶——住宅環境趨吉避凶的奧秘

根據「宇宙全息統一論」原理，人體和住宅皆為獨立成一體的小宇宙，它們都有一部接收宇宙信息（能量）的「無線電臺」（包括天線）。從風水術的角度分析，每個住宅的「無線電臺」可由三部分構成，即門、主、灶。

我們對「三」並不陌生，這是由於我們人類本身生活在「三維空間」之中，時間由過去、現在、未來組成；空間由上、中、下組成；成功由天時、地利、人和決定等等，這充分說明世間由無數個「三點確定一個平面」的穩定單元組成。《陽宅三要》論述的門、主、灶內容，實際就是人在住宅環境中有關吃、住、行的學問（灶為養生之吃地、主為主人居住之所、門為行必經之路），同樣包含著天地人三才之內容（門、行為天，主、住為地，灶、吃為人）。

在住宅風水中，「九星臨宮（包括年、月九星）」探究的是天（宇宙天體）的因素；從門上起伏位依據「大遊年歌訣」選吉位安主、灶位置，實現門、主、灶的最佳配置探究的是地的因素；依據「三元命卦」推算的遊年變宅和門、主、灶最佳配置探究的是人的因素。

在平房院落結構的住宅中，高大者為主房（一般為一家之長所居住），相當「無線

電臺」的接收天線，其坐向以與宅主（一家之長）的「三元命卦」相配為吉。而以主房坐山起伏，依據「大遊年歌訣」確定的吉凶方位，設置大門和廚灶的最佳位置，則就是這個宅院「無線電臺」的主要內容了。俗話說：病從口入，如果你滿嘴都是細菌，即使吃再乾淨的東西也會生病；相反，如是口中始終保持殺菌狀態（液體），即使吃些不乾淨的食品也無大礙。廚房位置的吉凶，直接關係到飲食質量，而住宅的「門」則相當宅之口，經過門之氣必然帶有門位八卦氣場信息，帶有某種八卦信息的這種氣場與門內其他八卦氣場相互作用產生了七種結果，即天醫、生氣、六煞、絕命、五鬼、禍害、延年，「大遊年歌訣」反映的就是兩種氣場相互作用的結果。

在現代商品樓房住宅中，由於樓房的坐向為眾人共有，而每個單元房的大門已經定死不能改變，故而以大門起伏依據「大遊年歌訣」選擇最佳主房（主人臥室）和廚灶位置，就成了這個單元住宅「無線電臺」的主要內容。

與住宅相比，一個企業占地面積或使用空間一般較大，其布局與陳設也更複雜繁多，因此，能滿足一般住宅風水需要的「八宅理論」，在企業風水中則顯得力不從心。其實古人早就注意到了這一點，故此二十四山之說早已遍見諸書之中，可惜世人走馬觀花未得心神領會，在論開大門時仍以「一卦管三山」機械套用「大遊年歌訣」，由於每卦左右兩神與卦氣不相屬，致使企業風水的設計與調整出現「失之毫厘，差之千里」之後果。故此，企業風水在論及大門設置時，應以「三合納甲論開門法」為其操作準繩。

再者，大門有位置與氣口之分，位置者二十四方位也，生氣、天醫、延年三吉在何處，何處便可開大門。

而大門位置確定以後，朝向則可根據企業風水需要另定之，此為變通之妙法。如人之坐位，雖坐牆角可往外朝，而坐屋外可向內朝，然位置始終不變之理。

許多企業，由於受城市道路、建築的限制或影響，擬或考慮符合玄空等其他風水要素之需要，企業大門的位置不能更改時，改變大門朝向則就成了風水調整的另一種方式。這時，朝向可以或偏斜或扭轉方向，皆可根據具體情況而定，以滿足「納吉氣」之需要，使企業的「無線電臺」處於接收積極良好的宇宙能量信息狀態。

第五節　伏羲先天八卦次序及應用

一、胎兒在母腹發育過程與先天八卦次序的對應

乾一、兌二、離三、震四、巽五、坎六、艮七、坤八，此為先天八卦數。伏羲先天八卦圖如「伏羲先天八卦方位圖」所示：

根據先天八卦次序，可知人初胎在母腹中第一月僅一點元陽之氣，以乾一應之；有

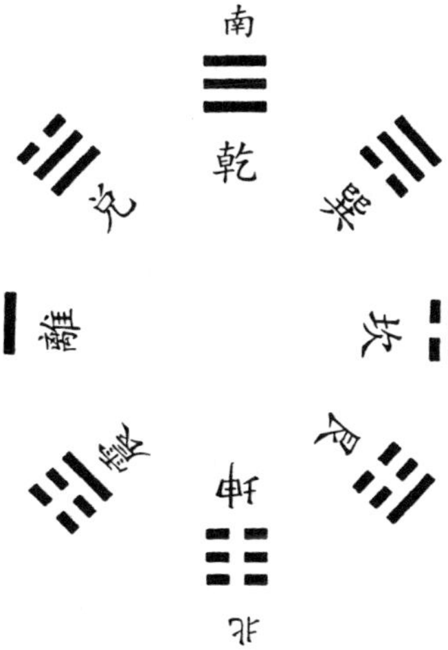

圖4　伏羲先天八卦方位圖

氣就有液，以兌二應之（兌為澤）；第三個月，氣澤合化為熱，以離應之（離為火）；第四個月震而動，以震四應之，既震動，則有呼吸；第五個月子隨母氣有呼吸，以巽五應之；第六個月胎水始盛，以坎六應之（坎為水）；第七個月胎兒的腸胃已具，以艮七應之（艮為腸胃，主中土）；第八個月，胎兒肌肉皆成，以坤八應之（坤為肌肉），此時胎兒的形體俱全。故凡稱懷孕足八月生者，其子易養，不滿八月則子難養，謂之先天不足，所謂先天，即指胎兒而言。再如人在胎中，開始生頭，為乾一，次生肺為兌二，次生心為離三，次生肝膽為震四、巽五（震、巽表肝、膽），次生腎為坎六（坎為腎），次生腸胃為艮七，次生肌肉為坤八。

現代醫學剖視，大略如此，頗合先天八卦之象。這說明，人在母體未落地之前為先天，故與先天八卦次序相對應。先天八卦圖的應用很廣，這裡我們僅從人才管理和企業建築兩方面進行簡介，旨在拋磚引玉。

二、先天八卦在人才管理方面的應用

從先天八卦圖上我們可以看出：三陽的老男與三陰的老女相對，一陽的少男、長男、中男分別與一陰的少女、長女、中女相對，先天八卦圖的乾坤、艮兌、震巽、坎離對應，充分反映了宇宙間陰陽互補原理。「天地定位，山澤通氣，雷風相薄，水火不相射」（《周易・說卦》），是對先天八卦圖的精闢闡述，它給我們提供了群體人才結構設計的總原則。

「天地定位」，又稱「定乾坤」，指天地設定上下配合的位置，泛指事物的關鍵。任何事物都存在一個關鍵點（根據陰陽互根原理，實際為兩個），即唯物辯證法所說的主要矛盾，企業群體人才結構也不例外，只要我們抓住了這一關鍵點，做到所謂「天地定位」，我們就解決了群體人才結構的核心問題，其他矛盾也就迎刃而解了，「綱舉目張」嘛？「天地定位」在不同時期的企業中，有著不同的內涵和形式：在如今的國營企業中，黨政領導班子和職代會之間的對應關係相當於此；在將來的股份製企業或私有企業中，董事會和工會之間的對應關係相當於此。

這只是粗淺的劃分與描述，實際情況很複雜，每個企業必須仿此找到象徵剛柔、寡眾、官民對應關係的兩個核心點，使它們處於「天地定位」狀態，千萬不可忽視與剛健之「乾」對應的柔順之「坤」的作用。

「山澤通氣」，是說澤氣生於山為雲為雨，山之泉脈流於澤為泉為水，山高澤深，高低交流，水脈相互灌輸。山高為顯，對應企業中的當位人才；澤深為隱，對應企業中的隱位人才。隨著信息時代的到來，人才大戰越來越激烈，古代兵法上的許多謀略逐漸應用到經濟活動領域中來，無論是出於迷惑、反間敵人（競爭對手）還是出於更有效地發揮群眾之作用等目的，隱位人才是越來越顯得重要了。

然而，如何處理好隱位和顯位人才的辯證關係，比如何選擇使用隱位人才更重要，這點務必要引起高層管理者的足夠重視。

「雷風相薄」，是說雷由風而起（烏雲靠風行駛）、雷又助風勢，雷風雖各自興動卻能交相替入應和。雷，聲勢浩大，與企業中的顯人才（指創造性勞動成果已被社會承認，並正在發展的人才）對應。風，無形無影，需借助他物表明自己的存在，但無孔不入，與企業中的潛人才（指創造性成果尚未被社會發現和承認的人才）對應。潛人才與顯人才相比，是一支宏大的人才隊伍，有意識地「空缺」（給風開個小孔）給他們表現的機會或希望，才能及時發現進而有效地培養他們。處理好顯人才和潛人才的辯證關係，就能充分調動潛人才自我開發的自覺性，使企業湧現出更多優秀人才，同時激勵顯人才不斷提高完善自己，為企業做出更大貢獻。

「水火不相射」，指水火雖異性卻不相厭棄而相互資助（射，厭也）。火，在空中升騰直上，與企業中的「I」型人才（知識面較窄的單科專業人才，適合縱深發展；具有外剛內柔、積極主動、富於想像、多感情等特點）對應。水，在地面平行流動，與企業中的「一」型人才（知識面較寬的綜合型人才，適合橫向開拓；具有外柔內剛、勞而不疲、善於冒險、多理智等特點）對應。《易經》的「既濟」「未濟」都是由水火（坎離）組合而成，只是水火所處位置不同，當然「既濟」中含有未成功（未濟）的內容，「未濟」中隱藏著成功（既濟）之因素（既濟與未濟的錯綜互變之卦內涵）。對一個人才管理者來說，何時何地將「一」性人才擺在「I」性人才之前（之上）或之後（之下），是成功使用人才的關鍵，差之毫厘，謬之千里，不可不慎。

綜上所述，先天八卦在人才管理方面的應用總原則是：根據陰陽互補原理，結合不同時空下的企業特點，設計群體人才結構最佳方案，以順應天道。

三、先天八卦與企業的整體建築布局

1. 先天八卦的形成與企業整體建築設計

先天八卦的形成，如圖5所示。

如果把每次兩儀（陰陽）裂變仍視為一個圓，則疊之為三的三個圓所組成的圖形就是先天八卦方位圖。它反映了宇宙萬物從無到有的形成規律，任何事物的產生都遵循這

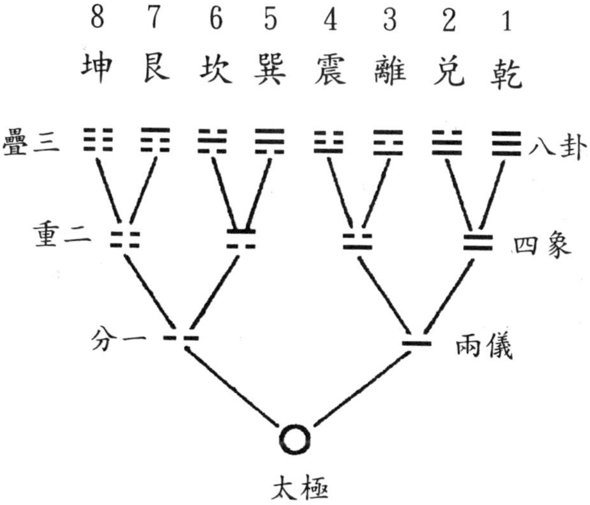

圖5　先天八卦形成圖

一宇宙原則，《周易》強調「天人合一」，講究順應天意，我們在從事企業整體建築設計時，必須牢記這一點，用先天八卦的形成規律作指導，整體把握一個從無到有、拔地而起的企業建築群。

就像男耕女織的古代家庭一樣，一個企業首先分生產（銷售）和生活（輔助）兩大部分，生產部分又可分為主力生產和輔助生產兩部分，主力生產又可分直接主力和間接主力兩部分，生活部分也同樣可以這樣一分為二，這樣一個企業的先天八卦圖就躍於紙上：直接主力生產部分相當於乾卦、間接主力部分相當兌、宿舍家屬區相當坤等。若從人事角度劃分，則領導為陽、群眾為陰，領導群體又可分生產型（廠長經理）、非生產型（書記工會主席）、生產型又可分正職、副職，其他部門依此類推。

先天八卦圖的形成，是自內至外陰陽逐步裂變而成，一個企業的設計建造也應如此，如果違背了這一規律就會產生不良效果，那些待廠區建設完美投入生產之後，才開始生活區建設的企業，一般都要經歷幾次大的波折才能出現蓬勃生機。

2.先天八卦的對應與企業整體建築調整

先天八卦圖中，陰陽互補、剛柔相濟、奇偶相對，反映的是一個平衡穩定的整體。這個整體具有自身調節功能，一旦出現失衡狀態，就會進行自動調整。

調整可分自然和人為兩種，自然調整帶有不可知性，往往對企業易產生危害影響；人為調整具有可把握性，一般對企業的發展起到積極作用。人為調整所依據的原則為「天地定位、山澤通氣、雷風相薄，水火不相射」，如「天」為天時、為宇宙場，「地」為地勢、為地面建設，二者必須合而為一同時考慮。

第六節　文王後天八卦次序及應用

一、「天昏山崩，快離婚好」反映出的文王後天八卦

《易》大概產生在殷末周初、文王伐紂的時候，周文王要奪取政權，是因為他受壓

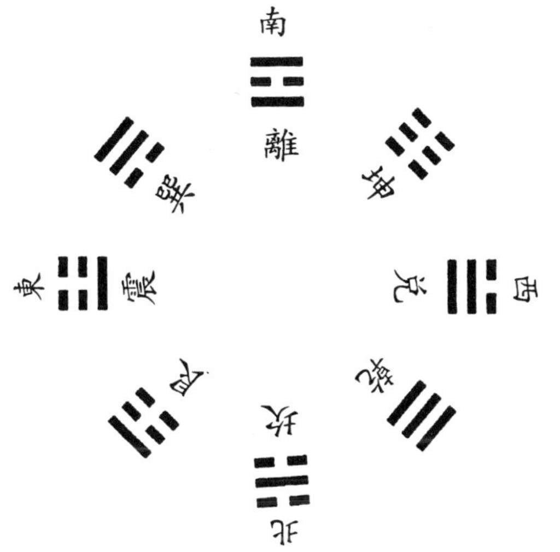

圖6　文王後天八卦方位圖

迫，有憂患意識，所以在《周易》中就有許多危辭。正因為這些危懼之詞，人的警惕性就高，行動就謹慎，因而也就平安。

相反，如果不在乎，掉以輕心，簡單處理，就會導致傾廢了。《周易》的作用很大，幹什麼都不失敗，就是因為它強調始終要有憂患意識，而其目的是不出問題。這就是《周易》的原則和方法。

「《易》之興也，其當殷之末世，周之盛德邪？當文王與紂王之事邪？是故其辭危。危者使平，易者使傾；其道甚大，百物不廢。懼以終始，其要無咎，此之謂《易》之道也。」（《周易・繫辭傳下》朱熹注本）

朱熹未說明這段話的出處。司馬遷的《史記》中也有這段話，司馬遷可能由於講真話而受了「宮刑」，所以在這裡用了些疑問句，未敢肯定。

這裡講的是《易》之道，涉及面很廣，要是侷限於八卦呢？似乎可以有如下的解釋：

☰ ☵ ☶ ☳ ☴ ☲ ☷ ☱

乾 坎 艮 震 巽 離 坤 兌

天 水 山 雷 風 火 地 澤

天 昏 山 崩，快 離 婚 好！

從字句上看，有的屬直接沿用，如乾（天）、艮（山）、離（離），有的屬於引申暗示，如坎為水，天上多水，或大霧彌漫，或陰雨連綿，這時天必昏沉；艮為山，山震其聲如雷者，山崩之象也。巽為風，風行雷厲，歷來都是用來形容快速的；坤為陰為女，這裡則暗指紂王的女人。

紂王的妻妾雖多，當權的，應該離異的，當然有具體的對象；兌即「說」、即「悅」，譯成現代漢語，有好的意思，可見最下一行的翻譯不太牽強。聯繫上面的引文，不難看出，文王當時認為，是殷紂王聽信了妲己的妖言，才把朝政弄的那樣混亂。如果紂王能下決心廢掉妲己（跟她離婚），改信忠臣良言，仍能轉危為安。即利用當時迷信占卜的風尚，用八卦的八個字組成「諫言」，表達自己的心意。所為「懼以終始，其要無咎」，是符合文王的性格和當時之心境的。

如果是這樣，這種排卦方式雖然有針對性，卻不具備普適性。因此，把這種排法看成天經地義，到處引用，就難免有牽強附會之嫌了。至於邵雍所講的：「此卦位乃文王所定，所為後天之學」，強調「後天」，說明他也不承認其普適性。

以上之論，詳見顧明先生的《八卦的方位和次序》一文。此論雖然能自圓其說，但有失學問的嚴肅性，作者引錄於此，是因其獨有的通俗性較適合普通讀者，以便能在趣味中對後天八卦首先有一個大致了解。以作者應用易學的實踐體會，後天八卦方位的應用範圍很廣，尤其在傳統風水學中。

二、後天八卦在人才管理方面的應用

如今，許多企業的改革都是被動型的，對群體人才結構的調整更是毫無準備，造成許多人才流失或浪費。如果能早一點確定企業下一步改革的目標，提前做出這一目標下的最佳群體人才結構方案，就會比較合理地處理好由於人才結構調整產生的不良後果，變廢為寶、轉禍為福。

象徵東方日出的震木主生發、主柔和，與象徵西方日落主蕭殺、主剛烈的兌金相應；象徵無孔不入具有良好滲透性的巽，與象徵充實盈滿鐵板一塊的乾相應；象徵外剛內柔、外實內虛的離，與象徵內剛外柔、內實外虛的坎相應；象徵柔順能承載萬物之大地的坤，與象徵剛勁拔地屹立之高山的艮相應，這就是後天八卦圖的剛柔、虛實的對應關係。「帝出乎震，齊乎巽，相見乎離，致役乎坤，說言乎兌，戰於乾，勞乎坎，成言乎艮。」則從方位和時間的角度闡述了地球萬物之成長發展規律。

另外震巽之木、離之火、坤之土、兌乾之金、坎之水，構成了萬物相生相剋之循環規律，後天八卦圖反映的所有這些特徵，無不為我們企業群體人才結構的優選提供了具有重要參考價值的理論依據。

「帝出乎震」，是說萬物生長起始於震（帝，古人心目中的大自然主宰），震主創新、主開拓，與現代企業中的起始階段、先期論證工作、新產品開發設計、東方、春季等相對應，在這些時期或部門應加強開拓性人才的比例或職位，同時注重與保守性（兌卦所主）人才的相互關係。

「齊乎巽」，是說萬物暢生整齊於巽，巽主迅速、主進退，與現代企業中的起始後的發展階段、情報調研工作、新技術研制推廣、東南、春夏交接相對應，在這些時期或部門應加強思考性人才的比例或職位，同時注重與實幹性（乾卦所主）人才的相互關係。

「相見乎離」，是說萬物生長旺盛紛相呈現於離，離主光明、主華麗，與現代企業中的粗具規模階段、廣告宣傳工作、調度辦公室管理、南方、夏季等相對應，在這些時期或部門應加強主動性人才的比例或職位，同時注重與被動性（坎卦所主）人才的相互關係。

「致役乎坤」，是說萬物勤奮發展茁壯成長於坤，坤主靜止、主眾多，與現代企業中的規模壯大階段、經營管理工作、大規模生產開發、西南、夏秋交替等相對應，在這些時期或部門應加強管理性人才的比例或職位，同時注重與革新性（艮卦所主）人才的相互關係。

「說言乎兌」，是說萬物長成收穫喜悅於兌（兌，悅也），兌主收穫、主喜悅，與現代企業中的利潤回收階段、計劃財務工作、合同契約管理、西方、秋季等相對應，在這些時期或部門應加強保守性人才的比例或職位。

「戰於乾」，是說萬物歸藏發生矛盾於乾（戰，戰鬥，陰陽交爭也），乾主運動、主競爭，與現代企業中的建立分公司或兼並同行業公司階段、競爭策劃工作、投資決策管理、西北、秋冬交接等相對應，在這些時期或部門應加強實幹性人才的比例或職位。

「勞乎坎」，是說萬物勞倦靜止休息於坎，坎主危機、主勞苦，與現代企業中的維護休養階段、紀檢審計工作、法律規章管理、北方、冬季等相對應，在這些時期或部門應加強被動性人才的比例或職位。

「成言乎艮」，是說萬物前功已就、後功復萌而始於艮，艮主終止、主變革，與現代企業中的變革階段、政策研究工作、改革規劃管理、東北、冬春交替等相對應，在這些時期或部門應加強革新性人才的比例或職位。

如上所述，萬事萬物自震巽（木）起，經離（火）、坤（土）、兌乾（金）、坎（水）順生循環一周，至艮（土）結束又重新開始。如果我們違背了這一規律，就會出現間隔相剋，破壞大自然原有的剛柔平衡，遭到它的報應，這就是後天八卦圖所顯示的「地道」給我們企業管理者的啟示。

綜上所述，後天八卦在人才管理方面的應用總原則是：根據剛柔相應原理，隨著企業自身和所處環境的變化，不斷調整群體人才結構，使其永遠處於最佳狀態，以順應地道。

第三章　六十四卦——組成《周易》宮殿最基本的房間

第一節　六十四卦的「錯綜」與生活的「複雜」

一、卦類（卦別）簡介

單卦：又稱「經卦」，指乾☰、坤☷、震☳、巽☴、坎☵、離☲、艮☶、兌☱八卦。

重卦：又稱「別卦」，指由八個單卦兩兩重疊而成的六十四卦。如屯䷂、蒙䷃、需䷄、訟䷅等。

內卦：以卦體（位置）劃分，下方之卦為內卦。內卦又稱「下卦」，也稱「貞卦」。

外卦：以卦體（位置）劃分，上方之卦為外卦，外卦又稱「上卦」，也稱「悔卦」。

錯卦：即對卦，指陰陽相對的卦。錯卦又稱「旁通卦」，也稱「類卦」。如：坎䷜與離䷝、中孚䷼與小過䷽互為錯卦。

綜卦：即反卦，又稱「覆卦」，指將一卦反覆過來（即上下顛倒）所得到的卦。如：屯䷂與蒙䷃、需䷄與訟䷅互為綜卦。

互卦：也稱互體卦、約象、中爻，一般是指由中間四爻（二、三、四、五爻）交互組合而成的卦。由二、三、四爻組成的單卦為下互卦，由三、四、五爻組成的單卦為上互卦。如：中孚䷼，上互卦為艮☶、下互卦為震☳；小過䷽，上互卦為兌☱、下互卦為巽☴。

像卦：又稱「大象」，是指將六爻卦看成三爻卦之象。如中孚䷼、頤䷚均像離☲，稱之為「大離」；小過䷽、大過䷛均像坎☵，稱「大坎」；「觀」䷓卦像「艮☶」，稱為「大艮」等等。

二、六十四卦簡解

由八個單卦兩兩重疊而成六十四個重卦，六十四卦按其用途有多種排列方式，《周易》卦序只是其中之一。對《周易》六十四卦的排列順序，《周易・序卦傳》中給予了逐一闡述，筆者以為：這只是儒家的一種理解，不一定能反映《易經》原作者的初衷，因為有許多解釋太過於牽強附會，令人實在費解。然而，其中對卦名、卦義的闡釋尚有許多可取之處，不過以筆者的理解，這些闡釋仍不及《雜卦傳》更為簡明扼要、一針見血。

1.「雜卦」對六十四卦卦名的釋義

例如：乾卦表示剛健，坤卦表示柔順，比卦表示快樂，師卦表示憂慮，臨卦表示給予，觀卦表示有求，震卦表示起生，艮卦表示休止……《周易・雜卦傳》原文如下：

> 乾剛，坤柔，比樂，師憂。臨觀之義，或與或求。屯見而不失其居。蒙雜而著。震起也，艮止也；損益盛衰之始也。大畜時也。無妄災也。萃聚而升不來也。謙輕，而豫怠也。噬嗑食也，賁無色也。兌見，而巽伏也。隨無故也，蠱則飭也。剝爛也，復反也。晉晝也，明夷誅也。井通，而困相遇也。咸速也，恆久也。渙離也，節止也；解緩也，蹇難也；睽外也，家人內也；否泰反其類也。大壯則止，遁則退也。大有眾也，同人親也；革去故也，鼎取新也；小過過也，中孚信也；豐多故也；親寡旅也。離上，而坎下也。小畜寡也，履不處也。需不進也，訟不親也。大過顛也。姤，遇也，柔遇剛也。漸女歸，待男行也。頤養正也。既濟定也。歸妹女之終也。未濟男之窮也。夬，決也，剛決柔也，君子道長，小人道憂也。

2.「序卦」對六十四卦卦名的釋義

例如：比卦為親近和睦，蒙卦為蒙昧無知，賁卦為文飾，剝卦為剝落，恆卦為持久，漸卦為漸進，姤卦為不期而遇，解封為困難得到緩解……（《周易・序卦傳》原文略）

三、《周易》的「錯綜」與生活的「複雜」

《周易》六十四卦的排列順序，「錯、綜」是其主要方式之一。

在六十四卦排列中，每兩卦為一組，其後卦基本都是前卦的綜卦（如屯䷂與蒙䷃、師䷆與比䷇等），遇到其綜卦與本卦一樣時，即變為錯卦（乾䷀與坤䷁、頤䷚與大過䷛、坎䷜與離䷝、中孚䷼與小過䷽）。

在六十四卦中，互為綜卦的共有二十八組卦象，加上其餘互為錯卦的八個卦象，共計三十六個卦象，這也許就是依照《周易》原理編撰《三十六計》的初衷吧。

六十四卦的內涵體系博大精深，這裡我們暫且僅把每一卦狹義理解為自然界的一種事物或事物的一種狀態，從「錯、綜」概念中不難感知到，古人辯證思維的偉大。

無獨有偶，世間任何事物都有與其對立的另一事物，只要我們從相反的角度去觀察、對待，就會發現感知到與它對立的那一面，而這恰恰就是這一事物發展的最終結果。

如「損䷨」的綜卦是「益䷩」，因此在《周易》六十四卦中「損」之後為「益」卦，「損而不已，必益」（《周易‧序卦傳》），就是說損失到不能再損失的時候就會增益，這與「否極泰來」的物極必反之理相同；根據「能量守恆」規律，有人損失必然就有人獲益，此處損失必然從他處獲益，現在損失必然將來獲益，吾輩損失必然子孫獲益……

若是在戰場，敵人是誰已經明確，而作為友軍的立場還不堅定，如果能設法引誘友軍去攻擊敵人使其互相損失，我方必然獲益，因此《三十六計》的「借刀殺人」之易理注解曰：「以『損』推演。」只要我們明白了「損」「益」互為綜卦的原理，就會對「損」「益」有一個辯證的認識。例如：「獲益」的同時往往也是「損失」的開始，為了將來「獲益」就必須接受眼前的「損失」等等。

《周易》是中華民族文化之根，其思維模式滲透到各個領域，她的「錯綜」思維給予我們一個豐富多彩的思想世界，同時也使得我們的生活時空複雜化。

我們對「誤會」一詞並不陌生，因為一生中難免被人誤會，小到大街上揀起垃圾反被誤認為是肇事者接受罰款，大到為之奮鬥終生的目標卻發現根本不符合自己理想，「誤會」使我們繁雜的生活更加複雜化，究其根源，無不與我們的「錯綜」思維有關。有的誤會，是由於我們過分從反面（對立角度）去看待某一事物，以致造成類似「戴著有色眼鏡」或「從門縫兒」看人的效果；有的誤會，是我們從來也沒有嘗試從反面（對立角度）去看待某一事物，以致釀成類似「不識廬山真面目」的結果。

避免或解除誤會的辦法，就是辯證地使用「錯綜」思維，不斷地換個角度或方面考慮一些問題，否則一味地從一個角度或方面看待某一事物，必然會使這一事物快速走向它的反面。那些懷疑自己妻子（丈夫）人有外遇，從而整天鬧個沒完，妻子（丈夫）在失望之餘就會弄假成真，真的找個外遇而後與妻子（丈夫）離婚，這也許算是生活中不能把握錯綜思維的一個具體實例吧！

第二節 識時務者爲俊傑——六爻與成就大業的六個時期

一、「乾卦」與「龍的傳人」

《周易》六十四卦，以乾為首，而乾卦全篇爻辭都在講「龍」，以龍的生息變化寄喻人生和宇宙哲理。這表明，以《周易》這個大道之源而生發開來的中國傳統文化，是地地道道龍的文化。

古代的君王皇帝，穿的是龍袍、坐的是龍椅、睡的是龍床，以真龍天子自居；一些胸懷大志的「君子」也常常把自己喻為「不飛則已，一飛沖天」的「臥龍」，這決非偶然。

既然乾卦全篇都是講龍的，那麼其「卦辭」一定是對龍的高度概括和總結。對「元、亨、利、貞」，孔子是這樣解釋的：「元」是眾善的魁首，「亨」是眾美的集中，「利」是道義的統一，「貞」是事業的基幹。就是說，以龍自喻的「君子」應該是這四種美德的統一體。

在擁有幾千年文明史的中國，人民大眾將一種實際並不存在的動物，作為圖騰去膜拜去敬仰，這個圖騰凝聚著他們對完美的追求與渴望。因此，龍的形象是各種具體優秀形象的最佳組合：鹿之角，是雄壯美麗的象徵；馬之頭，是疾馳不疲的象徵；蛇之身，是善於變化的象徵；魚龜之鱗甲，是自我保護的象徵；鷹之爪，是凶猛飛翔的象徵……他們總是把認可的事物完美化，開荒著適合「個人崇拜」生長的土壤，一代又一代過去，其土地越來越肥沃，他們的理想卻越來越迷茫。他們永遠不會明白為什麼明明播種的是希望，而收穫的卻是一次再一次的失望。

龍的形象因環境不同而不斷變化，在《三國演義》的第二十一回中，「曹操煮酒論英雄」時曾有一段精闢的論述，「操曰：『使君知龍之變化否？』玄德曰：『未知其詳。』操曰：『龍能大能小，能升能隱；大則興雲吐霧，小則隱介藏形；升則飛騰於宇宙之間，隱則潛伏於波濤之內。方今春深，龍乘時變化，猶人得志而縱橫四海。龍之為物，可比世之英雄……』」

乾卦自初爻的「潛龍」講起，至六爻的「亢龍」結束，充分闡述了這種變化的必要，同時也顯示了這種變化是必然的規律。任何事物，都有其產生、發展、昌盛、衰退、消失的必然規律，按照《周易》「其大無外，其小無內」的全息觀，乾卦所闡述的變化規律適合任何事物，作為對一種圖騰的認識也不例外。因此，總會有一天，龍的形象因人而異，你想像中的龍該是什麼樣子就是什麼樣子。

乾卦的「用九」，是六爻皆變顯示的象徵涵義，可以理解為經歷了從初爻到上爻六種狀態後的必然結果。如果說卦辭是這一卦的「序言」，則「用九」即是本卦的「結束語」；如果卦辭是序幕，「用九」則必然是其尾聲（大結局）。因此，對其「見群龍無首，吉」的理解，甚為重要。

現在，有一句很時髦的俗語流傳極廣，「一個中國人是一條龍，三個中國人是三條蟲」。為什麼？

因為，龍是完美的象徵，如今人民將「首領」列在完美因素的首位，誰都想成為體現完美的「龍」，而某一方面（領域）只能有一個被接受認可，於是就產生了爭鬥，看誰是最後的勝利者。如果人們都不希望自己變成一條蟲，就必須接受「人人都是龍」的觀念。因此，筆者以為「群龍聚首，不分彼此」，才是乾卦「用九」的真正內涵。

二、乾卦卦爻辭與謀士范蠡成功人生的巧妙對應

序幕——《乾》卦辭曰：「元、亨、利、貞。」

當山野裡的農婦在油燈下哄拍著自己的孩兒入睡，當大街上的乞丐迷惘地遙望著天邊的星光，也總有一些不甘沉淪的人們，在窺視著風雲際會的歷史機緣。他們守候在歷史舞臺的出入口，目光警惕而緊張，生怕錯過讓他們上場表演的機會。然而，一旦他進入了舞臺，他們就必須按歷史安排的劇情，將他們的角色扮演到底，不管他願意還是不願意。這就是歷史舞臺的有情和無情，這就是「機緣」的陰陽兩重性。

如果我們能透過「時間隧道」，回到兩千多年前的春秋末年，我們能看見什麼？

公元前四九六年，越王允常病逝，吳王闔閭聞訊，遂起兵討伐越國。新即位的越王勾踐掛孝率兵抵抗，雙方軍隊在檇李（今浙江嘉興市）開戰。勾踐派敢死隊挑戰，排成三列，在吳軍陣前大聲呼叫，並一起刺殺，吳軍看得入神，嚴整的隊伍散亂了，越軍的大部隊乘機猛襲過去，打退吳軍，並射傷吳王闔閭。

闔閭死後，夫差即位，他上朝宣布的第一件事就是要報殺父之仇。他拜伍子胥為太師，伯嚭為相國，孫武為元帥，極力整頓內政，訓練軍隊。他命令伍子胥在太湖操練水兵，自己在陸地操練兵車，磨刀霍霍。

此時，越國在軍隊、土地、人才等主要戰爭因素方面都比不上吳國。檇李之戰，越國勉強取勝，純屬偶然。面對吳國的東山再起，越王勾踐憂心如焚。越國大夫文種，說服勾踐，到楚國訪求人才。他確信，一個在本國不被重視的人，一旦到了別國就常常被重用。伍子胥、伯嚭不就是楚國人嗎？可是他們在吳國已位居將相……

第一場——《乾》初九爻辭曰：「潛龍勿用。」

（春秋時的楚國，貴族當權，君主無為，朝廷腐敗。楚國有位士人名叫范蠡，年輕時即具有聖賢之資，眼看著楚國一方面被吳國威脅，另一方面依賴秦國，而失去了內政外交的自由，不免憂心如焚。但他出身寒微，又不肯巴結權貴，只得出入於陋室，浪跡於民間，過著倜然不群的清苦生活。為了不苟同於世俗，也為了躲避凡夫俗子的妒忌，他索性佯裝狂痴，隱身待時。）

第一幕：楚國范蠡寒舍

范蠡高聲朗讀道：「初九曰，『潛龍勿用』何謂也？子曰，『龍德而隱者也。不易乎世，不成乎名；遁世無悶，不見是而無悶；樂則行之，憂則違之；確乎其不可拔，潛龍也。』」

第二場——《乾》九二爻辭曰：「見龍在田，利見大人。」

第一幕：楚國范蠡寒舍

越國大夫文種：「常言道，『士有賢俊之資，必有佯狂之譏；內懷獨見之明，外有不智之毀。』先生才高八斗，為什麼不想法求取功名，而願溷在尋常百姓之中呢？」

「一個人有了知識和才能，如果僅僅是為了謀取自己的富貴，那是最容易的，但也是可恥的，故而這並非我的志向，」范蠡說，「我的志向是要有利於楚國，如果做不到這一點，我願畢此一生與草木同朽。」

「你現在怎麼辦呢？」

「我準備到越國去！」

「為什麼要到越國去呢？」文種故意追問。

「如今楚國最大的敵人是吳國，而能牽制吳國，削弱吳國的只有越國。越國將面臨一場生死存亡的戰爭，必定要招引天下有才智的人。如果楚國去幫越國，把吳國敵住了，吳國就沒有餘力來攻打楚國，楚國就會強盛起來，就會擺脫秦國的控制；如果吳國勝了，楚國可以聯合齊國再攻打吳國；而越國是以水戰為主的國家，它是不會遠侵楚國的。」

「我是越國大夫文種，正為此事而來，既然我們的見地不謀而合，先生就隨我一同去拜見越王。」

第二幕：越國王宮勾踐書房

越王勾踐：「大敵當前，先生可有敗敵妙策？」

范蠡侃侃而談：「當務之急是要廣納賢士。商湯得了伊尹，滅了夏朝；周武王得了姜尚，滅了商朝；諸侯之中秦穆公啟用了百里奚，齊桓公重用了管仲，晉文公任用了狐偃，他們才能稱霸諸侯。吳國呢，有了伍子胥、伯嚭、孫武，所以才強盛起來，戰勝了楚國，又威壓齊國。」

「到哪裡去取賢士呢？天下有名的賢士都已為人所用了啊！」勾踐迷惑地問道。

范蠡回答：「吳國有人才，孫武不就是吳國人嗎？楚國人才多，伍子胥、伯嚭都是楚國人。但為君主的，應識人才於無名之中。事實上，有其名的，不一定有其實；有其實的，不一定有其名。早先的姜子牙並沒有名，僅僅是個屠夫和漁民，而周武王用了他伐紂滅殷；伊尹和傅說或為奴隸，或為小臣，而商湯和夏王用了他們便稱霸天下……」

「寡人知道了，你先下去吧。」越王看似非常失望地對范蠡說。范蠡起身走了。

「我以為他能馬上拿出許多奇謀妙策，這樣的回答太讓我失望了，我看他並沒有什麼過人的才識。」越王對一旁的文種不滿地說。

「我同此人進行過深談，覺得他的確是難得的人才。大王應該予以重用，在使用中不斷進行考察。」文種真誠地說。

「好吧，就拜他為大夫吧。」越王無奈地說。

第三場——《乾》九三爻辭曰：「君子終日乾乾，夕惕若，厲無咎。」

第一幕：越國王宮議政大殿

「聽說吳王夫差日夜操練兵馬，準備馬上攻打我們越國，我們要先下手為強，趁他們還未準備停當，打它個措手不及。諸位愛卿有何進軍妙計？」越王說。

「臣以為，現如今吳強越弱，不到發兵時機。並且，兵器是不吉利的東西，戰爭是違背道德的，戰爭是各種事情中最末等的事。不到不得已而為之之時，主動去幹違背道德、好用凶器的末等之事，老天爺也是禁止的。」范蠡首先站出來反對。

「我的決心已定！休要再議。」越王態度生硬地說。

第二幕：文種大夫府第書房

文種正在看范蠡的來信：「我的謀略現在還不能為越王所用，越王要到最危急的時候才能起用我，到時候我再來越國……我認為，吳國在伐越之前，必定會先伐齊國，以泄過去齊國援楚舊怨，目的是威脅越國。越國的當務之急是鼓勵吳國伐齊，並趁此充實國力，富國強兵……如果越國不以逸待勞而是盲目用兵，勢必會全軍覆沒……」

第四場——《乾》九四爻辭曰：「或躍在淵，無咎。」

第一幕：會稽山（今浙江紹興縣東南方）越軍營帳

（公元前四九四年，吳國獲悉越國進攻吳國，為報檇李之仇，遂改變了伐齊的計劃。吳王夫差拜伍子胥為大將、伯嚭為副將，親率水陸軍隊攻打越國。五月，兩軍會戰於夫椒〈今江蘇吳縣〉，在水戰中，越國大將陣亡，水兵幾乎全軍覆沒。越王領殘兵五千藏匿於會稽山。吳軍窮追不捨，把越王圍困在山上。）

越王勾踐親自出來把范蠡迎入帳中，「先生請坐」，勾踐拱起雙手謝罪說：「吾才學淺陋，識人不明，惹慢了先生，致使先生棄我而去，這實在是寡人的罪過！」
「毋須謝罪。」范蠡說，「人之相交，是有緣分的，我們的緣分注定要到今日才開始。」
「山窮水盡，望先生教我拯救越國。」越王懇求道。
「你有何計？」范蠡反問道。
「事到如今，我只有殺了愛妻，率領這五千名將兵與夫差決一死戰。戰勝了，這是天命；戰敗了，也是天命！」勾踐無奈地說。
「此非明智之舉！」范蠡說：「天命無常，有德者王。越國國君，並沒有無道於百姓。您繼承王位後，內既不以聲色自娛而頹喪志氣，外又未以兵結怨於諸侯。越國雖一時遭受困厄，如果您能與百姓共始共終，與諸侯結親結友，最後越國必興，吳國必敗，這是可以斷言的。」
「這有什麼根據嗎？」勾踐不解地問。
「吳王夫差繼承了他先人的遺業，也繼承了他先人喜功好戰，縱情多慾，不恤於民的德性。外多結怨於諸侯，與齊、越、楚傾軋；內施惡於百姓。且朝中臣子各懷異心：孫武已去，伯嚭檇坤，垂明四野……」
「那我們眼下該怎麼辦呢？」越王問。
「向吳國投降！」范蠡不容辯駁地說。

勾踐沉默不語。良久，才長嘆一聲。

（於是越王勾踐派文種帶著越國最珍貴的珠寶物品去賄賂伯嚭，在伯嚭的勸說下，吳王夫差終於接受了越國的投降，條件是越王勾踐和他的妻子必須到吳國去做三年臣奴！范蠡自願請求隨越王勾踐夫婦一同前往吳國的姑蘇，陪伴這位多災多難的君王度過他一生最為艱難的日子。）

第五場——《乾》九五爻辭曰：「飛龍在天，利見大人。」

第一幕：越國王宮勾踐書房

（越王勾踐回到越國後，臥薪嘗膽，勵精圖治。他接受了范蠡提出的富國強民的內政戰略，又採納了范蠡呈獻的「削吳五計」。於是乎，一方面越國的國力不斷增強，軍威大振；另一方面吳國的國力逐漸衰弱，軍事優勢開始下滑。）

「伍子胥已經自殺身亡，夫差把吳國的政事交給伯嚭來管理。我們可以進兵吳國了吧？」越王問。

「還是忍一忍吧，時機還未成熟哩。」范蠡答道。

「你總是要我忍耐，即使我能忍耐，黎民百姓也快忍耐不住了。他們已三次請我出兵伐吳了，你早時不是常講『民之所好好之，民之所惡惡之』嗎？再不攻打吳國，我要愧對臣民了！」勾踐抱怨道。

「越國臣民是希望您能打敗吳國，並不只是請您去打吳國。如果不審度時機，貿然出兵，那就不能打敗吳國，而會被吳國打敗，您就更加愧對臣民啊！」范蠡解釋說。

第二幕：吳國姑蘇山下越軍營帳

（公元前四七八年，越王帶著范蠡、文種偷襲吳國，兩國軍隊在笠澤交戰，吳軍大敗。越軍乘勝追擊，節節勝利。公元前四七五年越軍攻到姑蘇城，圍困吳軍三年。到公元前四七三年，吳軍徹底失敗，夫差躲在姑蘇山派大夫公孫雄前來向勾踐求和，二十二年前會稽山前的一幕，歷史又戲劇性地重演了。）

吳國大夫公孫雄裸衣跪行到勾踐面前，懇求道：「孤臣夫差，當年在會稽山得罪大王，當時夫差不敢違背天命，使大王得意復國，如今大王大駕光臨討伐孤臣，孤臣惟命是聽……但孤臣私下的心願是希望也能像會稽山赦免對方一樣，赦免孤臣的罪。」

「當年在會稽山，是上天把越國賜給吳國，吳國不肯接受；現在上天把吳國賜給越國，大王難道可以違背天意嗎？謀劃了二十二年，而在一朝就將計劃拋棄，這是上天也不會同意的。如果上天賜給你的，你反而不取，一定會受到報應，就像樹木一樣，這次作為被斧頭砍伐的樹幹，下次就變成伐樹的斧柄了……」范蠡見勾踐已生憐憫之心，急忙上前阻止道。「你說得很對，但我實在可憐吳國使者。」勾踐仍想借故納降。

「大王已把軍事權交給我來掌管了，現在我立即下令擊鼓進軍，你再不逃就沒有機會了。」范蠡轉身對使者說。

（吳王夫差絕望地拔劍自殺了。勾踐坐在吳王夫差的朝堂上，接受文武百官的朝賀；隨後北渡回水，與齊國、晉國約諸侯會盟於徐州；隨後渡過淮河，將淮水上游的土地劃給楚國；隨後各國諸侯共同擁護勾踐為霸主……）

第六場——《乾》上九爻辭曰：「亢龍有悔。」

第一幕：太湖水面

一支浩浩蕩蕩的船隊開過來，船頭上飄揚著大大的「越」字，這是越王勾踐率領的從吳國凱旋的大軍。不久，又有一艘小船駛過來，船上坐著范蠡和他的家人。

第二幕：文種大夫府第書房

一個人對文種說：「大王讓我傳話給你，『當年你教我伐吳，有七條計策。我用了三條就把吳國滅了。還有四條計策在你的腦子裡，你準備幹什麼用呢？還是帶著它，替我到地下獻給先王吧！』」說完將一把劍交給文種。

使者走後文種拿起一封信讀道：「飛鳥打光了，再好的弓箭也該收藏起來；兔子打完了，跑得最快的獵狗也要被烹食啊！……」讀到這裡，文種情不自禁地失聲喊道：「范蠡兄，我真該聽從你的建議，現在後悔已太晚了。」說完，拔劍自刎而死。

尾聲——《乾》用九爻辭曰：「見群龍無首，吉。」

第一幕：齊國某地大院書房

一使者將一包東西交給范蠡，說：「我們宰相陳成子大人，聽說你很有一套致富的本領，特派我來請先生入宮為官。」

使者走後，范蠡對下人們說：「我當官當到卿相，種地得到千金，這是布衣出身的最高境界了。如果長久享受，這是不明智的。明天我們就把財產散發給窮人，離開這裡。」

第二幕：齊國陶（今山東肥城縣）地

當地首富「陶朱公」府第臥室，范蠡壽終正寢。

第三節　六十四卦的人生哲學寓意

一、䷀乾——確定最佳目標，是成功的第一步

乾卦，上、下皆乾☰。乾為圓、為剛、為實、為木果（《周易・說卦傳》），種子的形體多為圓形、質地多硬而實，故乾為種子之象。乾者，天也。天是以太陽為代表的宇宙能量之象徵，「萬物生長靠太陽」，種子的萌發、生長依賴於天，故本卦用「乾」命名。

《乾・卦辭》曰：「元，亨，利，貞。」尚秉和謂之：「元亨利貞，春夏秋冬，東南西北，仁義禮智，一二三四。」種子的生長秉承四季秩序，即春生、夏長、秋收、冬

圖7　乾卦示意圖

藏；種子的足跡遍布東南西北，「天涯何處無芳草」。無種子，則萬物之生無從談起。故而《序卦傳》曰：「有天地，然後萬物生焉。」自然界中，倘若評選「誰最剛強」，惟有種子當之無愧。故而《雜卦傳》曰：「乾剛，坤柔。」如果我們留意，處處可以發現其頑強生命力的種種表現。據說當代科技無意中發現一個新奇蹟：一顆種子竟能穿透致密堅硬的腦殼像頭髮似的長出來。故而，有多少志者以乾卦之精神自勵：「天行健，君子以自強不息。」

種瓜得瓜，種豆得豆，什麼樣的種子必然有什麼樣的結果。「天時不如地利，地利不如人和」，只有根據天時、地利選擇最適宜的種子，才會有滿意的收穫。種莊稼如此，人生策劃亦然。

人生的追求目標相當種莊稼的「種子」，選擇最佳的目標是成功人生的第一步。列隊看齊，第一士兵站立的姿態、位置最為關鍵，他對全對，他錯全錯。親愛的朋友，您可要小心邁好這至關重要的第一步！請看「鄭師文學琴」的故事，會給我們什麼重要的啟迪。

古時弧巴善於彈琴，每當他彈起琴來，空中的鳥兒飛舞，水中的魚兒跳躍。鄭國琴師師文聽到此事後，決心學會古時流傳下來的這種絕技，便離開家到師襄那裡學琴。

師襄手把手地教他調琴彈弦，然而這樣學了三年，鄭師文卻連一個樂章也彈奏不出來。師襄說：「你可以回家去了。」師文放下手中的琴，嘆息地說：「我並不是琴弦不能彈，也不是樂章不能奏。我心中所想的並不在於如何調琴彈弦，所追求的也並不在聲調上面。我要彈的不是聲音，是一種感覺的體現，是一種真情的流露！如果我內心不能有所得，就不能彈出我所要彈的，所以我一直不敢放手去撥弄琴弦。現在請你讓我再練習一些時日，看我今後彈得怎樣？」過了沒多久，師文再去見他的老師師襄。

師襄問：「這些日子裡你對琴道有什麼心得？」師文回答說：「我已領會出來了，讓我試著彈給你聽聽。」

這時正值春天，他撥動商弦以彈出「南呂」之音，金音秋聲，涼風忽然吹拂過來，似乎天氣漸漸轉為秋天，草木也都結果成熟了；他撥動角弦以奏出「夾鍾」之調，木音春聲，溫暖的南風慢慢地回蕩，天氣立刻變成春天一樣，草木開始繁茂起來；他撥動羽弦以彈出「黃鍾」之音，水音冬聲，霎時間霜雪交加，就像進入了嚴寒的冬天，河池冰結；他撥動徵弦以奏出「蕤賓」之調，火音夏聲，一下子陽光熾熱，天氣立刻好轉彷彿回到夏天一樣，冰化雪消。

整個樂章快奏完時，他讓宮音總括商、角、羽、徵四弦，便有南風輕輕吹拂，吉祥的雲彩在天空飄浮，甘露從天上降落，甘如甜酒的清泉噴湧。這時，師襄撫著自己的心胸，高興得手舞足蹈，說：「你的琴彈奏得太美妙了，即使師曠所奏『清角』、鄒衍所吹律曲，也沒法超過這美妙的琴聲啊！他們只配帶著琴拿著笛子跟在你後面，當你的學生。」（《列子・湯問》）

師文去拜師囊學琴，他的目標不是將來當一個琴手或歌手，而是要做一名偉大的作曲家、音樂家。故而他學琴，不滿足於通常的學習，所以師囊手把手教他三年，他卻彈不出一個樂章。不是他愚笨根本不會彈，而是他認為沒有找到那種對音樂的特殊的感覺，做到心、器、手三者和諧成為一體。

從故事中我們不難知道，師文是一位音樂家的材料，而他的老師卻想按琴手的方式去教他，幸好師文非常有自知之明，沒有受老師的干擾把目標降低，否則他就只能做一個普普通通的琴手。高人一等的技藝不是光憑外在的技巧，而是依賴深邃的內涵。要心領神會、凝聚專精，才能脫俗遠揚，不群於世。形而下的，人人可達；唯形而上的道，不是非常之人能夠體會出的，天才和庸俗的區別也就在於此。

二、☷坤——選擇最適棲處，是成功的保證

坤卦，上、下皆坤☷。坤為地、為母，大地乃萬物生發的土壤，土壤乃萬物生發之

圖 8　坤卦示意圖

母。坤者，地也，故本卦用「坤」命名。

坤與乾互為錯卦，土壤與種子是天生的一對，自然界的種子多種多樣，土壤的種類也千差萬別。沒有合適的土壤，則任何種子都不可能萌發生長。故而，《序卦傳》曰：「有天地，然後萬物生焉。」

《坤・卦辭》曰：「元亨，利牝馬之貞。君子有攸往，先迷後得主，利西南得朋，東北喪朋。安貞，吉。」坤與乾相對（互為錯卦）。乾主動，坤主靜；乾體現的是龍馬精神，坤寓意的是牝馬性德；乾的運動猶如太陽，東升西落，天天如此；坤的運動恰似月亮，憑借其他才有自己的光芒，每月初三在日落時見於西南、月晦（每月最末一天）時與日同出隱於東北；乾性剛，是先天自發的；坤性柔，要靠後天習得，柔能克剛，然必先失而後得。

土壤乃靜中滋育萬物，又以柔克剛將萬物溶於其中，它總是先給予萬物所需營養使其生長，然後把其成熟的果實納入自己懷中。故而，有多少賢士以坤卦之寓意自勉：「地勢坤，君子以厚德載物。」

但丁講過：「要是白松的種子掉在英國的石頭縫裡，它只會長成一棵很矮的小樹，但是，要是它被種在南方肥沃的土地裡，它就能長成一棵大樹。」由此可見，土壤的重要性不容忽視。

能讓我們的理想抱負得以實現的環境好比「土壤」，選擇最適宜的落腳點是成功的保證。古今中外成大功者，對身外的環境都是知己知彼的明者，他們總是挑三揀四，生怕自己的理想將來受到什麼委屈。

據《史記・齊太公世家》記載：呂尚（姜太公）博學多才，滿腹經綸，曾事奉商紂王，因商紂王暴虐無道，失望而去，又遊說諸侯，仍得不到重用以施展自己的抱負，最後西行歸附周文王。這位胸懷經天緯地之才的呂尚，雖至垂暮之年，然一經周文王的賞識，便求門報國，壯心不已，義無反顧地、全心全意地投入到反紂滅商的洪流，終成叱咤風雲的歷史人物。

選擇適合理想紮根生長的環境，猶如鳥兒的築巢建窩。建築巢穴，最重要的是地方要選對，基礎要打好，不然就會前功盡棄。「蒙鳩為巢」的故事，會給我們許多有益的啟示。

南方有一種名叫蒙鳩的鳥，它們用羽毛做巢，並且用長長的發絲編織起來，但卻把鳥巢托在蘆葦穗上面。大風一刮，蘆葦穗就折斷了。鳥巢隨之而掉下來，鳥蛋打破了，小鳥也摔死了。之所以會這樣，並非鳥巢做得不好，而是構築的地方不對頭，所托付的蘆葦太脆弱了。西方有一種名叫射幹的植物，莖只有四寸長，但由於生長在高山上，又面臨七十丈的深淵，遠望過去高不可攀。植物本身並不長，這是因為生長在高山上的緣故啊！（《荀子・勸學》）

根基脆弱，像蘆葦一樣，時時會被大風吹斷，再好的理想維繫於此，也會輕易化為泡影。有些人看起來沒有什麼特殊的地方，但所依附的集體非常優秀，也會取得令人刮目的成就，就像根紮高山的射幹一樣。

三、䷂屯——屯集有道，突破創始艱難

屯卦，上坎、下震。上卦坎☵為水，為流動之水；下卦震☳為木，為谷、為溝，可引申為渠（震卦之卦象☳如谷、如溝）；上下卦合之，「渠」之形象明矣。屯者，聚集、儲存也。渠使水得以聚集、儲存，故本卦用「屯」命名。

萬事開頭難，準備工作必不可少，然而首先應該囤積些什麼呢？水是養命之源，生命離不開水。故而，成大功者，首先從類似「水」的東西屯集開始。

我們經常用「求賢若渴」來描述對人才的渴求，可見人才如水。無論是經濟還是政治的成功，其特點只有一個，就是競爭。各種競爭，歸根到底，首先還是人才的競爭，因為一切都是靠人做出來的。因此，欲成大業者，首先應當是對人才的屯集。在這方

圖9　屯卦示意圖

面，「千里買首」的故事能給我們不少有益的啟示。

戰國時，燕國因相國篡位引起內亂，被齊國趁火打劫滅掉。後來燕國人發起復國運動，將從前的太子找回，推舉為國君，這就是燕昭王。

燕昭王立志要向齊國報仇，對相國郭隗說：「我成天成夜地想著燕國的恥辱，有誰替國家出力報仇呀！要是有人能去這樣做，我情願去伺候他。這件事請你為我打算打算，該怎樣去搜羅天下的人才。」

郭隗於是對他講述了《千里買首》的故事：

從前有個國君，拿出一千兩黃金，打發人去買千里馬。過了三年，千里馬還是沒有買到。有個太監對國王說：「請讓我去找一找吧！」國王於是便答應讓他去。

過了三個月，這個太監終於打聽到一匹千里馬。但不湊巧，當他趕到那裡時這匹千里馬已經死了。於是，他就花了五百兩黃金把死馬的頭買了回來，向國王呈報了。

國王一見大怒，說：「我是叫你去買活馬，要這死馬幹什麼？還白白花了五百金子。」那太監對國王說：「馬死了，大王還肯用五百金買它，何況是活馬呢？天下的人們必定認為大王是真心實意想買千里馬的，現在，千里馬一定會送上門來的。」果然，不到一年，送上門來的千里馬就有三匹之多。

講完這個故事，郭隗說道：「從這件事看來，大王要搜羅天下人才，請先把我當作死馬，活的千里馬準能獻上來。」燕昭王聽從了郭隗的建議，給郭隗造了一所精美的房子，自己像徒弟似的伺候他，聽從他的教導。又蓋了一座高臺，裡頭藏著黃金，作為招納人才的費用。

這樣一來，燕昭王招納人才的真心實意就傳遍了天下。有才幹的人紛紛前來燕國。……一時間，燕國人才濟濟。燕昭王分別給予重用，很快打敗了齊國，雪了國恥。

對於一個集團來說，人才就是我們日常必需的水；對於個人來講，才識就是我們不可缺少的水。如何才能做到對才識的有效屯集呢？尋找水源，廣開渠道，是屯集的前提；修建足夠大的屯集倉，時時核查屯集效果，關係到屯集的結局。這就是屯卦給我們的啟示。

四、䷃蒙——教育有方，提高自身素質

蒙卦，上艮、下坎。上卦艮☶為山，為門樓、為弓、為門（《說卦》「艮為山、為門闕」皆取其象形☶）；下卦坎☵為流動之水，為河流；合之即為「橋」之象。蒙者，蒙昧、啟蒙也。蒙昧根於缺乏溝通，啟蒙旨在搭建各種橋梁，故本卦用「蒙」命名。

世間之橋，種類繁多，最為矚目的還要數連接兩顆心之間的橋梁，因為人與人之間的鴻溝太寬、太深了，遠遠超出了人與其他動物之間的距離。故而，象徵渠之屯卦與象徵橋之蒙卦互為綜卦，以告誡人們：屯集人才，首先是要構築心與心之間的橋梁。

古人將類比「橋」之卦命名為「蒙」，其意實為讓後人牢記：建築各種知識領域之間的橋梁，乃啟蒙教育之本。真正的老師是大自然，只有它才能教給我們如何構築人間各式各樣的橋梁。誠心誠意拜大自然為師，定會有滿意的收穫。「烏龜訓子」的故事，說明在「築橋」這門學問上，他人的經驗永遠代替不了自己的實踐。

在一個貧瘠而偏僻的山溝裡住著一群烏龜。小烏龜們不安分守己，總想爬到山溝外邊，尋找肥饒的池沼去游玩覓食。老烏龜常常警告它們說：「小心，不要到那兒去！池沼旁邊有獵人等候著，一旦捉到你們，就會用刀把你們砍成五瓣。」小烏龜把媽媽的話當作耳邊風。

圖 10　蒙卦示意圖

有一天，它們偷偷相約著，爬出山溝，來到明亮而肥美的池沼旁邊，高高興興地玩耍起來。獵人早就埋伏在樹叢裡，用繩鉤一隻一隻地把小烏龜套住了。只有幾隻小烏龜藏在石塊後面，僥倖逃了回來。

老烏龜一見只剩下幾隻小烏龜跌跌爬爬地回來，又驚又急地問：「你們上池沼去了嗎？是不是碰見獵人啦？」「獵人倒沒有碰見，」小烏龜喘著氣回答，「只看見一根根的長繩子追在我們屁股後面。」「小傻瓜！」老烏龜氣惱地說：「就是這根長繩子！早先你們的外公爺爺也是因為有它才丟掉性命的！」（《出曜經》）

怪不得老烏龜要教訓小烏龜，因為它們的腦袋確實有點僵化（天真），以為只有親眼看見獵人，才會有危險，因而在眼不見獵人的情況下，即使看見自己同伴一隻一隻被捕捉還莫名其妙，弄不清長繩子是幹什麼名堂的，不知道長繩原來正操縱在獵人手中。我們其中的某些人，不也是同小烏龜一樣，總是孤立地看問題，看不見事物之間的聯繫，以致犯了錯誤還不自覺，這都是因為思維不善於「搭橋」的緣故啊！

五、䷄需——等候時機，方能事半功倍

需卦，上坎、下乾。上卦坎☵為流水，下卦乾☰為首、為頭部，上互卦離為目、為見，下互兌為口，受外部視覺刺激口中流水（口水）之象。需者，需要也，人因體內需要而產生食慾，口水乃食慾之產物，故本卦以「需」命名。

需卦，下卦乾為天，上卦坎為雲（坎為雨，在天之上為未下雨之雲），天上烏雲密布等待下雨之象；上卦坎為陷、為危險，下卦乾為剛、為行動，我欲行動但前方（外部）有危險，靜觀等待之象。這兩種解釋，也均有需要等待之意，故本卦寓意「等候」。

春暖秋涼、冬寒夏暑，宇宙大自然有著自身的運動發展規律。如果我們非要在冬天穿超短裙，那麼，只有在密閉溫暖的室內，而不能肆無忌憚地到戶外亂跑；然而，同樣是想穿短裙，如果到了夏天，此事就會變得輕鬆自然。「曹劌論戰」的故事，為我們講述的就是「等待最佳時機，方能事半功倍」這個道理。

圖 11　需卦示意圖

公元前六八四年春天，齊國重兵進犯魯國。當時，齊強魯弱，曹劌與魯莊公坐在一輛戰車來到長勺迎戰，但見齊軍旌旗森嚴，刀戟如林，一派殺氣騰騰。齊將首先下令進軍。剎那間，鼓聲動地，殺聲四起。魯莊公正準備擂鼓迎戰，曹劌攔住說：「不行，時機未到。」齊軍見魯營沒有反應，便平靜下來。稍過了一陣，齊軍又戰鼓大作，可是曹劌仍阻止魯軍出戰。

待齊軍三鼓擂過，曹劌才回頭對莊公說：「時機已到，可以出擊！」方才魯國兵將只見齊軍驕橫的氣焰，早就憋著滿腔怒火，此時一聽戰鼓擂響，便如同下山猛虎一般，吶喊著衝殺過去。齊軍猝不及防，頓時大亂，滿山遍野地潰逃。魯莊公大喜，正待下令追擊，曹劌又攔住說：「不行。」他跳下戰車，仔細地觀察著泥地上齊軍腳印和車轍，又站在車欄上遠眺一番，隨後說：「可以追擊了！」

戰役結束，魯國大獲全勝。班師回朝的路上，魯莊公問曹劌得勝的原因。曹劌回答：「打仗依靠士兵的勇氣，齊軍擂一鼓的時候，士氣正旺，第二鼓有所低落，第三鼓則精疲力竭；而我軍嚴陣以待，士氣卻逐漸充盈，所以能夠戰勝齊軍。同時，齊國是大國，狡詐多端，我們要防備它們佯裝敗走，埋下伏兵；因此我要觀察一番，發現齊軍車轍狼藉，旌旗靡亂，這是真正敗逃的跡象，所以才能下令追擊。」

在長勺之戰前，曹劌同魯莊公有過一段關於戰爭同政治、民心、法治關係的有名談論。他認識到，戰爭的勝負不僅取決於敵我雙方軍事力量的對比，還取決於政治、民心、士氣。在作戰中，他又深入分析了敵我雙方士氣的漲落，得出了「一鼓作氣，再而衰，三而竭」的正確結論，採用以逸待勞的策略，使「彼竭我盈」而讓魯國在士氣上占了上風，彌補了兵力和武器比不上齊軍的弱點。他掌握了事物在一定條件下可以相互轉化的辯證法，打敗齊軍，使長勺之戰成為歷史上以弱勝強的著名戰例。可見，曹劌是一位不但懂得如何等待「作戰時機」的，而且善於創造「作戰時機」的將軍，很值得不善等待的我們向他學習。

六、䷅訟——排除異己，才能一箭中的

訟卦，上乾、下坎。上卦乾☰為首、為頭部，下卦坎☵為流水，上互巽為線，下互卦離為目，內部傷感目中流水成線（眼淚）之象。訟者，爭辯、訴訟也。古之百姓訴訟，多以流淚上訴開始、又以含淚受之而告終，故本卦以「訟」命名。

訟卦，上卦乾、下卦坎。上卦乾為天，下卦坎為雨，雨點自天空落下之象（含有爭先恐後去授受之意）；外卦乾為剛、為行動，內卦坎為陷、為危險，我欲外出行動但後方（內部）有危險、麻煩，意見不統一、相互爭執之象。這兩種解釋，也均含有爭執爭訟之意，故本卦寓意「爭執」。

「需」和「訟」互為綜卦，需卦提醒我們「成功需要等待最佳出擊時機」，訟卦告誡「勝利首先需要排除雜念」，二者相輔相成，均為成就事業之必須。故而《雜卦傳》曰：需不進也，訟不親也（「需」象徵審慎等待而不躁進，「訟」象徵爭訟紛紜而難以相親）。

要排除異己，首先是要戰勝自己，因為真正的敵人是另一個「自我」。「萬金之患」的故事，講的就是這個道理。

夏王叫后羿對準一塊一尺見方的獸皮箭靶和直徑一寸的靶心射箭。他命令后羿說：

圖12　訟卦示意圖

「你射這個靶心，如果射中了，就賞給你一萬金的貨幣；如果沒有射中，就減削你一千邑的封地。」

后羿聽後，面色變化無常，胸中的呼吸異常緊張，於是拉開弓去射靶心，第一箭沒有射中；再射一箭，也沒有射中。

夏王便對傅彌仁說：「后羿這個人呀，平時射箭，百發百中，可是這次跟他定了賞罰，就射不中了，這究竟是為什麼呢？」

傅彌仁回答說：「那個后羿呀，高興與恐懼的心理成了他的災害，萬金的賞賜成了他的禍害。如果一個人能夠摒除歡喜和恐懼的矛盾心理，去掉萬金賞賜的私心雜念，那麼，普天下的人們便都能夠成為不遜於后羿的射手了！」

后羿是個神箭手，百發百中，可是夏王向他宣布：射中一個直徑一寸的靶心，就賞賜萬金，射不中，就削減一千邑的封地。后羿聽了心理異常緊張，結果，連發二箭均未射中。這就說明，后羿是敗於患得患失。它告誡人們，創業同射箭一樣，要想取得成功，必須集中目標，專心致志，如果背著沉重的思想包袱，心神不定，精力分散，又怎能達到目的呢？

看來，要戰勝自己並非一件很容易的事，連「后羿」那樣的神箭手都無法排除「得失之患」的干擾，何況我們常人呢？因此，中國傳統文化特別講究「煉心」。

中國傳統文化中的「數術學」特別講究錘鍊，只不過側重的不是「技術」而是「藝術」。比如，學習射箭，我們的先哲注重的是磨練心志（耐心、恆心、勇氣、專心等等），並非只是技術操作方面的練習。

「射箭技術」的練習只能訓練出射箭能手，而「射箭藝術」的錘鍊才能造就射箭大師。「能手」只能射中訓練時的目標，而「大師」卻能無所不射；「能手」在特殊環境下可能再也「能」不起來，而「大師」卻永遠能穩坐釣魚船而獲勝。這就是，技術與藝術的區別，這就是能手與大師的距離。

七、☷☵師——視死如歸，是勝利的前提

師卦，上坤、下坎。上卦坤☷為眾，下卦坎☵為險，眾人涉險，出兵打仗之象。師者，軍隊也。出兵打仗靠的就是軍隊，故本卦用「師」命名。

打仗靠的是勇敢，如果將士們都視死如歸，則首先在氣勢上就戰勝了敵人，攻無不克也就成了順理成章的事。「田單攻狄」的故事，說的就是這個道理。

田單準備去攻打北方的少數民族狄，出發前，他去見魯仲子。仲子說：「將軍這次攻打狄，肯定不能攻下。」田單說：「當年我在即墨時，僅有五里的內城，七里長的外城，地方很小，軍隊也盡是一些殘兵敗卒，但打敗了擁有千軍萬馬的燕國，收復了齊國的失地。現在攻打的是小小的狄，怎麼會攻不下呢？」他上車不辭而去。於是去攻打狄人，結果打了三個多月也沒有攻下來。

齊國的小孩唱著童謠說：「帽子又高又大，像簸箕，長劍撐著面頰垂頭喪氣，攻狄指揮不力，軍營下枯骨成山。」田單聽了這首童謠，心裡非常害怕，便再次跑去請教魯仲子，說：「先生，你說我攻不下狄，現在果然如此，請告訴我，這是什麼道理？」

魯仲子回答說：「將軍那次在即墨打仗，同士兵打成一片，坐下來和士兵一塊打草鞋、織草筐，站起來同士兵一道拿鋤持鍬勞動，關心體貼他們。還常常對士兵說：『往

圖 13　師卦示意圖

哪裡去呢？國家沒有了，家破人亡了，還有什麼家鄉可歸呢？』那時候，將軍你只有誓死奮戰之心，士兵也沒有貪生怕死的念頭，大家聽了你的話，沒有哪一個不揮淚振臂要求作戰的，所以才打敗了燕國。如今情況不同了，將軍你東邊有封地夜邑，西邊有你打獵用的林圃，腰帶裡繫滿了黃金，並且可以自由自在地在淄水、澠水一帶馳騁。現在你有縱情享樂之意，卻無浴血奮戰之心，所以不能打敗狄啊！」

田單聽了說：「我的心思，確實像先生分析的那樣。」第二天，田單激勵士氣，檢閱攻城部隊，冒著生命危險，站在飛箭、流石交錯的地方，拿起鼓槌擂鼓，指揮作戰，果然一舉打敗了狄人。

出兵打仗，將士們需要視死如歸的鬥志；個人奮鬥，也需要置之死地而後生的精神。

「狡兔三窟」是成功之後的保護戰略戰術，「視死如歸」是成功之前的策略方針，二者相得益彰才能取得最大的成就，使自己永遠立於不敗之地。

八、䷇比——萬眾一心，是勝利的保障

比卦，上坎、下坤。上卦坎☵為水，下卦坤☷為腹，腹上為胸，胸間流出液體，乃乳汁也。比者，親密無間。人世間之親密莫過於母與子，尤其是哺乳時的母與子，故本卦以「比」命名。

「比」與「師」互為綜卦，「哺乳」與「出師」恰好是天生的一對。出師為征服之起，哺乳為哺育之始；征服往往伴隨著毀滅，哺育永遠是無私的奉獻；征服發泄的是對弱者統治的快感，哺育積累的是對愛心的體驗。故而《雜卦傳》曰：「比樂，師憂（比卦象徵親密無比，所以快樂；師卦象徵興師動眾，戰爭將起，所以擔憂）。」

如果說，師卦闡釋的「視死如歸」是戰爭勝利的前提；那麼，比卦寓意的「萬眾一心」則就是戰爭勝利的保障。哺乳的成功，需要一種親密無間；任何事業的成功，也都需要一種步調一致的和諧。「造父習御」的故事，講述的就是有關「心與物」的和諧。

造父的老師名叫泰豆氏，造父最初向泰豆氏學習駕車的時候，對他十分有禮貌，十分卑恭。然而三年過去了，泰豆氏沒有教給他一句話，造父對老師越發謹慎恭敬。這

圖 14　比卦示意圖

時，泰豆氏才教造父說：「古詩中曾經這樣說過，『好弓箭手的兒子，一定要先學會編簸箕；好鐵匠的兒子，一定要先學會縫皮衣。』你先看我的動作，等你的動作完全像我了，然後你就可以手拿六匹馬的韁繩，駕御六匹馬拉的大車了。」造父回答說：「我一定聽從老師的吩咐。」

泰豆氏便按足步的疏密，把一根根木樁子豎立在地上作為道路，這條路窄得僅僅可以容得下一隻腳，叫造父踩在上面行走，並且要奔跑來回，而不失足跌倒。造父照這樣學習，三天就掌握了全部的技巧。泰豆氏一見就感嘆地說：

「你怎麼學得這樣機靈敏捷啊，掌握技巧竟是這樣迅速！大凡一切學習駕車的人，也都是這樣的。前些日子你走路，得力於腳。而腳與心是相應的，受著心的支配，現在你走木樁時，雖然看起來用的還是腳，其實用的是心。把這個道理推廣到駕車上，六匹馬的繮繩和嚼口排列得整整齊齊，六匹馬的快慢呼吸得到諧和一致，要使馬走得急緩適度，就不要勒得過急、過緩，而要恰當。車馬的進退徐疾都有一個節度，要恰到好處。只有在內心裡真正懂得和領會到了這個道理，然後才能應之於手，掌握得當。這樣內得於心，外合於馬的脾性，因而就能夠依著準繩進退，按著規矩旋轉，無論趕了多少路，走多麼遠，氣力都會綽綽有餘。這些道理說穿了很簡單，馬勒口傳來的拉力加在馬繮繩上以後，馬繮繩自然有拉力；而拉力反應到手上，再傳到心上，所以用『心』就能指揮全身動作。真正掌握駕車的技術，應當是得之於嚼口，應之於馬繮繩；得之於馬繮繩，應之於手；得之於手，應之於心。如果能這樣，那就用不著拿眼睛來看，用不著拿鞭子抽馬，心中悠閑自在，身體端端正正坐著，六根馬繩有條不紊，二十四隻馬蹄落地沒有差錯；回旋進退，沒有不合節拍的。然後，即使車輪外面，再也沒有空地可容車輪；馬蹄之外，再也沒有空地可落馬蹄，駕駛前進也不會覺得高山深谷的險峻、平山曠野的平坦，因為這些對於駕車的人來說都是一樣的了！我的技術就是這些啦，你要好好記住它！」

所有技藝到最高境界都是與心相合，所謂「得心應手」就是駕御的最純熟境界。天人合一、人與事物的渾然一體是技藝成熟的體現；萬眾一心、步調一致的高度和諧是取得勝利的保障。

九、䷈小畜——質的突破，需要量的積蓄

小畜卦，上巽、下乾。上卦巽☴為草、為繩，下卦乾☰為頭，頭頂之草、繩，頭髮、辮子之象。畜者，積蓄、保留也。古之男女都蓄髮，長長的頭髮是不斷積蓄的結果，所以此卦用「小畜」命名。

質的突破，是量不斷積蓄的必然結果。大成就的取得，是無數次小成功的不斷積累。俗話說：「一口吃不成一個胖子」，道理雖然簡單，但做起來卻十分困難，因為我們都耐不住寂寞，總愛好高騖遠。也許，「紀昌學射」的故事，會給我們許多有益的啟示。

甘蠅是古代的一名神箭手，利箭所向，飛鳥落地、走獸伏倒。甘蠅的學生飛衛，跟著他勤學苦練，技術又超過了老師。有個名叫紀昌的人，又來拜飛衛為師。飛衛對他說：「你先要學在任何情況下都不眨眼的本領，然後才談得上學射箭。」

紀昌回到家，就照著飛衛講的，仰面朝天躺在他妻子的織布機下，雙眼死死盯住穿來穿去的梭子。這樣苦練兩年後，就是有人用鋒利的錐尖朝他眼睛刺去，他都不眨一眨

眼。於是，他高興地跑去告訴飛衛。

飛衛搖搖頭說：「還不行，你再要練出更好的眼力，才談得上射箭。當你能把極小的物體看得很大，將模糊的目標看得很顯著，那時候，你再來找我。」

紀昌回到家，就捉了隻虱子，用牛尾巴毛拴住，吊在窗口上，天天面朝南方目不轉睛地盯著。十多天過去，虱子在眼中漸漸顯得大起來；三年以後竟顯得有車輪一般大。回頭看看其他東西，都像山丘一樣巨大。他便用燕國牛角做的弓，搭上朔冬蓬杆製的箭，朝虱子射去，弦聲響處，利箭穿透虱心，而牛尾毛還好好端端地懸在空中。於是，紀昌又跑去告訴飛衛。飛衛聽了，高興地說：「好，你學成功了，射箭的妙處你已經掌握了。」

圖 15　小畜卦示意圖

飛衛不愧是一名神箭手，也稱得上一位精通教學的好老師。他十分重視基本功的訓練，要求紀昌用五年時間來苦練「不瞬」和「學視」。其用心何其良苦。說明無論幹任何事，踏踏實實打好基礎是必不可少的。具體學習如此，成就大業亦然。

十、䷉履——實踐出真知，理論需要檢驗

履卦，上乾、下兌。上卦乾☰為天，下卦兌☱為雲，浮雲之象。履者，踏、鞋也。浮雲在天上游來飄去，如人穿著鞋子在地上行來走去，故此卦用「履」命名。

鞋子合不合腳，穿上試一試才會知道；路況怎麼樣，走一走、踏一踏才會知曉。書本上的知識是否有用，需要拿到實踐中去檢驗。小畜和履互為綜卦，說明量的蓄積需要在實踐中完成。「紀昌學箭」的故事說明實踐知識蓄積的重要性；「輪扁論讀書」的故事，講述的則是理論（書本）知識的蓄積，必須結合實踐才能起到作用。

齊桓公坐在堂上讀書。堂下有一位名叫輪扁的工匠正在斫著木頭做車輪。他看見國王在那裡專心看書，不覺好奇心動，就放下斧頭椎鑿，走上前去問桓公道：「請問國王看的是什麼書？」「我看的是聖人的書。」桓公答道：「聖人還活著嗎？」「早死掉了。」

「那麼，」輪扁說道，「國王所讀的書，不過是古人的糟粕罷了。」

桓公突然變色道：「我讀書，你這個做工的怎麼敢妄肆議論！有道理講出來，可放過你，講不出道理，決不饒你的性命！」

圖 16　履卦示意圖

「好吧，」輪扁從容地答道，「就拿我製造車輪這行手藝來看，斫木為輪，要把輪子做得又牢固結實，又圓轉靈活，就得有一種極熟練的技巧，譬如輻條和車轂之間的榫接，寬了雖然容易插入，但鬆而不固；緊了雖然堅固，但無法插入，因此，榫眼必須斫得不差分毫，這種功夫只能靠得之於心、應之於手。這種熟練的技巧只能從長期工作實踐中養成，我不能用單純口授方法傳給我的兒子，我的兒子也不能不經過實習而把它繼承下去，因此，我今年七十歲了，還得在這裡做車輪。由此類推，聖人已死，留下幾本書，也已成為過去的東西，難道國王所讀的，還不是古人的糟粕嗎？」

故事中的輪扁，認為「君之所讀者，古人之糟粕」，理由是寫書的聖人已死。雖然有點片面，卻也言之有理。因為隨著時代不斷變遷，古人之經驗的局限性也就越來越明顯，如果我們不是進行創造性地學習，而是死板教條地去模仿，必然就會視精華而不見，只取走書中之糟粕！

十一、䷊泰——甩開包袱，通暢無阻

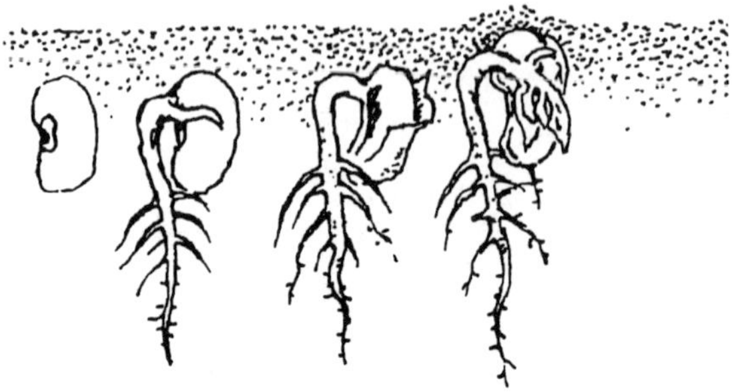

圖17　泰卦示意圖

泰卦，上坤、下乾。上卦坤☷為土壤，下卦乾☰為種子，種子在土壤下萌發之象。泰者，安、通也，種子在土下萌發，恰為平安、通達之象徵，故此卦用「泰」命名。

掙掉堅硬的外殼，嫩牙才能通達生長；甩開沉重的包袱，才智方能發揮正常。「津人操舟」的故事，能幫我們加深對「泰」卦人生寓意的理解。

顏淵對孔子說：「我曾經渡過一個叫觴深的水潭，擺渡的船工駕駛技術靈巧得像神仙。我問他：『駕船可以學會嗎？』他回答說：『可以，會游泳的人，多練幾次就能駕船，至於那些能潛水的人，即使從來沒有見過船，一旦有了船，也就可以駕駛它。』我問他這是為什麼，他卻不告訴我，請問先生，這是什麼道理呢？」

孔子回答：「會游泳的人練習幾次就能熟悉水性，不感到恐懼。至於那些能潛水的人，即使從來沒有見過船，一旦有了船也就可以駕駛它，這是因為他把深水潭看作山崗，把翻船的事故看作像車子倒退一樣平常。各種各樣的翻船倒車的危險呈現在他的面前，他心裡也不在乎，往哪裡去不感到輕鬆自如呢？用瓦片作賭注的人，賭博起來特別靈巧；用身上帶鉤作賭注的人，賭起來就有點害怕；用黃金作賭注的人，賭起來簡直緊張得頭腦發昏。賭博本身的技巧是一樣的，其所以有時不免擔心，是因為看重外面押的賭注的結果。所有看重外物的人，都是內心顧慮重重而顯得笨拙的。」（《莊子・達生》）

為什麼，我們在剛剛學會某種娛樂遊戲（技術很差）時卻總贏，而隨著技術水準的提高卻反而不如從前？因為，開始學的時候注意力都集中在學習本身上，不怕輸，也根本沒有把輸贏放在心上。水性好的人，不怕被淹死，所以，學習駕船技術能很快掌握；賭注小的人，不怕輸，所以，賭博的技巧就發揮得好。

由此可知：要想在事業上有所進益，最大限度地發揮自己的才智，就必須丟掉得失之心。就像種子萌發那樣，丟棄小的才能收穫大的。故而，《泰・卦辭》曰：「小往大來，吉亨」（失去小的得到大的，吉利亨通）。

十二、䷋否——禍福同根，收藏有方

否卦，上乾、下坤。上卦乾☰為種子，下卦坤☷為大地，種子在地上收藏之象。否者，閉塞不通也。種子被收藏不能萌發，自然就閉塞不通了，故而本卦用「否」命名。

泰卦與否卦互為綜卦和錯卦，種子的萌發和收藏剛好是矛盾的一對。沒有收藏就沒有萌發，萌發之終又有收藏。有生必有死，光明與黑暗總在交替，寒風與春雨不可缺少，於是才有了絢麗多姿的自然界，才有了豐富多采的人生。

禍福同根，災難和挫折給予我們打擊的同時，也將經驗和磨練贈與我們；野火燒不盡，春風吹又生，全賴收藏有方。「燒寶而賀」的故事，告訴我們應該怎樣去收藏。

晉平公的時候，有一天，貯藏珍寶的庫房失火了，官員們聞訊急忙驅車策馬趕去救火，一連搶救了三天三夜才把火撲滅。公子和晏子（齊國的大夫）卻抱著一束絲綢用作禮物前來道賀，說：「非常好啊！」晉平公大為惱火，說：「那裡是收藏珍珠寶玉的地方，藏的是國家最為貴重的珍寶啊！失火的時候，官員們都驅車策馬去搶救，而你們卻反而抱一束絲綢來祝賀，這究竟是為什麼？講得出道理，我便饒了你們，假如講不出道理，我就要處死你們！」

公子和晏子說：「怎麼會沒有道理呢！我們聽說：君王藏財寶於全國，諸侯藏財寶於老百姓，而商人則藏財寶於箱櫃裡。如今老百姓都餓得面黃肌瘦，連粗布短衣都遮掩不了自己的身體，糟糠也不夠自己吃。老百姓家裡什麼也沒有，而苛捐雜稅卻接連不斷，國王你把從老百姓那裡徵得來的大半財寶都藏在庫房裡，所以，老天爺一把火把它燒掉了。我們還聽說：從前暴桀在全國實行殘酷的統治，橫徵暴斂到極點，千百萬老百

圖 18　否卦示意圖

姓苦不堪言，因而被武王殺掉了，並為世人所恥笑。現在老天把火災降於你貯藏珍寶的地方，這是你的福氣啊！而你卻還不知道覺醒，這樣下去，恐怕你也會為鄰國所恥笑啊！」平公說：「好！從今以後，我就把寶貴的財富貯藏在老百姓之中。」

如果不是因為財寶庫房失火，晉平公還會照舊讓老百姓過著苦不堪言的生活，而自享藏寶之樂，待到國破家亡的那一天，他將失去的東西遠非這些被燒毀的財寶所能比。幸好晉平公遇到的不是小人，而是敢於直言諫上的君子，否則他可就真要因小失大了。可見，只有真正懂得收藏之道的人，才會避免與小人同行，從而審時度勢，避免因小失大，使有生力量得以保存。故而，《否・卦辭》曰：「之匪人，不利君子貞，大往小來。」（遇上小人，不利君子貞問，付出大的努力，得到小的收穫。）

十三、䷌同人——志同道合，方能與我同行

同人卦，上乾、下離。上卦（外卦）乾☰為健、為運動不止，引申為追求、尋覓；下卦（內卦）離☲為火、為心，引申為心心相印之人；內卦為近、為家，離居內卦，愛人之象。愛人，伴侶也。理想的伴侶必然是志同道合之人，故本卦用「同人」命名。

家庭的幸福，依賴家中有無心心相印的人；大業的成就，全仗內部志同道合人的多寡。一個內部不能取得統一的集團，自身難保，又怎麼能夠對付各式各樣的敵人呢？請看「九頭鳥」故事，給我們的啟示。

孽搖山中，有一種鳥，一個身子卻長著九個頭。一旦一個頭得到食物，其他那八個頭就都來爭奪，「呀、呀」地叫著互相用嘴咬住不放，弄得鮮血淋漓，羽毛亂飛，食物還沒有進到咽喉，而九個頭都咬傷了。海裡的野鴨看見了，就譏笑它們說：「你們為什麼不想一想，九張嘴吃食，都將吃進同一個肚中去呢?你們為什麼要互相爭搶呢？」

圖 19　同人卦示意圖

劉基在《郁離子・省敵》中，借郁離子之口說：「善戰的人能使敵人減少，不善戰的人能使敵人增多。使敵人減少的就昌盛，使敵人增多的就滅亡。要奪人家的國土，那麼，那個國家的人就都是我的敵人，因此，善於使敵人減少的，就能不使人家抵抗我。湯、武之所以無敵於天下，就是用我的敵人去抵抗敵人啊。天地下只有達到至仁的人，才能用我的敵人去抵抗敵人，所以，敵人不抵抗而天下就被降服了。」

為了共同的目標，志同道合的人才會走到一起；為了共同的利益，學會異中求同方能合作到底。為了成就大業，除了避免內部互相爭鬥之外，處理好更為廣泛的統一戰線，必不可少。天火同人（同人之卦，上乾為天、下離為火），誰統一戰線處理得最好，天下的一片光明就會屬於他。

十四、䷍大有——人心所歸，才能擁有天下

大有卦，上離、下乾。上卦（外卦）離☲為火、為心，引申為心心相印之人；下卦（內卦）乾☰為健、為運動不止，引申為追求、尋覓，外卦為遠、為社會，離居外卦，朋友之象。知己，乃彼此情投意合的伙伴。擁有更多的知己，是大有成就的前提，故本卦用「大有」命名。

「同人」和「大有」互為綜卦和錯卦，「愛人」和「知己」都是與我心心相印之人，一個為內助、一個為外援，要成就大業二者缺一不可，只不過傳統意義上的「愛人」僅此內人一位，而其他「知己」則是多多益善，所以《雜卦傳》曰：「同人親也，大有眾也。」

多一個朋友多一條路，如果天下之人皆為我的朋友，則通往天下的路就在我的腳下展開；海內存知己，天涯若比鄰，如果我能成為天下人的知己，則天下人的財富就都是我的財富。人心所歸，所向披靡；人心所向，天下統一。然而如何才能做到「人心所歸」，讓我成為天下人的知己？「換手指」的故事，會給我們許多有益的啟示。

圖 20　大有卦示意圖

有一個神仙到人間，點石成金，想試驗人心，尋個貪財少的，就度他成仙。結果，遍地沒有找到，所遇到的人往往是，把大石變成金子，他還嫌太小。

後來遇上一個人，神仙指著石頭對他說：「我將這塊石頭點成金子送給你用吧！」這個人搖頭說不要。神仙以為他嫌太小，又指著一塊大石頭說：「我將這塊最大的石頭，變成金子送給你用！」這個人還是搖頭說不要。神仙心裡想，這個人毫無貪財之心，實在難得，就想當場度他成仙。因此問這個人：「大塊金子、小塊金子，都不要，你究竟要什麼？」這個人伸出手指頭說：「其他，我什麼都不要，只要神仙剛才用來點石成金的

那個指頭，換在我的手指上，讓我到處可以點石成金。到那時，所用的金子就不計其數了。」（清・石成金《笑得好》）

世人誰個不貪，若真能把石頭點成金子，誰個不想。君子求財取之有道，想將更多廢石變成金子，沒有什麼可笑的，一不偷二不搶，笑從何來？既然是可得之物，為什麼不多多益善呢？因而要那個點石成金的「手指」是沒有錯的。大自然需要我們擁有更多變廢為寶的技術，誰掌握了這種技術，誰就是真正的「大有」者，誰就會擁有更多，實現真正的「大有」。

十五、䷎謙——柔能克剛，謙者笑在最後

謙卦，上坤、下艮。上卦坤☷為地，下卦艮☶為石，深埋地下之石；上互卦震☳為龍、為崇拜偶像，下互卦坎☵為泉、為晶瑩，玉石之象。玉石不像金子那樣閃閃發光，不會為人們的各種交易充當先鋒（成為貨幣），具有謙虛的美德，故此卦用「謙」命名。

玉石，因為謙遜（不去充當交易的先鋒），而得以留在主人身邊；舌頭，因為柔弱（不去嚼碎堅硬的食物）而得以存於人之口中。柔能克剛，是自然界普遍存在的現象；謙者勝狂，是人世間永恆不變的真理。真正理解了「齒亡舌存」的道理，才會成為笑在

最後的成功者。

相傳常摐是老子的恩師。有一年，常摐老得快病死了，老子趕去探望。老子扶著常摐的手問：「先生怕快要歸天了，有沒有遺教可以告訴學生呢？」常摐緩緩回答：「你不問，我也要告訴你的。」他歇了口氣問：「經過故鄉要下車，你知道嗎？」「知道了，」老子回答，「過故鄉而下車，不就是說不要忘記故舊嗎？」常摐微笑著說：「對了。那麼，經過高大的喬木要小步而行，你知道嗎？」「知道了，」老子回答，「過喬木小步而行，不就是說要敬老尊賢嗎？」「對呀，」常摐又微笑著點點頭。想了一會兒，常摐張開嘴問老子：「你看看，我的舌頭還在不？」「在啊。」「我的牙齒還在不？」「一顆也沒有了。」常摐問：「你知道是什麼意思嗎？」老子想了想，答道：「知道了，舌頭還能存在，不就是因為它柔軟嗎？牙齒所以全掉了，不就是因為它太剛強了嗎？」常摐摸著老子的手背，感慨地說：「對啊，天下的事情，處世待人的道理都在裡面了，

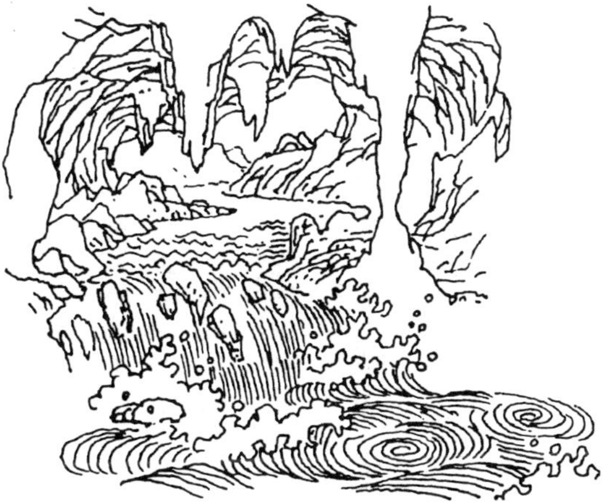

圖21　謙卦示意圖

我再也沒有什麼可告訴你了。」

這就是老子「柔弱勝剛強」學說的取譬說明，似乎很得要領。從發展的觀點看問題，則新生的幼弱的東西能戰勝陳舊的強大的東西，這是符合辯證法的。另一方面，「柔能克剛」的學說裡還包含著「以退為進、後發制人」和「勝人者力，自勝者強」等戰略思想。故而，懂得「柔者易存，剛者易折」道理的古代賢哲，凡事都要剛柔結合。這就是，「謙」卦給我們的啟示。

十六、䷏豫——樂能生悲，好夢總是易醒

豫卦，上震、下坤。上卦震☳為雷、為響、為竹，下卦坤☷為大地、為碎塊，大地之上一聲爆響，竹筒被炸成碎片，爆竹之象。今之爆竹用紙替代，多用於喜慶之事，故本卦用「豫」命名。

「謙」與「豫」互為綜卦，玉石與爆竹是喜慶的兩種表達方式。「謙」是長期積累能量，「豫」是瞬間釋放爆炸；玉不琢不成器，因此有人提倡「苦盡甜來」；爆竹不響不驚人，故而有人提示「樂極生悲」。「鄒忌比美」的故事提醒我們：千萬不可讓一時的勝利沖昏了頭腦。

鄒忌是戰國初期的說客，曾以彈琴遊說齊威王而被任命為宰相。在任齊國宰相期

間，對齊威王偏聽偏信阿諛奉承之流，終日飲酒作樂不理朝政大為不滿，終日思慮不知該如何向君王諫述。

鄒忌是一個長得還算魁偉漂亮的男子。一天早上，他穿好衣服，對著鏡子，問他的妻子說：「你看我與那位住在城北的徐公哪個漂亮些？」妻子答道：「你很漂亮，徐公哪能比得上你呢？」徐公是名聞齊國的美男子，鄒忌不相信自己會比徐公更漂亮，所以又去問他的妾：「你看，我和徐公比，哪個漂亮些？」妾也這樣回答：「徐公嘛，他哪能比得上你呢？」過了一天，有個客人來訪談，鄒忌又順便問了問客人，客人的回答也同樣是：徐公沒有他漂亮。

圖 22　豫卦示意圖

又過了一天，徐公來了，鄒忌就把徐公的面貌、身材、姿態等各方面都仔細打量了一番，又暗中和自己相比，始終看不出他比徐公漂亮。徐公去後，他又去照了一回鏡子，更覺得自己比徐公大有遜色。鄒忌為這件事夜晚睡不著覺，他想了又想，終於得出一個結論：「妻子對我有偏愛，當然要說我漂亮；妾呢，她是怕我的，所以也說我漂亮；至於客人的當面捧我，那還不是因為他有求於我嗎？」

第二天，鄒忌就去朝拜齊威王。對威王說：「大王，微臣的確知道自己不如徐公美，但我的妻子偏愛我，小老婆懼怕我，客人有求於我，因此，都說我比徐公美。由這件事我想到：如今齊國地廣勢大，宮娥彩女和左右親信沒有不愛大王的；朝廷的大臣沒有不怕大王的；國內沒有人不有求於大王的，他們都會因此來討好大王。這樣一來，大王就很容易受蒙蔽。」

齊威王覺得鄒忌言之有理，便向全國頒布一道命令：凡是當面批評國君過失的，授予上等獎賞；凡是上書給國君提意見的，授予中等鑒賞；凡是在下面議論國君錯誤的，只要傳到國君耳裡，均授予下等獎賞。

命令一下，群臣紛紛前來提意見，幾個月後，意見逐漸少了，一年以後，人們也就沒有什麼意見可提了。燕、趙、韓、魏四國得知這種情況，都先後來齊國朝拜。齊國因在朝廷內部戰勝了敵人，從此逐漸強盛起來。

鄒忌總算還有自知之明，他沒有因為妻妾和客人的當面奉承而自我陶醉起來；齊威王也因鄒忌的提醒，從自我陶醉中走了出來。這對今天的我們仍有借鑑意義。

十七、䷐隨——隨風調帆，始終不離心中航線

隨卦，上兌、下震。上卦兌☱為雲，下卦震☳為動，雲彩飄動之象；互卦中，上互巽☴為繩線、下互艮☶為手，風箏在天上像雲彩飄飛一樣。風箏隨風，故本卦用「隨」命名。

風箏隨風飄舞，不能掙脫操縱它起落的生命線；船舟隨風調帆，始終不離開它心中的航線。隨風飄舞，但不能隨心所欲；隨風調帆，而不是隨風轉舵。隨遇而安，但不失去自己的根繫；隨機應變，但不放棄追求的真理。這就是高高飄揚的邏輯，這就是叱咤風雲的奧秘。「成衣匠」的故事，講述的就是這樣的道理。

據清・錢泳《履園叢話》記載：

裁縫師傅，各省都有，而寧波特別多。現在京城內外的裁縫，全是寧波人。從前，有一個人拿了一匹綢緞去找裁縫剪裁。裁縫師傅就詢問穿衣人的性情、年紀、相貌，以及哪年中的舉，惟獨不問及衣服的尺寸。前來做衣服的人聽了覺得很奇怪。裁縫師傅說：「少年中舉的人，他的性情驕傲，胸脯必然挺得很高，衣服需要裁得前面長後面短；老年中舉的人，他的心情懶散，脊背稍有彎曲，衣服需要裁得前面短後面長；肥胖的人腰寬，體瘦的人身窄；性情急躁的人宜穿短衣服，性情和緩的人宜穿長衣服。至於

圖 23　隨卦示意圖

尺寸，都是既定的成法，那又何必再問呢！」我認為可以和這位師傅談論做衣服的道理了。現在的裁縫，總是依據舊有的衣服定尺寸，或以新的式樣為時髦，不懂得衣服長短的道理，總是心想怎樣在剪裁時的一般常規。不論男女，都要像杜甫詩裡說的「穩稱身」的，實在難以找到那樣的師傅了。

《寄園寄所寄》一書中，也講到類似的故事：

明嘉靖年間，北京城中有位裁縫師傅名氣很響，他親手裁製的衣服，長短肥瘦，無不合體。有一次，御史大夫請他去裁制一件進宮廷穿的朝服。裁縫手腳利索地量好了他的身腰尺寸，又問：「請教御史老爺，您當官當了多少年了？」御史聽了很奇怪，反問他：「你量體裁衣就夠了，還要問這些幹什麼？」

裁縫回答說：「年輕相公初任高職，意高氣盛，走路的時候挺胸凸肚，裁衣就要後短前長；做官有了一半年資，意氣微平，衣服應當前後一般長短；當官年久而將遷退，則內心抑鬱不振，走路時低頭彎腰，做的衣服就應該前短後長。所以，我如果不問明做官的年資，怎麼能裁出稱心合體的衣服來呢？」

兩位裁縫，真是英雄所見略同。前者雖沒問及衣服的具體尺寸，但大、中、小等型號還是心中有數的，後者則利索得量一下身腰即可，惟獨二者對穿衣人的其他情況都詢問較多，目的就在於了解「風」的情況，好「隨風」剪裁。

十八、䷑蠱——魔自心生，抵禦誘惑避開陷阱

蠱卦，上艮、下巽。上卦艮☶為手，下卦巽☴為股，上互卦震☳為足、為動，下互卦兌☱為說、為悅，手舞足蹈、又說又唱取悅觀者，美女之象。蠱，蠱惑也。古代「美女」特指陪伴君王的能歌善舞者，有多少君王因過分貪戀美女而亡國，故本卦用「蠱」命名。

「隨」和「蠱」互為綜卦，風箏和美女也不無關係。風箏的命運是隨風漂泊，美女

圖24　蠱卦示意圖

的遭遇亦是身不由己；放風箏講究順其自然，被蠱惑信奉的是無所顧忌。隨風飄舞，無緣無故，並無一定目的；面對蠱惑，必須整飭，有一定目的。故而《雜卦傳》曰：「隨無故也，蠱則飭也。」（隨卦象徵隨後象善，蠱卦象徵整弊治亂）

魔自心生，心中無魔就不會被魔所害；誘自心空，抵住誘惑才不會落入陷阱。「以醜為妍」的故事提醒我們，抵禦誘惑並非是件容易的事情。

癸北有個叫子謬的人，因為小心謹慎地選擇配偶，十年不能如願以償，就長期離群獨居了。曲逆有個醜陋的女子，瞎了一隻左眼，臉上的瘢痕像一堆堆的珠子，皮膚又黑，人又瘦弱，曲逆人走過都不屑一顧的。醜女很生氣，就去拜師學習彈奏弦琴、敲擊樂鼓。過了三年，技藝精到，並且擅長跳《北里》這種舞蹈，以此特長來誘惑男子。子謬看見她後，十分喜悅，花了好多財禮把她娶回家，給她起名為「玄姬」。早上彈奏弦琴，晚上敲擊樂鼓，受寵極了。子謬稍微離家出遊一陣子，回家後一定要盯著玄姬看個夠，越看越覺得完美無缺，反而怪笑世上的人為什麼要比她多生一隻眼睛。子謬的朋友宛爰都為他感到痛惜，就送他一個趙女，長得白皙美艷，十分動人，人人稱讚的閭須、白臺兩個美女都比不上她。子謬卻把她趕了出去，說：「什麼醜八怪，竟敢同我的玄姬並列為伍呀！」（明・宋濂《宋文憲公集遺編・燕書》）

美醜的標準因人而異，誘餌的類型因事而別。子謬沒有被「美女」所誘，卻被「醜女」而惑，關鍵在於心有所需。「人到無求品自高」，減少與大業無關的追求，才能做到抵禦誘惑，防範於未然。

十九、䷒臨——以彼為鏡，間接觀察要身臨其境

臨卦，上坤、下兌。上卦坤☷為虛影（陰為虛，坤為陰極，故引申為虛影），下卦兌☱為平面（兌為靜水，可引申為如水一般的平面），鏡子之象。臨者，近、對也。使用鏡子必先靠近、正對著，故此卦用「臨」命名。

俗話說「家貧出孝子」，每遇困難需要幫助時，才會識別出誰是真心幫我排憂解難

圖25　臨卦示意圖

的朋友。我們無法看到自己的面孔，所以，需要鏡子的幫助；我們無法直接下河試探，所以，常常「丟個石頭試水深」。因此，以彼為鏡常常為我們所用，然而切記，這種間接觀察一定要做到身臨其境。自己照鏡子，視鏡子而不見，將鏡子裡的自己視為真實的自己；讓別人照鏡子，使鏡子不被見，讓鏡子外的他人認為自己才是原來的自己。這就是「身臨其境」的兩種含義。「恐鐘有聲」的故事，講述的就是「身臨其境」的後一種。

陳述古出任建州浦城縣令時，有人失竊，抓到一些嫌疑盜竊犯。陳述古就對這些嫌疑犯說：「某廟裡有一口鐘，能辨認強盜，靈驗極了。」他派人把那口鐘搬到後院，把抓到的嫌疑犯，帶到鐘前，讓他們自己宣告：「不是強盜，摸了鐘不會發出聲音來；是強盜，摸了鐘會發生聲音。」陳述古親自率領同僚，對鐘禱告，十分肅敬。祭祀完畢，用帷帳把鐘圍起來，暗中派人用墨塗在鐘上。過了很久，帶過囚犯，命令他們一一伸手進帳內摸鐘。出來後就檢驗他們的手。他們手上一般都有墨，惟有一個嫌疑犯手上無墨。這樣，就訊問此人，此人只好供認自己是強盜了。因為他害怕鐘會發出聲音來，所以不敢去摸。（北宋・沈括《夢溪筆談・權智》）

作賊心虛，強盜之所以誤中縣令的「聲東擊西」之計，就是因為他沒有將身臨其境的「鏡子」看破，終於暴露出自己強盜的真實面目。

二十、䷓觀——身在山外，直接觀察要切中要害

觀卦，上巽、下坤。上卦巽☴為繩、為鏈，下卦坤☷為腹，腹上為胸，胸前佩戴的繩鏈，項鏈之象。戴項鏈是為了引人注意，博得他的觀賞，故本卦用「觀」命名。

據說項鏈（練）最初是從奴隸脖子上佩戴鎖鏈演化而來，應是屈辱的象徵，何時變得如此高貴已無法考證。

莫泊桑的小說《項鏈》（故事大意是：借朋友項鏈參加舞會，丟失後買一個一模一樣的寶石項鏈歸還，為此辛勞一生還債度日，到老還清債後向朋友提起此事，方知原來丟失的是假寶石項鏈，根本不值幾個錢），再次提醒人們：項鏈會成為榮耀的資本，引來眾多的觀賞者；也會成為壓在你頭上的一座大山，讓你終生透不過氣來。直接觀察也

圖 26　觀卦示意圖

是如此，它能讓你一目了然，也能使你一葉蔽目。

「臨」與「觀」互為綜卦，鏡子和項鏈剛好是天生的一對。佩戴項鏈需要鏡子，佩戴項鏈者愛照鏡子。臨卦，寓意的是以彼為鏡，講究身臨其境；觀卦則恰好相反，寓意的是直接觀察，強調的是身在山外。「不識廬山真面目，只緣身在此山中。」只有身在山外的觀察，才能做到切中要害，抓住本質。「九方臯相馬」的故事，在這方面能給我們很好的啟迪。

秦穆公對伯樂說：「你的年紀大了，你的兒孫中有沒有可以派出去找千里馬的人才呢？」

伯樂回答：「一匹好馬，可以從它的形狀和筋骨上去觀察，但是，要尋找天下特殊的千里馬，卻好像沒有標準可言，或無法捉摸。像這種馬跑起來真是風馳電掣一般，不揚塵土，不見腳印。我的子孫都是些才能低下的人啊，只能識別哪一匹是好馬，但無法辨別出哪一匹是天下特殊的千里馬，我有個共同擔柴挑菜的朋友，叫九方臯，這個人相馬的本領不比我差，請君王召見他吧！」

秦穆公便把九方皋召來，派他出去尋找千里馬。過了三個月便回來了。他報告說：「我在沙丘那兒找到了千里馬。」穆公說：「是一匹什麼樣的馬呀！」九方皋回答說：「是一匹母馬，黃顏色。」穆公派人到沙丘那兒去牽馬，卻是一匹黑色的公馬。穆公心裡非常不高興，召見伯樂，對他說：「真糟糕，你給我推薦的相馬人連馬的顏色和公母都搞不清，那怎麼能知道哪是天下的千里馬呢？」

伯樂唉的嘆了一聲，說道：「他竟然達到這樣高深的地步了嗎？！這就是他比我強千萬倍而無人抵得上的地方啊！像九方皋所觀察的是天機，得了它的精神，忽略了它粗淺的表象，注意了它內在的實質而忘掉了外表和顏色，他只去看他所要看見的，不看他所不需要看見的；他只觀察他所應該觀察的，而不觀察他所不需要觀察的。像九方皋這樣相馬的方法，就有著比相馬更加重大的意義啊！」把馬牽回來一看，果然是一匹天下特殊的千里馬。（《列子・說符》）

人無完人，九方皋相馬時的確有疏忽，竟然把馬的毛色和性別都搞錯了，但不能因為這個小的疏忽就認為他不是一個能手。其相馬術「得其精而忘其粗，在其內而忘其外」，這種透過現象把握本質的思想，的確很值得我們借鑒。得「道」者會專注事物的內在本質，對於虛偽的外形是不需加以注意的；正如年輕人往往只看到女人的外表，老年人才會看清女人的真實內在一樣。

明・楊慎《藝林伐山》中，記載的則是與之相反的一個故事：伯樂《相馬經》裡有「高大的額頭，像銅錢般圓而又大的眼睛；蹄子圓大而端正，像堆疊起來的曲塊」的話語。他的兒子就手拿著這本《相馬經》去找千里馬。他出門看見一隻大癩蛤蟆，對他的父親說：「我找到了一匹馬，與書上寫的大略相同，只不過蹄子不像堆疊起來的曲塊罷了！」伯樂知道自己兒子愚蠢，只好轉怒為笑地說：「這匹馬喜歡跳躍，不好駕馭呀！」這就是所謂的「按圖索驥」的由來。

伯樂的兒子照搬書本把大癩蛤蟆當成千里馬，竟然愚蠢到這種地步，難怪秦穆公問及伯樂兒孫中是否有人可替代他相馬之事時，伯樂只好把九方皋推薦給秦穆公了。

二十一、䷔噬嗑——經營之道，在於巧取天時與地利

噬嗑卦，上離、下震。上卦離☲為日，為日居中天；下卦震☳為足、為龍，為走動的人群，市場之象。噬嗑，咬也。市場乃商品交易的場所，只有緊緊咬住行情不放鬆，才能在交易中獲利發財致富，故本卦用「噬嗑」命名。

上卦離為日，太陽為天體之代表，故象徵天時；下卦震，「萬物出乎震」，震為生萬物之代表之位，故象徵地利，所以「噬嗑」有「天時」「地利」之寓意。噬嗑為市場之象，說明經營（致富）之道，在於盜取（悄悄地利用）天時和地利。「宋人學盜」的

故事，說明我們這種認識並非妄論。

從前，宋國有個姓向的人，家裡窮得揭不開鍋，聽說齊國有個姓國的人生財有道，就跑去請教致富之術。姓國的告訴他說：「想發財容易，我就是善於偷。自從我學會偷以後，一兩年就豐衣足食，三年就車馬盈門，金銀滿屋，還可以不斷接濟鄉親們。」姓向的一聽滿心高興，也不再細問個明白，就跑回宋國，開始行盜。不管白天黑夜，他翻牆挖壁，一路上凡是眼看見、手摸著的東西，統統都搬回家。

圖 27　噬嗑示意圖

沒幾天，他就被別人捉住告官，不但偷的東西沒收，就連原來的家產也全被查封了。姓向的一臉晦氣，認為姓國的欺騙自己，十分埋怨他。姓國的問：「你是怎樣偷的啊？」姓向的據實告訴了他。姓國的哈哈大笑，說：「你錯啦！有這樣偷東西的嗎？我告訴你吧，天有四季節令，地有資源肥力，我偷的是天時和地利，借以春播秋刈，冬藏夏曬。在地上偷禽獸，到水裡偷魚鱉，我吃的用的，沒有一樣不是偷來的，因為這些東西都是自然界生長出來的，並非原來屬於我。可是，我偷天地的物產是不犯法的；而你呢，你要知道，金銀財寶都是別人積聚的東西，並不是自然界給予你的，你偷別人的東西，怎能不判罪？這除了怪你自己，還能怨誰呢？」（《列子・天瑞》）

巧妙利用天時和地利，向大自然「偷」東西，這就是齊國姓國的致富之道。我們不要一看見「偷」字就想到「偷盜」，其實造字之初「偷」與「盜」並沒有什麼必然聯繫，如果這個「偷」僅僅是代表「悄悄進行」，那麼我們就沒有必要望「偷」而生畏。

如今，商場如戰場，收集商業情報、偷取智慧點子等比比皆是，然而只要所「偷」之物早有所屬，這種行為就會被「君子」所忌諱。然而，天時和地利則屬天下之人所共有，真正高人一籌的智慧全在對此的把握，這就是「噬嗑」卦揭示給我們的經營之道的全部奧秘。

二十二、䷕賁——經營之法，在於將誠信廣而告之

賁卦，上艮、下離。上卦艮☶為手、引申為手工，下卦離☲為美麗、引申為圖畫，用手繪製圖畫之象；艮為城牆、離為房屋，城牆和房外繪製之象；此乃路邊廣告製作也。賁者，裝飾也。廣告是對商品的一種特殊包裝和裝飾，故本卦用「賁」命名。

圖 28　賁卦示意圖

「噬嗑」與「賁」互為綜卦，市場與廣告恰好是難解難分的一對。廣告之於產品市場銷售的關係，猶如衣服與人體相配，不是每一件昂貴漂亮的衣服都適合每個人，每人的體貌、氣質不同，衣服的選擇也就要因人而異；每件產品的性質、特徵不同，廣告的製作就要因物制宜，否則就會適得其反。「馬價十倍」講述的就是成功地將自己欲賣的駿馬廣而告之的故事。

有人牽著一匹駿馬在集市上賣，整整站了三個早晨，沒有一個人來光顧一下，就連上來問個價的人都不見。於是，這個人便去求見伯樂，說：「我有一匹駿馬，賣了三天連一個人來過問一下都沒有。麻煩您老幫個忙，只消在我的馬旁邊站一站，看一看，繞著我的馬轉幾個圈兒，臨走時再回過頭去看它一眼，我願奉送給你一天的花費。」

伯樂接受了這個請求，就到集市上去繞著那匹馬轉了幾圈，看了一看，臨走時又回過頭去再看了一眼，人們聽說後，蜂擁而來，搶著要買這匹馬，於是這匹馬的價錢立刻暴漲了十倍。

這匹駿馬起初為什麼賣不出去？只是因為賣馬人身份微賤，沒有名氣的緣故；倘若沒有伯樂的品題，恐怕再站幾天也不會有人光顧，因而白白埋沒了一匹良馬。「一經品題，身價十倍」，說明世人盲目崇拜權威的風氣，故而才有借助名人大做廣告的舉止，正所謂「世有伯樂，而後有千里馬」也。然而，如果這人賣的不是一匹駿馬，恐怕伯樂是不會幫忙的；假如伯樂做得太過分了，比如大聲喊叫說「這是一匹好馬，大家快來買」，恐怕幫的只能是倒忙。因此，高明的廣告，廣而告之的往往不是所賣東西本身，而是著眼在突出賣者的誠信上。

二十三、䷖剝——關門捉賊，不留後患方會獲得新生

剝卦，上艮、下坤。上卦艮☶為城牆，下卦坤☷為大地，地上城牆之象。剝者，剝落、剝離也。構築城牆之磚石，本是從地表剝離而出；城牆遭毀，其磚石復剝落於大地，故本卦用「剝」命名。

剝卦，上卦（外卦）艮為山、為牆、為門，下卦（外卦）坤為眾、為兵、為賊，上

圖 29　剝卦示意圖

九一陽爻將全部陰爻阻攔，故剝☶☷為「關門捉賊」之象。城牆的存在，為關門捉賊提供了前提條件。剝者，剝落、剝離也。關門捉賊之期，正是敵人窮途末路之時，故本卦與「關門捉賊」對應。

《三十六計》「混戰計」之「關門捉賊」曰：「小敵困之。剝，不利有攸往。」說明，該計以「剝」卦推演。《剝・彖辭》曰：「柔變剛也。不利有攸往」。即將剝落（衰弱）的，還能掙扎一番，對此不利於窮追遠趕。

「關門捉賊」之計，不但在軍事方面經常應用，在我們生活中的其他領域也都應用很廣。「君賢臣諫」的故事就是一例。

有一次，魏文侯與群臣飲酒，恐怕是一時的高興，他對群臣說：「大家可以批評我。」當時，眾人都只知道歌功頌德，而沒有一句批評他的話，文侯顯得更加高興。這時，只有任座這個臣子毫不忌諱地說：「我君也有不德的行為，決定中山的首長時，大家都認為有功勞的弟君最為恰當，但我君基於私情卻任命公子。像這種徇私施政是不行的。」文侯一聽，臉上馬上流露出不愉快的表情；任座看到這種情形就默默站了起來，鞠一躬就退下來了。一時間，眾人都啞口無言。

後來，翟璜站起來說：「現在正是試驗我君是明君或暗君的時候。俗話說：『上司賢明部下能直言』，剛才任座直言了，我君打算怎麼辦呢？」文侯說：「叫任座回來，我想向他道歉。」

翟璜運用了「關門捉賊」的策略，迫使魏文侯沒有其他退路，只好朝「明君」的路上選擇。我們平時也要經常運用此計迫使自己沒有其他退路，只有選擇朝向既定目標的那條路。

真正的對手是自己，真正難以打敗的也是自己。當那個影響自己成功的「自我」趨於「剝落」狀態時，我們一定要一鼓作氣「關門捉賊」把它消滅之，切不可網開一面，遺留後患。只有這樣，一個嶄新的自我才能脫穎而出。

二十四、䷗復——打草驚蛇，探明虛實才能邁向成功

復卦，上坤、下震。上卦坤☷為地，下卦震☳為大路，地下甬道之象。甬道為進入地下建築的惟一通道，往復人次最多，故本卦用「復」命名。

圖 30　復卦示意圖

復卦，上卦坤為地、為靜，下卦震為龍，為蛇、為動，春季到來，萬物復蘇，長蛇般的動物在地洞裡爬動之象；現代社會科技發達，長龍似的地鐵在地下奔跑之象。

復卦，外卦（敵）坤為靜，內卦（我）震為動，以動試靜之象；陽為動、陰為靜，卦中一陽爻處最低處，蛇在山窪草叢之象；以動試靜的目的是引蛇出洞，故復卦又為「打草驚蛇」之象。

復卦，一陽爻隱在眾陰爻之下，說明蛇隱藏得很深，需要重複多次以動試靜方能奏效，故係本卦對應「打草驚蛇」。

《三十六計》「攻戰計」之「打草驚蛇」曰：「疑以叩實，察而後動。復者，陰之媒也。」（有懷疑的就要偵察，實情完全掌握了再行動。反覆偵察是發現暗藏敵人的必需手段。）說明，該計是以「復」卦推演。

「剝」與「復」互為綜卦，「關門捉賊」與「打草驚蛇」剛好是對付敵人的一對計策。使用「打草驚蛇」，將敵人引入我們的包圍圈，然後用「關門捉賊」將之全面殲滅。

關於，「打草驚蛇」一詞，有這樣一個故事。唐朝段成式所撰的《酉陽雜俎》裡，講到過這件事。對此，《開元天寶遺事》也有記載。其大意如下：

唐朝有個縣官，名叫王魯。他做「當塗令」（當塗縣，今屬安徽省）的時候，貪贓枉法，搜刮了不少錢財。衙門裡上上下下的官吏，也都暗地受賄，敲詐勒索，無惡不作。老百姓怨聲載道。

一天，王魯批閱案卷，發現他的「主簿」被人聯名控告，說是營私舞弊，違法亂紀，一件件有證有據，揭發得清清楚楚。這些事情，其實也正是王魯常幹的，而且如果認真追究起來，又大部分都和王魯直接有關。因此，他一面仔細看著案卷，一面不免發慌，心想：「這可不妙啊，以後我得稍加小心才是。幸虧這件公事落在我手裡！」看完，他就隨手批了八個字：「汝雖打草，吾已驚蛇。」其意是說：你們雖然打的是草，可是我這條藏在草裡的蛇，卻已有所警惕了。

「打草驚蛇」本是生活常識，後借用於政治、軍事、經商等領域。新自我的誕生，需要借助「打草驚蛇」來投石問路；新時代的開拓，需要利用「打草驚蛇」來另闢新徑。

二十五、䷘無妄——敢於否定，拋棄無謂的幻想

無妄，上乾、下震。上卦乾☰為都市（乾為天、為金玉、為高貴、為都市，坤為地、為平原、為鄉村），下卦震☳為峽谷，都市中的峽谷，街巷之象。妄者，胡亂、荒誕也，都市街巷的形成，乃天意、民意之所為，無妄也，故本卦用「無妄」命名。

圖 31　無妄卦示意圖

無妄卦，上卦乾為頭，下卦震為動，搖頭之象。街巷，為百姓之家園，平日裡他們最安分守己，從不胡亂遐想；然特定情況下又最具潛在能量，真正有資格說「不」字的只有他們。妄者，胡亂、荒誕也；無妄，即不胡亂遐想。搖頭，是否定的表示，與「無妄」之意吻合，故本卦寓意「否定」。

敢於說「不」！並非易事，尤其針對自己；敢於否定，是門學問，尤其利誘攻心。大業成就，猶如樹木的成長，假若根部的枝杈不被剪去，它就永遠無法長成參天大樹。要敢於搖頭說「不」，是事業成功之必需。不過像「擠奶姑娘和她的提桶」中的搖頭，還是少有的好。

一個農夫的女兒提了一桶牛奶，從田野回家，沉浸在幻想之中。「賣掉牛奶的錢將至少買回三百個雞蛋。這些蛋扣除損失，可以生產二百五十隻雞雛。這些雞雛長成大雞，將賣到很高的價錢。這樣一來，到年底我有很多錢了。我只拿其中的利息，就可以買一件新的連衣裙。我就將穿上它去參加聖誕節的宴會。那裡所有的小伙子都向我求婚，我將搖搖頭，一個也不同意……」想到這裡，她真的搖了一下頭，把牛奶桶打翻在地，這時所有計劃在一剎那間統統破滅了。（《伊索寓言》）

二十六、䷙大畜——善於肯定，儲蓄珍貴的理想

大畜，上艮、下乾。上卦艮☶為橋，下卦乾☰為天，天上之橋也；互卦中，震為雷雨、兌為雲霧，天上彩虹之橋也。畜者，積蓄、保留也。彩虹是大量雲霧積蓄的結果，故本卦用「大畜」命名。

大畜卦，上艮、下乾。上卦艮為山為止、引申為肯定，下卦乾為頭，點頭肯定之

圖 32　大畜卦示意圖

象。每個人心中都有自己的一道彩虹，只有首先堅信它的存在，才能真正領略它的美麗。敢於肯定，表示接受，不斷接受意味著儲蓄，故本卦寓意「肯定」。

「無妄」和「大畜」互為綜卦，搖頭拒絕與點頭肯定剛好是矛盾的一對。不會拒絕，就無法拋棄沉重的包袱；沒有肯定，就不能啟動輕快的腳步。這就像一個人的左右手，只有充分發揮二者的作用，才能得心應手。孩子和髒水一塊潑掉，這是我們經常犯的「敢於否定」的錯誤；在「善於肯定」的方面，我們做的又怎樣呢？「守財奴」的故事，給我們很好的啟示。

有一個守財奴，把他所有的一切寶物都賣掉以後，買了一大塊黃金。他在舊牆旁挖了一個洞，把黃金埋在裡面，每天跑去看一看。有人發現他總是去看那個地點，透過觀察他的行動，終於發現了他藏寶的秘密。後來，那個人掘到了那塊黃金，把它偷走了。守財奴下一次再去看時，發現洞內已是空空的了，就抓著自己的頭髮，嚎啕痛哭起來。他的一個鄰居看到他這麼痛苦，並且知道原因後，說：「請不必如此難過。你可以再去，往洞裡放一塊石頭，幻想那塊黃金仍然放在那兒。石頭和黃金的用處是一樣的。反正黃金在那兒，你也並不使用它，對你來說是一點兒用處也沒有。」

儲積黃金不用，如同石頭；然而如果我們明明知道了那是石頭，它就無法起到黃金的作用。寶石在沒有人知道它的價值時，就是一塊石頭；是人們經過艱難的尋找、採集之後，由於得之不易才認為它珍貴的。

看來，人心才是真正的寶石，志向才是真正的財富。

二十七、䷚頤——順其自然，培育要耐心

頤卦，上艮、下震。上卦艮☶為手，下卦震☳為足，上互卦坤☷為眾人、下互卦坤☷為田地，眾人手腳並用在田間，培育莊稼之象。頤者，養也。培育莊稼是人類養活自己的基本前提，故本卦用「頤」命名。

「培育」之事無處不在，大至企業的創建、國家的誕生，小到孩子的教育、花草的

圖 33　頤卦示意圖

種植；所有這些，外表看來千差萬別，其「培育」之道卻極為相似，這就是：順其自然。「郭駱駝種樹」的故事，將其中道理講述得淋漓盡致。

郭駱駝不知道原來叫什麼名字，只曉得他從小得過佝僂病，彎腰駝背地低著頭走路，有點像駱駝的樣子，因此，同鄉的人叫他「駱駝」。郭駱駝的職業是種樹，凡是長安城裡的豪門大戶要建造園林觀賞遊樂，以及想販賣水果的，都搶著邀請他。他栽種的樹，有時候移植重栽，沒有一株不成活的，而且長得粗壯茂盛，果實結得又早又多。其他種樹的同行很羨慕，也偷著模仿，可是總是趕不上他。

有人問他種樹有什麼訣竅，他回答說：「我並不是能夠叫樹木長壽而且茂盛呀！我只不過是依順著樹木的自然生長規律來保護它的生機罷了。一切樹木的自然性格是：它的根部要舒展，培壅要平整，土壤要原來的，填土要踏得結實。種好之後，不要再動它了，也用不著為它掛心，要離開它，不要再去張望了。栽樹的時候要像對兒女那樣愛護它，種好之後便要忘記它，好像丟棄了它一般。這樣，它的自然性格就可以保全，它的生機也就可以得勢了。所以，我把握的一條就是不去妨礙它的生長，並沒有叫它長得又茂盛又粗壯；只是不去損傷它的果實罷了，並沒有辦法叫它的果實結得又早又多！其他人種樹就不是這樣。他們讓根鬚卷曲成團，樹苗根部的泥土全部換掉；培壅起來，不是填得太少就是填得太多，即使有的不是這樣做的，他們又愛惜太過分，擔憂得太多，早上去看看，晚上去摸摸，已經走開了又重新走回去看看，特別是有的還要掐開樹皮來看它，或者搖動樹根來檢查它是鬆還是緊，這樣就使樹木的生機一天一天地減弱了。雖然愛惜它，實際上是傷害它；雖說是擔心它，實際上是糟蹋它，這樣一來，效果就跟我的不一樣了，所以說，我沒有什麼特別的能耐啊！」

問他的人又問道：「把你的這種種樹的道理用到官員治理民政上，可以嗎？」

郭駱駝回答說：「我只曉得種樹罷了，治理民政並非我的職業！不過就我住的鄉下看來，管理百姓的官員把政令搞得煩瑣複雜，像是很關心他們，可是最後給百姓帶來災難。從早到晚公差下來大聲叫嚷：『官府催你們耕地，勉勵你們種植，督促你們收莊稼，早點把你們的蠶繭抽成絲，儘快紡紗織成布，教養好你們的小孩，餵肥你們的雞和豬。』公差一會兒擊鼓召集大家，一會兒又敲梆聚合大家。我們老百姓為了應付官員弄得連早晚吃飯的時間也沒有，又哪裡有時間發展我們的生產，按照我們的生產特點去做呢？所以，大伙兒給弄得又困苦又疲乏，像這樣，就跟我種樹大概有些類似吧？」

郭駱駝的種樹訣竅，就是順其自然，依順著樹木的自然生長規律來保護它的生長。作者藉由種樹之道說明，為官治民，也要像種樹一樣，必須適應民眾的要求，而不能政亂令煩，倒行逆施。這給我們將「培育之道」更為廣泛地應用於社會各個領域，提供了許多寶貴的啟示，值得我們好好體悟、學習。

二十八、䷛大過——順應天理，收割要適度

大過卦，上兌、下巽。上卦兌☱為毀折，引申為鐮刀；下卦巽☴為草木、為莊稼，也為繩索、引申為捆綁，互卦乾☰為種子，收割之象明矣。過者，過分也。莊稼成熟，果實落地，明春再發，而收割歸藏，對莊稼自身來說實屬大過，故本卦用「大過」命名。

「頤」與「大過」互為錯卦，培育和收割剛好是天生的一對。培育的目的在於收割，沒有培育哪來的收割；沒有好的收割時機和方式，培育的辛勞就失去了意義。然而，收割要適度，猶如青草割掉還會長出來，但若連根除去，就再也無法見到依依的綠草。

圖 34　大過卦示意圖

近些年來，人類向大自然瘋狂地掠取，大量進行破壞性開發（收割），大自然給我們的警鐘早已敲響，但仍沒有引起人們對這種「巨大過錯」的足夠重視，實在令人痛惜！

人類和自然界互為全息，生態環境如此，人生追求亦然。「樂羊食子」的故事，也給某些成功者敲響了警鐘，再次提醒他們「物極必反」的道理。

樂羊是魏國的一員名將，魏文侯三十八年（公元前四〇八年），他統率大軍，浩浩蕩蕩越過趙國，進攻中山，把中山國都城圍得鐵桶似的。中山國眼看抵擋不住了，就在城裡捉來了樂羊的兒子，五花大綁，吊在城門口上，要樂羊退兵，方才放人。一聲聲凄厲的哭喊傳來，將士們都看著樂羊，只見樂羊面不改色，仍舊揮師猛攻。中山王又急又恨，將樂羊的兒子剁成肉泥，煮了一鍋肉羹，派人將他兒子的頭和肉羹一同給樂羊送去，想以此動搖他攻城的決心。誰知樂羊不但不悲傷，反而神色坦然地喝了一杯肉羹。中山人見樂羊攻克中山之意這般堅決，軍心更加潰亂。最後，樂羊終於攻克中山，為魏文侯在古長城一帶開闢了廣闊的疆域。然而，魏文侯雖然重賞了樂羊，但從此就開始懷疑樂羊，認為他本性殘忍不可信任。

樂羊啖羹食子，原是為了討好魏王，顯得自己大義滅親，一片忠誠，結果卻適得其反，為什麼?因為，任何事物的發展都有一定的限界，超過了這個限界，就會使事情走向自己願望的反面，所謂「物極必反」就是這個道理。樂羊啖羹食子，做得實在太過分了。從魏王看來，他的戰功雖大，卻是個「人情不可近」的可怕的人，魏王疑忌他很有道理！

二十九、䷜坎——身處危險而不覺，就會成為別人槍下物

坎卦，上、下皆為坎。外卦坎☵為陷，引申為陷阱；內卦坎☵為豬，引申為野豬類野獸。陷阱內有野獸，狩獵之象。坎者，坑、穴也，古人多利用坑穴（陷阱）進行狩獵，故此卦命名「坎」。

野獸落入陷阱，是因為它們置身陷阱而不知；人們被他人所害，是因為他們身處危險而不覺。「黠者獻藥」的故事，講述的就是這樣一個人。

圖 35　坎卦示意圖

有人想謀害與自己有利害衝突的人，但苦於沒有好法子。

一個聰明又狡猾的人暗中偵察到了他的用心，就悄然包著藥送給他，說：「人將此藥吞到肚子裡，立即死去，但死時的情狀與病死沒有什麼兩樣。即使驗骨驗屍，也還是同病死的一樣。」

這個人聽了十分喜悅，就請他留下來喝酒，他回去的當晚就死掉了！原來，這個人在酒裡事先放進此藥，為了殺人滅口，竟然將獻藥的人毒死。

（清・紀昀《閱微草堂筆記》）

獻藥者投人所好，企圖以殺人來取寵於他人，結果害人未成，自己反被他人先殺人滅口。一些心懷不軌的人，為他人設計時往往察覺不到自己早已站在了別人設計的陷阱邊緣。這真是「機關算盡太聰明，反算了卿卿性命」。聰明反被聰明誤的人，一切皆因「慾」字起，一切又因「貪」字終。

三十、䷝離——失去安全而不知，就會變成他人網中魚

圖 36　離卦示意圖

離卦，上、下皆離。上卦離☲為網（離中虛，可引申為多孔之網），下卦離☲為魚（離為外剛內柔之象，為鱉龜，可引申為外有堅硬鱗甲之魚），網中有魚，捕魚之象。離者，別也，捕魚為迫使魚兒離開水之舉，故本卦命名為「離」。

「法網恢恢，疏而不漏」，說明「網」的內涵涉及很廣，這使作者想起年輕時讀過的一首小詩的最後兩句：「網裡沒有一條魚，只有我的心在閃光」。可見「心」也是可以像魚那樣被捕獲的。

「坎」與「離」互為錯卦，狩獵與捕魚剛好是很好的一對。身處危險而不覺，就會成為別人槍下物；失去安全而不知，就會變成他人網中魚。人生時時有網鉤，「海大魚」的故事，再次提醒我們，不要見利忘危，更不能得意忘形。

靖郭君準備在自己的封地薛築城，很多人勸他不要築城，他都聽不進去，並吩咐傳達說：「不要給來諫的賓客傳話。」齊國有個人便要求見他，說：「我只講三個字，超過三個，請把我下油鍋。」靖郭君聽了便接見了他。客人急急忙忙走進去，向靖郭君再拜行禮後，便站起來沒頭沒腦地說了「海大魚」三個字，轉身就走。

靖郭君不明其意，便再三挽留他說：「我很想聽聽這其中的道理。」這位客人說：「我不敢拿自己的性命開玩笑啊！」靖郭君說：「先生不惜遠道而來到這裡，為的是要說服我，現在怎麼又不講了呢？」這位客人說：「海大魚，漁網打撈不到它，釣魚繩牽不動它，如果它游上了岸，離開了水，那麼，螻蛄、螞蟻一類小蟲也可以隨心所欲地欺侮它了。現在的齊國，就是你的大海啊！你離開了齊國，你的封地薛還能保得住嗎？」靖郭君聽了覺得很有道理，頻頻點頭說：「對！對！你講得很好！」於是他不再在封地薛築城了。

三十一、䷞咸——無心而感，是藝術的最高境界

咸卦，上兌、下艮。上卦兌☱為毀折，下卦艮☶為牙齒（艮為山、為石，牙齒如石硬、似山狀），咀嚼進食之象。咸，全、都之意，幾乎全部所有的動植物都可以成為人類進食的來源，此乃「進食」與「咸」聯繫之一也；漢字簡化之後，「咸」兼「有鹽

味」之意，而鹽味又是今日食物之必不可少者，此乃「進食」與「咸」聯繫之二也；故本卦命名為「咸」。

咸者，無心而感也（「感」字去掉下面的「心」字即變成「咸」字）。世間一切帶有感受、感情的東西，譬如藝術、愛情等等，其最高境界都應該是「無心而感」。正如我們日常「進食」那樣，我們的體內需要什麼營養，就自然表現出對含有這種營養物質的需求，而根本不去考慮它的味道和色狀；藝術的最高境界也是這樣，當我們的心與藝術目標融為一體，我們就無需用什麼「心」去審視、思考它，我們只要跟著感覺走，就能與它的一切合拍相符。「梓慶為鐻」的故事，就是很好的一例。

圖 37　咸卦示意圖

梓慶用木頭雕削一個鐻（jù，音「具」），一種古樂器），鐻做成了，看見這個鐻的人無不驚詫，都以為它是鬼斧神工製作的。於是，魯侯召見梓慶，問他到：「你是用什麼樣的法術做成的呀？」

梓慶回答說：「我是一個普通的工匠，哪有什麼法術？儘管是這樣，還是有一點可以說說的。我準備做鐻的時候，從來不敢分散自己的思想，並且一定要齋戒，使心神清靜。齋戒三天後，就不再想到獲得賞賜和爵祿；齋戒五天後，就不再想到他人對我的贊揚和誹謗；齋戒到了第七天，我就達到了出神入化的境界，甚至連自己的四肢和身體也忘掉了。當這個時候，我忘了朝廷的事情，只聚精會神於鑽研工藝上，外界的一切紛亂全都打消了；然後我才到山林裡去，仔細觀察樹木的形狀和木質，看到有的樹木資質完全符合做鐻的要求，在我的腦子裡好像有了一個完整的鐻出現在眼前；最後才動手去做。如果不是這樣，就寧可不動手。以樹木的天然資質去適合做鐻的客觀要求，我所製的鐻被人驚疑為依靠神奇的法術做成的，恐怕就是這個緣故吧！」（《莊子・達生》）

梓慶做鐻的技藝如此精湛，就是由於他既排除了一切個人利害得失和外界的任何紛擾，又按照做鐻的客觀規律辦事。只有「以天合天」，才能達到「工巧若神」。此真謂：心誠則靈是前提，無心而感是境界。

三十二、䷟恆——置身永恆，是生活的最佳效果

恆卦，上震、下巽。上卦震☳為足、為動，下卦巽☴為風、為速，足下生風，行走之象（「行如風、站如松」）。「坐地日行八萬里」，從這個角度講：人無時不在行走。因此，行（運動）是永恆的、絕對的，停（靜止）是暫時的、相對的，故而本卦命名

「恆」。

「咸」與「恆」互為綜卦，「進食」與「行走」同為生命不可缺少，進食的目的是為了更好地行走，行走的目的是為了更理想的進食（找到食物和進食的方法），這就是生命的存在和存在的生命之意義問題。

人生是多變的，生活是多彩的，只有置身永恆才會獲得生命意義的最佳效果。「無心而感」是將自身置於萬物之內，闡述的是人生意義的空間內涵；「置身永恆」是將自己放到運動之中，揭示的是人生意義的時間內涵。故而《周易》把「咸」「恆」二卦置於《周易・下經》之首，看來對此二卦的理解要多下功夫才對。《禪說》中有一個「軍醫的煩惱」的故事，能幫我們加深一下這方面的理解。

圖 38　恆卦示意圖

有位軍醫，隨著軍隊出征打仗，在戰場上救治傷兵員。他的醫術很高，經他救治的傷兵員也很多。但他們的病情剛剛痊癒，隨即又投入戰場繼續作戰，於是便又有再次的傷亡。這種情況往復多次以後，他開始思考：如果他命中注定要死，又何必我來將他救活；如果我的醫療是有意義的，那麼，他為何又去戰死呢？一想到這些，他就心神不定，情志恍惚。天長日久，他的精神終於開始崩潰了。他不明白當軍醫有何意義，心裡亂得無法繼續行醫……於是，他即到山上找一位禪師。

跟隨禪師幾個月後，他終於找到了問題的症結所在，解開了這個困擾他已久的思想疙瘩。於是，他就下山再次行醫。每當遇到先前的那些情況，他便對自己說：「因為我就是醫生啊！」只此一句，煩惱全無。

永恆的只有大自然，與永恆的大自然融為一體才能得到永恆。只有與大自然融為一體而不是像那個軍醫那樣相互對立，才能將自己的才華永存，青春永駐。

三十三、䷠遁——不仕而仕，隱者的入世策略

遁卦，上乾☰、下艮☶。上卦乾為天、下卦艮為山，高山之象；乾為君、艮為寺廟，寺廟君子之象；高山之上有寺廟，寺廟之中有人居，僧尼之象。（「君」為古代對人的尊稱，故乾為君，可引申為君子、人之尊稱）遁者，隱去也，僧尼皆為深山隱居之人，故此卦命名「遁」。

退隱要方法得當方能奏效，否則就會適得其反。「烏賊求全」的故事，說的就是後者。

海中有種名叫烏賊的魚，它能吐出墨汁染黑海裡的水。有一天，烏賊在海邊遊玩，害怕被別的動物看見，就吐出墨汁將自己隱蔽起來。一隻海鳥看見烏黑的海水感到奇怪，後來察覺到黑水下面有魚，於是抓住了那隻烏賊。

唉！烏賊只知道隱蔽自己以求安全，卻不懂得消滅隱蔽的痕跡以杜絕懷疑，結果被善於觀察的海鳥發現抓去了，太可憐了。

圖 39　遁卦示意圖

烏賊由染黑海水隱蔽自己，借以求安全，反而暴露了目標，說明其隱蔽的方法並不十分高明；再者，方法的應用沒有把握住最佳時機，若是在發現有敵人追擊時使用此法也許有效，然在沒有人注意、追擊之刻使用了卻不逃走，反而會暴露目標被發現捉住。看來，烏賊的確不夠高明。

與此相反，古代某些「不仕而仕」的隱者，所採取的入世策略，的確高人一籌。

由隱致仕，優於先秦的遊說和諸葛亮的三顧茅廬之法。隱而出仕，多用在治世；遊說入仕多用在亂世。歷史上治世長而亂世少，所以隱的方法適用期長而且保險系數大。在「隱」字上發揮，還能找到比「終南捷徑」更好的道路——不仕而仕。

南朝有個陶弘景（公元四五二—五三六年），字通明，丹陽秣陵人。其祖與父皆做過小官，在當時算作寒門。他自幼博學多才，讀書過萬卷，在劉宋末和南齊也做過小官，先做侍讀，後做奉朝請（在南朝屬於閑散官員，有名無實，俸祿也微薄）。陶弘景家境貧寒，請求外放到縣裡做官，未得准許，一氣之下，於南齊永明十年（公元四九二年）脫下朝服掛在神虎門前，辭官而去。

他自幼雜學，深愛神仙方術，於是就跑到句容的句曲山（又稱茅山）從事道教來。他在山中建造茅屋居住，自號「華陽陶隱居」，與人通書信，就以「隱居」代名。他先與道士學些符圖經法，四處採訪仙藥，後來研習陰陽五行、風角星算、山川地理、方圓產物、醫術本草、帝代年號之類。

漸漸地，名氣大了，就收了些道徒，在茅山建起一座三層的樓房，自居最上層，弟子們住中層，有賓客來就讓住在下層。

歲月流逝，他已經五十歲了。在讀書講法、談玄論道、煉丹養生之中，領略著松間明月、石上清泉，尤喜歡聽風吹松聲。每當風動松濤的時候，他便吹起笙來，松笙和韻，自得其樂。他對弟子們說：「想當初我在永明年間求官未遂，倒是好事了，否則哪有今日之樂呢！」其實，這話半真半假，他並非全心全意地想做神仙，一邊在想，一邊卻密切注視著時局變化。

齊代一共維持了二十二年。公元五〇一年（齊滅亡的前一年），刺史蕭衍率兵進攻都城建康。在山中修煉的陶弘景，當蕭衍兵至新林的時候，不失時機地派弟子趕去「奉表」聯絡。蕭衍打下建康，自封為相國，晉爵梁王。這時，陶弘景又聽說蕭衍有意篡奪皇位，又趕緊派弟子去進獻圖讖，說處處都成「梁」字，天命注定梁興。因此，蕭衍建立梁朝（史稱梁武帝）後，對這位活神仙極為敬重。剛好這位新即位的梁武帝也十分迷信，既信佛也信道。陶弘景便投其所好，請求應允為皇上煉製仙丹。仙丹煉成，號稱「飛丹」，顏色白如霜雪，武帝服食後，果然感到身體很舒服，真有點飄飄欲仙的感覺，認為陶弘景真是一位活神仙，對他愈發敬重。

梁武帝多次禮聘他出來做官，他都堅決拒絕了。他表示不願做戴著金籠頭，被人執繩杖驅使的牛，而願做散放於水草之間的牛。由於皇帝的敬重，皇室和大臣們也紛紛和他拉交情，從國都通向他隱居山林的路上，車馬不斷，冠蓋相望。皇帝、二宮及王公顯要常常贈送錢財禮物，書信往來亦很頻繁。皇帝還經常親自上山拜訪，其目的不是談論仙道而是詢問國家大事。最後八十四歲壽終正寢，梁朝廷追贈他為太中大夫，謚曰「貞白先生」。這位「山中宰相」就是不仕而仕的典型。

三十四、䷡大壯——治大者粗，仕者的處事原則

圖 40　大壯卦示意圖

大壯卦，上震☳、下乾☰。上卦震為虎將，下卦乾為馬，馬上將軍之象；震為盔纓（震為竹林、為奮起，引申為形如竹林、使人奮起的盔纓），乾為頭、為頭盔，將帥頭盔之象；綜合為頭上有將帥盔纓、身跨戰馬之邊將形象。有英勇無敵的邊將守防，國家就會繁榮富強不斷壯大；反之，國富民強軍事壯大，就必然出現使敵國聞風喪膽的邊將。故此卦命名為「大壯」。

「遁」與「大壯」互為綜卦，僧尼之道象徵以退為進，邊將之為象徵以進為守。人世間的一切所為，不外乎進進退退、退退進進，該進不進一事無成，

當退不退必有災禍。

古代的大將軍，相當於今日的元帥。雖說「不想當元帥的士兵，就不是一個好士兵」，但畢竟不是每個士兵都能成為元帥，因為元帥與士兵之間的鴻溝實在太大了。

雖然，商湯的開國大臣伊尹，曾有過「治理國家與家庭烹調」之理之藝何等相似的精闢論述。然而，「相似」並非就是「相同」，有時差之分毫，卻能失之千里。牧童能牧百隻羊，堯、舜連一隻羊也趕不動，可是堯、舜卻能將天下治理得非常出色。這就是「治大者不治細」的道理，請看下面故事。

一天，楊朱對梁王說：「治理天下，就像把東西放在掌上運轉一樣容易。」梁王則譏笑他說：「你連一妻一妾都不能管好，有三畝園圃而不會種植，竟然敢說治理天下是容易的？」

楊朱就向梁王解釋道：「你看過牧羊的人嗎？成百的羊群，只要一個孩子跟在後面指使羊群，要它們往東就往東，要它們往西就往西。假如叫堯牽一頭羊，舜拿著竹棍在後面趕，卻趕不動羊了。能吞下船的大魚是不游支流小河的；鴻鵠飛得很高，不隨便停在小池塘，因為它的目標遠大；黃鍾大呂無法用來演奏紛雜的俗樂，因為黃鍾的音階很少，細碎的音樂無法表達。所以說要做大的，就不做小的；成大功的，就成不了小功，就是這個道理啊！」（《列子・楊朱》）

三十五、䷢晉——陽光下，擦亮眼睛

晉卦，上離☲、下坤☷。上卦離為日，下卦坤為地，太陽在大地之上，陽光普照大地，白晝之象。晉者進也，有晉升之意，萬物生長靠太陽，古有日行夜宿之習慣，故將代表白晝之卦命名「晉」。

圖 41　晉卦示意圖

大白天，兩個盲者在大街上撞在一起，一個說：「你眼睛瞎了！」另一個說：「你眼睛瞎了！」對此，也許我們僅僅一笑了之。有誰會想一下：在太陽底下，有時我們卻如同盲者，什麼也看不見。

見而不視者，盲在眼；視而不見者，盲在心。前者告誡我們，陽光下要擦亮眼睛（不要過分相信我們的眼睛）；後者提醒我們，心明才能眼亮。「魯國少儒」的故事，能給我們許多有益的啟示。

莊子是道家，有一次，去謁見魯哀公。哀公說：「魯國多的是儒士，但很難找到研究先生學說之士。」莊子說：「不對，魯國的儒士也很少見。」哀公說：「整個魯國的人幾乎都穿著儒家的服飾，怎麼能說很少見到儒士呢？」莊子說：「我聽說是，所謂儒士頭戴圓頂的帽子，表示懂得天文，腳穿方形鞋子的，表示知曉地理；身上輕裘緩帶，佩著玉塊的，表示處事一定果斷。其實，真正掌握這些學問的君子也不一定就穿戴這樣的服飾；相反，那些穿戴著儒士服飾的人，倒不見得真正懂得儒家的學問。假如你一定不相信我講的話，那麼為什麼不向都城中發布號令說：『凡是不懂儒家學問卻穿著儒士服飾的人，一律判處死刑！』」

於是，魯哀公真的發布了這樣一道號令，五天以後，整個魯國都沒有人敢穿儒士服飾了。這時，偏偏有一個大丈夫，穿戴著整齊的儒士服飾，站在魯哀公門口。哀公馬上請他進來，向他詢問治國方略，他學問淵博，無論提出什麼問題都對答如流。莊子說：「魯國這麼大的國家，真正稱得起儒士的只有這一個人，能說得上多嗎？」

三十六、䷣明夷——黑暗中，點亮明燈

明夷卦，上坤☷、下離☲。上卦坤為大地，下卦離為太陽，太陽落入大地之下，陽光失去，黑夜之象。夷者，毀壞、滅掉也，黑夜來臨光明消失，故此卦命名為「明夷」。

圖 42　明夷卦示意圖

「明夷」卦，上互卦震☳為動、為起，下互卦坎☵為月，寓意要在黑暗中奮起有所作為，利用月光來照亮是很有必要的，然「月有陰晴圓缺」，我們需要用自己點燃的火把來照亮前方的道路。

「晉」與「明夷」互為綜卦，白晝和黑夜剛好是矛盾的一對。陽光下，需要擦亮我們的眼睛；黑暗中，需要點亮我們的明燈。然而，如果我們無法迴避心靈上的盲區，就會發生陽光下會視而不見、黑暗中燈熄而不知的現象，「盲人不知燈熄」的故事，說的就是後一種情況。

一位盲人拜訪了朋友，辭去時，因天色已黑，朋友就給他一只燈籠，讓他照路回家。「我不需要燈籠」，他說，「無論明暗，對我來說都是一樣。」「我知道你不需要燈籠，」朋友說道，「但你如果不帶的話，別人也許會撞著你。」這位盲者帶著燈籠走了，但是走了沒多遠，卻被來人撞個正著。「看你走到哪裡去了！」他對來人叫道，「難道你看不見我打的這盞燈籠嗎？」「對不起，老兄，你的蠟燭已經熄了。」那人說道。

盲人掌燈，燈早就滅了，自己卻不知道！我們常常生活在黑暗中而不知，因而也不需要誰來為我們點亮心靈的燈盞。然而一經照亮，就會為眼前的景色驚嘆，這才意識到原來自己竟是一個盲者。

三十七、䷤家人——捨遠求近，儲蓄內部能量

家人卦，上巽☴、下離☲。上卦巽為風、為細長，引申為縷縷炊煙；下卦「離中虛」，引申為房子，房子上面有縷縷炊煙升起，農家之象。古時工業生產不發達，家庭方式多以農家為主，故本卦命名「家人」。

家庭是我們每個人生活的歸宿，其重要性不言而喻。我們常常把家中的女主人稱為「內人」，就傳統而言，女人確是真正意義上的家庭主人，我們還經常用「賢妻良母」作標準來衡量一個女人，所有這些都說明女人在家庭中的重要性。

家庭能給予我們的東西太多了，簡單地說：它就是我們的加油站或物資儲蓄庫，我們幹事業所需要的精神和物質能量，皆離不開它的不斷供應。「佛在家中」的故事，說的就是這個道理。

楊黼離別雙親到四川去拜訪無際菩薩，在路上碰到了一個老和尚，那和尚問他：

圖 43　家人卦示意圖

「你去哪裡？」楊黼告訴對方他要去拜無際菩薩為師，老和尚便說：「與其去找菩薩，還不如去找佛。」楊黼問：「哪裡有佛？」老和尚回答：「你回家時，看到有個人披著毯子，穿反了鞋來迎接你，記住，那就是佛。」

楊黼依照吩咐回家，在抵家的那天，已是深夜，他的母親已睡覺了，一聽到兒子叫門，高興得來不及穿衣，便披上毯子當外衣，匆忙中，鞋子也穿錯了腳，趕緊來迎接兒子，楊黼一看到母親這種情形，立刻大悟，此後，他便專心侍奉雙親，並寫了一大部的孝經注。（《禪說》）

發自內心的善念常能使我們掙脫小我的軀殼，使我們能夠大徹大悟的信息激勵往往來自家中，我們一定要時時提醒自己，不要捨近求遠。

三十八、䷥睽——「見風轉舵」，減少外部消耗

睽卦，上離☲、下兌☱。上卦離為房子，下卦兌為湖澤、為靜水、為可停泊之水面，篷船之象。睽，隔開、分離之意。古時許多漁民多以篷船為家，四處漂泊，顛沛流離，故本卦命名為「睽」。

「家人」和「睽」互為綜卦，農家和篷船都是家，一個固定、一個多動，固定者給人以內定之感，多動者給人以外動之憂，故《雜卦傳》曰：「家人內也，睽外也。」

一陰一陽之為道，我們要去的地方比較遙遠，在家中必須將電量（能量）充足，但減少外部（家外）的消耗也不能少，二者相輔相成，才能到達既定的目標。見風轉舵，會使我們暫時偏離一下航線，但總比破釜沉舟要好，「留得青山在，不怕沒柴燒」。「牛缺遇盜」的故事，告誡我們如何避免在外受到傷害。

牛缺，是上地的一個大學問家。他一次出門要到邯鄲去，走到耦沙遇見了一伙強盜。強盜把他的衣物連同牛車都搶去了，牛缺卻大踏步走了。強盜看了看他，他毫無所謂，半點憂愁和吝嗇的神色也沒有，強盜便趕上去問他這是什麼緣故。牛缺回答說：「君子不拿供養自身的東西去危害它所供養的身子。」強盜便說：「咳，真是知理通情的賢德人啊！」強盜們在一起商量說：「憑他的賢德去見趙國的國君，必會告發我們這

圖 44　睽卦示意圖

種強盜行徑，這就會使我們大吃苦頭，還不如先把他殺了乾脆。」於是，強盜們便趕上去把牛缺殺掉了。燕國人聽到這件事後，便召集起全族人在一起議論，都以此為戒說：「如果遇到強盜可千萬別學上地的牛缺那樣了。」大家都從中吸取了教訓。

不久，牛缺的弟弟到秦國去，到了函谷關下。果然又遇到了強盜，他想起哥哥被殺的事情，不再講仁義，便和強盜大力爭奪財物，爭奪不過強盜，又趕上去低三下四地哀求強盜發還財物。強盜怒道：「我們不要你的性命就算對你寬宏大量了，你為什麼老是追跟我們呢？這樣，我們的形跡不是要暴露了嗎？既為盜賊，哪裡還講什麼仁義！」於是，強盜便把牛缺的弟弟殺害了，並且還連帶傷害了和牛缺的弟弟同行的四五個伙伴。

牛缺的遇害，在於他與強盜討論聖賢的處世

哲學；牛缺的弟弟之所以被害，在於同使用強盜邏輯的強盜爭執，說明死板教條主義和經驗主義害死人。同樣的行為並不等於會有相同的結果，不同的行為並不等於會有不同的結果。人應順應自然情況的變化，不要逞強堅持，這裡所說的「見風轉舵」也就是因勢利導。

三十九、䷦蹇——避免觸礁，首要是排除一切干擾

蹇卦，上坎☵、下艮☶。上卦坎為水，引申為淹沒；下卦艮為山、為礁石。淹沒在水下的大山或礁石，暗礁之象。蹇，行走遲緩、不順利之意。暗礁對航行的影響正在於此，故本卦命名為「蹇」。

地上的路，坎坷不平；水下之路，暗礁縱橫。為了不至觸礁，我們被迫按固定的航線航行，為了避免偏離航線，我們需排除一切干擾。「隸首失算」的故事，提醒我們排除干擾是何等重要。

隸首是天下少有的能算計之人。有一次，當他正在計算時，有鴻雁嘎嘎地從他頭上飛過，他便準備拉弓射雁。此時，有人問他：「三乘五等於幾？」他卻一點也算不出來。這不是「三乘五」難算，而是飛雁干擾了他，使他突然糊塗起來。（北齊・劉晝《劉子・專學》）

干擾，並非都是來自外部，有時來自內部（自己）的更能起到干擾之效。「夜歸遇鬼」的故事，給我們的就是這方面的警告。

圖 45　蹇卦示意圖

有個人喝完酒，摸著黑回家，正好遇上大雨，他自己撐著雨傘擋雨，看見有一個人站在屋檐下，仍給屋檐的滴水淋著，他立即把傘撐上去讓他共傘同行。走了好長一段時間，沒有說過一句話，他懷疑是與鬼同行了，用腳有意挑弄對方，卻沒有碰著什麼，心裡越加緊張。於是，他用了力氣將對方擠下河便向前奔跑。正碰上有個蒸糕人很早起床，他叩開蒸糕人的家門，便直奔進去，並告訴主人遇上鬼了。

過了一會兒，又看見一個人，全身濕淋淋的，跌跌撞撞地趕路，嘴喊碰上鬼了，也直奔蒸糕人的家。兩個人面面相覷，先是很吃驚，後來雙方不禁大笑起來。（明《續笑林》）

人生的路本來就不平坦，再加上人為的碰撞，其艱難的程度就更大了。疑心生暗鬼，心中有鬼才把正常人當鬼。煩惱都是自尋的，人為的碰撞也都是自己造成的。

四十、䷧解——解除危險，燈塔的作用必不可少

解卦，上震☳、下坎☵。上卦震為樹木、為高塔（塔高如雲像樹，古之高塔多為木製），下卦坎為水，水（或水中之島）上之塔乃燈塔也。指明航向的燈塔可解除觸礁之危險，故此卦命名「解」。

圖 46　解卦示意圖

「蹇」與「解」互為綜卦，暗礁與燈塔恰好是天生的一對，故而《雜卦傳》曰：「解緩也，蹇難也。」人世間有多少困難，就必然有多少相應的解決方法。燈塔是黑夜航行的指路明燈，信心是逆境奮起的力量源泉，我們敬佩黑夜航行的勇氣，更欽佩點亮燈塔的人們。

欲趨吉解災，須預知，然後因事施法，自己的燈塔還需自己來點亮。「鄭玄拜師」的故事，給我們不少有益的啟示。

東漢的鄭玄曾在馬融門下求學。三年都

不曾見過馬融本人，只由他的高足傳授而已。有一次，馬融演算渾天運數時頗不合，他的高足便推薦讓鄭玄來試試，於是馬融便召鄭玄算之，鄭玄一下子就演算出來了，眾人皆驚駭嘆服。鄭玄學成後，便告別回家。馬融深深地妒忌他的天才，便欲安排手下追上去殺掉他。

鄭玄料知老師有害己之意，於是走到半路上遇到一座大橋，便悄悄躲到橋下，靠在橋柱上，穿著木屐站在水中。馬融用式盤推演，追逐鄭玄行蹤，因見式盤用神宮「土下水中又有木」，便對手下人說：「鄭玄在土下水上而居木（身上依靠著木頭），這是個死亡的徵兆，此人已死，不必追了。」

鄭玄之所以能逃過此劫，全賴其知數明理，故能瞞天過海，妙計脫身。此為金蟬脫殼，乃屬「滿」法，非高明之士莫能為之。然常人如處處存心留意，遇事三思，亦有笨法可以解禍。中國傳統文化中，有許多類似「巧算天機」的內容。

四十一、䷨損——損而不覺損，名譽需要付出的有多少

損卦，上艮☶、下兌☱。上卦艮為手、為握，下卦兌為毀折、為刀槍，手持刀槍者，軍人之象也。軍人是用來打戰的，戰爭總是給國家和百姓帶來不可估量的損失，故此卦命名為「損」。

古代為了爭奪「天子」之位，宮廷內部相互拼殺，甚至發動戰爭，導致國家元氣大傷；當今有些人為博取名利，互不相讓，導致兩敗俱傷的現象頻頻出現，其損失由此可見也。戰爭使軍人（尤其是獲勝的將軍）獲得至高的榮譽，然他們就沒有損失嗎？各種競爭、比賽使獲勝者得到無上的榮譽，但他們的付出又有多少呢？榮譽的獲得是由大量的損失堆積而成，只不過許多人「損而不覺」罷了。

圖 47　損卦示意圖

「泥像嘆苦」故事中所說的現象，在我們現實生活中比比皆是。

有人同時尊奉儒、道、佛三教，在建造的小廟裡供奉著孔子、太上老君和釋迦牟尼三尊泥塑像，孔子像居中為上，老君像位次，釋迦像再次。一位道士跨進廟門，見老君的泥像放在旁邊，很是不平：「我教祖乃是玄聖之首，怎能放在一旁？」說罷，捋起袍袖，就把老君的泥像搬到香案正中。一位和尚走進廟裡，合掌念道：「阿彌陀佛，如來至尊，安能在下？」念完，就吭哧吭哧地把釋迦牟尼的泥像抱到香案的中間。不久一位秀才進來，搖頭哼道：「成何體統，孔夫子乃萬世之師表，理當居首。」說罷，就把孔子的泥像仍舊移到香案正中。就這樣，搬來搬去，把泥像外面的彩皮都碰壞了，露出一塊塊難看的黃泥巴。三位泥聖人你看看我，我看看你，嘆息說：「你我本來好好的，卻被人們搬來搬去，弄得我們啥也不像了。」《贊語》曰：三個聖人都有徒弟，各尊重自己的祖師，誰肯讓步？本來一個地方是坐不下三個人的。孔子的一個姓管的徒弟，卻無論如何要讓釋迦牟尼坐首位，他與其他徒弟的感情迥然不同。

四十二、䷩益——無益即有益，垃圾是放錯位置的寶貝

益卦，上巽☴、下震☳。上卦巽為繩、為線，下卦震為動、為梭（震為木、為動，梭為移動之木），織布之象明矣，古時織布多為女人所為，又上卦巽為長女，故為織女之象意。織布使人類徹底擺脫穿獸皮和草製品的時代，男耕女織又是古代典型的生活方式，故用代表好處的「益」命名此卦。

「損」和「益」互為綜卦，軍人和織女剛好也是不可分割的一對，就像歌中唱的那樣：「軍功章，有你的一半，也有我的一半。」損與益，猶如有用與無用，是矛盾的兩個方面，既對立又統一，條件成熟就會相互轉化。我們日常生活中，經常出現這種轉化現象，本來是想做一件對人有益的事，但因方式方法或時機不當，卻反而變成了對對方

有損的效果。以下的故事，說的就是這種現象。

楚恭王率軍在鄢陵同晉兵血戰。鏖戰正酣，恭王的眼睛被箭射中，只得鳴金收兵。大將軍司馬子反回到營帳，只嚷口渴要水喝。他的僕人陽谷隨軍跟從他多年，十分愛戴自己的主人，知道主人酷愛喝酒，馬上取出一壇酒來讓他解渴。子反素來碰上酒就很難停杯，這一次自然又喝得爛醉。

圖 48　益卦示意圖

楚恭王包紮完畢，準備復戰，派人去叫子反。子反醉臥在床，動彈不得，便推說心痛，不能出戰。恭王聽說了，親自去探望，一揭開帳幃，就聞到濃烈的酒臭，頓時大怒：「今日激戰，寡人親受重傷，指揮全軍便依靠你了，誰知道你會這樣胡來，你是準備亡國嗎？你還能率領士兵嗎？算了，這個仗也打不成了。」於是，楚恭王撤回軍隊，並將司馬子反按軍法斬首了。

陽谷明知戰況緊急，卻只是想到讓自己的主人喝酒高興，不去考慮這樣做可能會產生的後果，主觀願望是愛主人，客觀效果恰恰是害了他。由此可見「益」之他人之不易。我們常說的「垃圾是放錯了位置的寶貝」，就是「無益即有益」的典型。「惠施的大葫蘆」的故事，講的就是這種情況。

惠施是莊子的老朋友。一天，惠子對莊子說：「魏王給了我一些大葫蘆種子，我把它種了，結的葫蘆極大，可以裝五石的容量。可是它的質料不堅固，用來盛水，一拿起來就破了。切成兩個瓢又太淺，裝不了多少水。因此，這葫蘆雖然大，卻大得無用，對我一點益處也沒有，於是我把它打破了。」莊子聽後說：「可惜啊！你竟不會用大的東西！這葫蘆這麼大，你何不做一個網子把它們套起來。然後把它們綁在腰上做個腰舟，使你在水中載浮載沉不是很愉快嗎？為什麼一定要用來裝水呢！」

有用（有益）和無用（無益）是相對的。惠施堅持以為葫蘆只能裝水在裡面，其實，水也可以裝在葫蘆外面，一種想法不通之後，再變通另一種便顯出了妙用，這叫做「無用之用」。

四十三、䷪夬——當斷則斷，杜絕後患

夬卦，上兌☱、下乾☰。外卦兌為口、為張開，內卦乾為金、為剛，內身（下部）

圖 49　夬卦示意圖

為剛硬金屬、外部（上部）張口，剪刀之象也。剪刀之用使物斷開，如人之決斷，故本卦命名「夬」。

俗話說：「當斷不斷，必受其患。」裁縫用剪刀裁製衣服，不能猶豫不決；將軍指揮作戰，不能優柔寡斷。天對萬物全部一視同仁，並不會特別幫助任何一個人的。當機遇出現時，我們就要當機立斷去抓住它，能真正幫助自己的只有自己而已。但這不等於說「人定勝天」，也不等於說「天對我們的影響忽略不計」，事實恰恰是「謀事在人，成事在天」。當所謀之事符合事物發展的規律之時，則天能助你順利成就，反之則與之相反，「逆天者必敗」。「命運在自己手裡」的故事，說的就是「謀事在人」的道理。

有一位將軍率兵要與實力比他強十倍的敵人開戰，帶隊前進途中，他下馬向路邊小廟朝拜祈告。然後對眾將士們說：「現在我投錢問卜。如果正面朝上表示我們會贏，說明我們會得到上蒼的保佑，那麼，我們就要勇敢地去拼殺敵人；如果正面朝下表示我們會輸，那麼，我們就決定撤軍回國。我們的命運操縱在神的手裡！」說完當著眾將兵的面，將錢抛向空中。眾將士都一起圍過來觀看：「哇！正面朝上！」「我們贏定了！」眾將士齊聲歡呼。決戰之下，果然把強大的敵軍打敗了。這時，有位部將跑過來對這位將軍說：「這是神的決定，誰也不能改變命運。」「是嗎？」將軍拿出當初問卜的那枚銅錢，這位部將拿在手裡一看：硬幣兩面都是正面。

四十四、䷫姤——相遇即緣，納溪成川

姤卦，上乾☰、下巽☴。上卦乾為金、為剛、為實，下卦巽為孔（巽為風，風無孔不入，巽卦下方兩短之間的間隙似空縫）、為細長、為線，此為縫衣物所用的帶線之針象意也。「姤」，相遇、遭遇也，針線使兩物相遇並結為一體，故此卦命名為「姤」。

「夬」與「姤」互為綜卦，剪刀與針線則恰好是天生的一對，剪刀使原為一體的東西一分為多，針線則使原來不在一起的合為一體；做一件衣服，剪刀、針線都需要，剪剪縫縫、縫縫剪剪才能滿足我們豐富多彩的人生。

一個人不小心跌了一跤，剛剛爬起來又跌倒了。於是說：「早知還要跌，我乾脆不

圖 50　姤卦示意圖

爬起來的。」（明‧浮白齋主人《笑林》）

此人不知：跌倒也有收穫，要不是他再跌倒，他是斷不會在偶然跌倒中尋找出必然再跌倒的因素。因此相遇即是緣，不管我們是喜歡是討厭，只要我們正確對待，就一定從遇到的事物中獲得所需。這正如「納溪成川」，不論它的水流大小、是清是濁，每條小溪對大河大川的作用都不可少。「桓公見鬼」的故事，說的就是這樣一種道理。

齊桓公在沼澤地帶打獵，管仲為他駕車，桓公突然發現了鬼，他握著管仲的手說：「仲父看到什麼嗎？」管仲回答說：「我什麼也沒有看見。」齊桓公回來以後，喪魂失魄，就這樣被嚇病了，好幾天不出門。

齊國有個士人名叫皇子告敖的，對桓公說：「您還是自己傷害了自己，鬼怎麼能傷害你呢？要知道，怒氣鬱結於內，魂魄就消散了，人就顯得精神恍惚；鬱結的怒氣上升而不下降，人就容易發脾氣；鬱結的怒氣下降而不上升，人就健忘；鬱結的怒氣閉塞在心中，人就生病了。」齊桓公問道：「那麼，到底有鬼沒有呢？」皇子告敖說：「有，室內有鬼叫履，廚房有鬼叫……野外有鬼叫彷徨；沼澤地帶有鬼叫委蛇。」齊桓公說：「請問，那個叫委蛇的鬼是什麼樣子的呢？」皇子告敖回答說：「委蛇嘛，像車輪中心的轂一樣大，像車子前面駕牲口的轅一般長，穿紫色衣服，戴紅色帽子。這種鬼，害怕聽到雷車的聲音，一聽到車輪的轟鳴聲，便抱頭而立。如果有誰看到了委蛇，那他就快要成為霸主了。」齊桓公開懷地笑著說：「這就是我所看到的。」

於是，他整理好衣帽，正襟危坐，不到一天的時間，病就不知不覺地好了。

四十五、䷬萃——聚天下精華方成大器

萃卦，上兌☱、下坤☷。上卦兌為說、為表演（兌為悅，可引申為給人愉悅的各種表演），下卦坤為眾、為順從，臺上有人在說或表演，臺下眾人順從（聽看），此乃一幅禮堂畫面。萃，聚集也，禮堂乃眾人聚集之處所，故此卦命名為「萃」。

聚泉成溪，聚溪成河，天下之物皆因會聚而成。然而，聚糟粕者只能餵養豬玀，只有聚天下精華者方成大器。學問的研創如此，人才的管理亦然。「黃羊舉賢不避親仇」

圖 51　萃卦示意圖

的故事，說明古人早就注意到這一點。

晉平公問祁黃羊：「南陽縣缺個縣令，你看，誰可以去擔任這個職務？」祁黃羊毫不遲疑地回答：「派解狐去，他可以勝任。」平公驚奇地問：「解狐不是你的仇人嗎？」祁黃羊回答：「大王問我誰可以勝任縣令職務，並沒有問誰是我的仇人。」於是，晉平公就委任解狐做南陽縣令。果然，解狐勵精圖治，一掃弊政，百姓贊不絕口。不久，晉平公又問祁黃羊：「現在朝廷缺少尉官，你看，誰可以擔任？」祁黃羊回答：「祁午可以勝任。」平公又奇怪地問：「祁午不是你的兒子嗎？你推薦他，不怕別人說閑話？」祁黃羊答道：「大王問我誰可以勝任尉官，並沒有問祁午是不是我的兒子。」於是晉平公就讓祁午當了尉官。祁午當了尉官之後，執法如山，除害興利，舉國一片贊揚。孔子聽說，高興地贊道：「好，祁黃羊推薦人才，外舉不避私人仇隙，內舉不避親子之嫌，真是大公無私啊！」

四十六、䷭升——樹自己形象始能發達

圖 52　升卦示意圖

升卦，上坤☷、下巽☴。上卦坤為布，引申為布製旗子；下卦巽為高、為細長，引申為細高之旗杆；上下合一為「旗幟」。上卦坤為地、為眾人，巽為風、為進退，廣場升旗之象，故本卦命名「升」。

「萃」和「升」互為綜卦，會聚和樹立相輔相成。萃卦，講究的是先會聚而後樹立；升卦強調的是先樹立而後會聚。就像社會的管理不能沒有民主和集中一樣，只講樹立，就會出現樹而不聚現象；只講會聚，就會發生聚而散之的後果。

「擊鼓戲民」的故事，說明不能隨便聚集百姓，拿國家和人們的利益和安危開玩笑，否則就會將自己反面形象樹立起來，失信於民，給國家帶來禍害。

楚厲王遇到了緊急的敵情，就擊鼓把老百姓召集起來守城。有一天，厲王喝醉了酒，糊里糊塗地拿起鼓棰敲鼓。老百姓聽到了鼓聲，慌慌張張地趕去守城。厲王連忙派人去制止，並要派去的人轉告說：「厲王喝醉了酒，糊里糊塗地拿起了鼓棰敲鼓，同大家開玩笑的。」老百姓聽了都回家了。過了幾個月，真的有敵人入侵，厲王擊鼓發出警報，老百姓以為又是國王喝醉酒鬧著玩的，因而就沒有像上次那樣趕去守城了。後來厲王更改了原來的命令，重新申明報警的信號，老百姓才相信。

四十七、䷮困——困而不窘者安，困窘至窮者險

困卦，上兌☱、下坎☵。上卦兌為靜水，下卦坎為流水，上方水靜不動、下方有水流入（流出），水庫之象。水庫為困水之所，故此卦命名「困」。

談到「困」，我們首先會想到那些困在籠子裡的動物，假如我們不給它們起碼的食物滿足，它們會安心呆在裡面嗎？俗話說：「窮則思變」，「狗急跳牆」，不論是人還是動物，困窘到極點就會做垂死的掙扎，給困其者帶來危險，這是由動物求生的本能所決定，是不可逆轉的。這就是「困而不窘者安，困窘至窮者險」的道理所在。

「東野畢之馬失」的故事，就是一個很好的實例。

圖 53　困卦示意圖

魯定公問顏淵說：「東野畢這個人善於駕車嗎？」顏淵回答說：「就其技術來說，是善於駕車的，問題是他所使用的馬就要跑掉。」魯定公聽後，甚為不高興，回宮對左右侍臣說：「噢！君子原來也有的是讒口小人呀！」

過了三天，管養馬的校人進來報告說：「東野畢的馬跑掉了。兩匹套馬掙斷繮繩跑掉，兩匹轅馬也跑回馬圈裡。」魯定公聽後，從坐席上忽地站起來，說：「趕快駕車，把顏淵召來！」顏淵到來，魯定公說：「前些天我曾問過你，你說：『東野畢就其技術來說，是善於駕車的，問題是他所使用的馬就要跑掉。』不曉得你是怎麼知道的？」顏淵回答說：「我從處事的條理知道的。從前虞舜極懂得使民，造父極懂得使馬。虞舜不困窘他的人民，造父不困窘他的馬，因此，虞舜沒有失民，造父沒有失馬。如今東野畢的趕車，上車拉起繮繩，勒口和身體都已端正啦；馬的步驟馳騁，也都已經調習而合乎禮儀啦；經歷險阻奔赴遠道，馬的力氣已經耗盡啦。可是還仍然不停地對馬加鞭，因此，就知道他的結果了。」魯定公說：「好！能夠再講得詳細一點嗎？」顏淵答道：「我聽說，鳥困窘了就要啄，獸困窘了就要抓，人困窘了就要詐。從古到今，沒有困窘他的下屬而不遭到危險的呀！」

四十八、䷯井——困而不知者愚，知困不改者懶

井卦，上坎☵、下巽☴。上卦坎為水、為陷，下卦巽為繩、為木桶，木桶在深井打水之象。故此卦命名為「井」。

「困」與「井」互為綜卦，水庫與水井剛好是一對。小數量的用水，我們取之於水井；大批量的用水，則一般來自水庫。兩卦都有「困」意，只不過水井困住的水少，而水庫困住的水多。水多則不致使魚蝦困窘至窮，故而水庫裡的生命能安心於此；水少則使「困」的氣氛濃烈，故而水井裡不會有什麼水中動物。但也有例外，就像人的手指有長有短，「井底之蛙」就是其中一例。

草叢中有一口淤塞廢棄的井，井裡住著一隻青蛙。有一天，它跳在井欄上歇涼，看見迎面爬來一隻迷路的海鱉。青蛙高興地招呼道：「快過來，你這個可憐的東西，快來看看我這美妙的天堂！」海鱉爬到井欄上，探出頭看到井裡有著淺淺的一灘綠色死水。青蛙得意地指點說：「你恐怕從來沒有享受過這種快樂吧！傍晚我可以在井欄上乘涼；

圖 54　井卦示意圖

深夜，我鑽進那只破壇子裡睡覺；我還可以浮在水面上做個美夢，也可以在那灘淤泥上舒舒服服打個滾。那些小蝌蚪螃蟹哪裡比得上我快活！」青蛙唾沫四濺，越說越高興，「瞧，這都歸我一個人管轄，我愛怎麼樣就怎麼樣，你不想進去參觀參觀麼？」

海鱉爬向井口，可是右腿還沒進去，左腿就被井欄卡住了。海鱉只好退了回來，對青蛙說：「我就住在大海裡。大海水天茫茫，無邊無涯。千里平原，不能和它相比；萬仞高峰，放進海裡也不見影子。大禹的時候，十年九澇，海水不增加一寸；商湯的年代，八年七旱，海水也不減少一分。我在大海裡無羈無絆，俯仰自由。你看，大海的快樂怎麼樣？」青蛙聽罷，鼓著眼睛，半天合不攏嘴。

困而不自由可惜，身在困中而不知可憐。我們在譏笑「井底之蛙」的時候，是否也想到過自己？假如你看到過英D・莫里斯的《人類動物園》，相信就不再會像從前那樣譏笑「井底之蛙」的浮淺。

四十九、䷰革——技高人膽大，才高智謀深

革卦，上兌☱、下離☲。上卦兌為湖澤、為口，聯繫「兌上缺」，可引申為上面開口、形狀像湖一樣（橫剖面）的東西，又兌之屬性為金，故兌可視為鍋（鍋爐）類物品；下卦為火，冶煉（煉丹）之象。不論煉製還是煉丹都是質的改變，故此卦名為「革」。

今之「練習」之意的「練」字，古之為「煉」，由此可知「練武」「練技術」「練功」等是要像冶煉那樣，發生質變的。我們常用「技高人膽大」形容技術練習到一定程度，就會擁有常人沒有的膽量，這也是練技「量變到質變」的一種反映。

「老翁捕虎」的故事，說的就是這樣一種情況。

城邊有隻很凶惡的老虎，咬傷了好幾個獵人，卻沒法逮住它。市人請求說：「不請來徽州府的唐打獵，就無法除此虎患。」於是，縣府差官帶上錢財去請。此官回報說：唐打獵挑選了兩個技藝最精通的獵人前來，隨後就到。到來的兩個獵人，一個是老頭，頭髮、鬍子皆已雪白，還不停地咳嗽；一個是十六七歲的孩子。大家見了，大失所望，只好暫且安排他們飯食。老頭發覺縣令紀中涵有不滿情緒，就半跪在地上陳述自己的看法，說：「聽說這隻老虎只離城五里來路，不如先去捕它，等捕了老虎，回來再吃飯也

圖55　革卦示意圖

不晚。」於是，縣令命令役夫前頭帶路，役夫走到山口，不敢朝前再走了。老頭微笑地說：「有我在這裡，你還怕什麼呢？」到了半山谷，老頭對孩子說：「這個畜生好像還在睡覺，你趕快叫醒它吧！」孩子學著老虎吼叫聲，果然，老虎從樹叢中猛地竄了出來，直撲老頭。

老頭手握短斧，長八九寸，寬四五寸，舉臂挺立。老虎撲了過來，老頭偏頭躲開，老虎又從他頭頂上躍了過去，瞬間鮮血已流滿地。仔細一看，老虎從下巴直到尾骨，都被老頭的短斧剖開了。事後，大家用很豐厚的禮物送老頭回家。老頭自己說，他練了十年手臂，又練了十年眼睛，練到眼睛用掃帚掃它都不眨一眼，練到手臂能使一個壯士吊在手上用盡氣力往下扳都扳不動。

捕虎老頭之所以有如此的表現，是他十

年練手臂、十年練眼睛的結果。精湛的技藝來自長年累月的苦練，這真是：技高人膽大，才高智謀深；資深而望重，業廣而材成。

五十、䷱鼎——物和湯味美，人和氣象新

鼎卦，上離☲、下巽☴。上卦離為火、為魚（離為內軟外硬之龜鱉，為外有堅硬鱗甲之魚蝦；震為龍，也可引申為魚，但為動魚、活魚，而離代表的只是靜魚、死魚），巽為木、為菜（巽為草木），烹煮之象也。古代烹煮食物多用鼎，尤其是祭祀之用時，故此卦取名為「鼎」。

「革」與「鼎」互為綜卦，《雜卦傳》曰：「革去故也，鼎取新也。」礦石經過冶煉成為可用之鋼鐵，人通過鍛鍊成為有用之棟梁，皆為脫胎換骨，故曰「去故」；菜糧經過烹煮新味出，人透過熬煎真情現，皆為獲得新生，故曰「取新」。鼎之取新，猶如男、女兩種不同的菜糧，經過「婚姻」的烹煮，便你中有我、我中有你了。自然，若搭配不好或處理不當，這種烹煮就會變成「煎熬」。

烹煮食物，貴在物和；新氣象的創建，貴在人和。「晏子以羹湯論『和』與『同』」的故事，在這方面給我們很深刻的啟示。

齊景公在冬至時去打獵，晏子在遄臺陪伴，梁丘據也到那裡去問候。景公說：「只

圖 56　鼎卦示意圖

有梁丘據跟我相和呀！」晏子對答說：「梁丘據只是和你『相同』，怎能是『相和』呢？」景公問道：「『相和』跟『相同』有區別嗎？」

晏子回答說：「有區別。『相和』，好像做羹湯一樣，用水、火、醋、肉醬、鹽、酸梅等，來烹飪魚肉，用木柴去燒，廚師去調和，用五味去調劑，補充味道不夠之處，或沖淡滋味過濃之處。而後君子吃它，才能可口。君臣之間的關係，也應這樣。君王認為適宜的政事，其中也會有不適當的地方。為臣的提出這不適當之處，就可以成就這可行的事，使之完美；君王認為不當的事，也有適當之處，為臣的提出這適當之處，就可以改正不當之處……但是，這梁丘據卻不是這樣，君認為可，他也說可；君認為不可，他也說不可。好像用水去調劑水，誰能吃這樣的羹湯呢？『相同』就是這樣的不好。」景公說：「好！」

五十一、䷲震——仗憑不長久，開發自身威力

圖 57　震卦示意圖

震卦，上、下皆震☳。外卦震為樹木，內卦震為樹木，遠近皆為樹，森林也。森林為猛獸的家園，猛獸的吼叫聲如雷鳴，震驚四野，故本卦以「震」命名。

森林是野獸們逃避追擊的屏蔽，然而仗憑外部的力量不會長久。「羆說」的故事，給我們敲響了警鐘。

鹿害怕貙，貙害怕老虎，老虎又害怕羆。羆的形狀，頭上披著長毛，如同人一般地站立著，它力氣最大而又很會傷害人。楚國南部有個獵人，能用竹管模仿各種野獸的叫聲。一天他帶著弓箭和裝在瓦罐裡的火器，向森林走去。他用竹管吹出鹿叫的聲音來招引鹿的同類。等到鹿群來了，他便點火照著射去。貙聽到鹿的叫聲，也很

快趕了過來。獵人看見貙來了，心裡害怕極了，他急忙用竹管模仿老虎的叫聲來嚇貙，貙給嚇跑了，而真老虎卻跟著虎的叫聲來了，這個獵人更害怕了，他又趕緊模仿羆叫的聲音，老虎聽了羆叫的聲音也跑掉了。而真的羆聽到羆叫的聲音也前來找自己的同類，一見是一個獵人，於是揪住獵人搏擊，一下子就將獵人撕碎吃掉了。

如今的人們，如果不善於完善自身，開發壯大自身的能量和威力，而一味依靠外部的力量，那麼就會像故事中的獵人，最終會被「吃」掉的。如果我們自身足夠強大，我們就會安然無恙，面對凶猛野獸的恐懾怒吼，以笑聲應之。虎嘯獅吼震動百里，卻損害不了我的飯匕酒盅。故而，《震・卦辭》曰：「亨。震來虩虩，笑言啞啞。震驚百里，不喪匕鬯。」

五十二、䷳艮——山不轉水轉，以不變應萬變

艮卦，上、下皆艮☶。外卦為山，內卦為山，內外遠近皆為山，山巒之象也。「山」即「艮」，故本卦以「艮」命名。

風水古籍《玄女青囊海角經》曰：「聖賢之地多土少石，仙佛之地多石少土。聖賢之地清秀奇雅，仙佛之地清奇古怪。」聖賢是入世之人，他們以清秀為美，多居住叢林之內；仙佛為出世之人，他們以清奇為美，多隱居深山之中。震與艮互為綜卦，深山和

老林互伴相依，聖賢和仙佛渾然一體，出世與入世對立又同一，這恰好與《周易・雜卦傳》的「震起也，艮止也」相吻合。入世要有出世之境界，大智若愚者是也；出世要有入世之心態，大智如痴者是也。聖賢與仙佛、入世與出世相輔相成，二者缺一不可。

俗話說：「山不轉水轉」，只有達到了出世與入世的高層次境界，才能做到「以不變應萬變」。「不變應萬變」的故事，講述的就是這個道理。

圖 58　艮卦示意圖

有兩座禪院比鄰而居，院內各有一名小沙彌；其中一個每天早晨到市場買菜時，總會碰到另一個。一天，小沙彌甲又提著籃子出門，小沙彌乙很想跟他多說幾句話，便湊上前去說：「你要到哪裡去？」小沙彌甲回答說：「腳到哪裡，我到哪裡。」小沙彌乙無言相對，只好望著甲遠去的背影發愣。這時乙的師傅老和尚從院裡出來，看到小沙彌乙的樣子便問發生了什麼事，乙就把剛才的事學說了一遍。老和尚說：「這好辦，下次他要是這樣回答，你就問他：『如果沒有腳，你到哪裡？』」小和尚高興地說：「這下他定回答不了。」

第二天早上，乙在院門口掃地，看見甲又拿著籃子從院裡出來，便湊上前問道：「你要到哪裡去？」沒想到甲卻回答：「風到哪裡，我到哪裡。」乙又無言相對，只好回來請教自己的師傅。老和尚告訴他：「下次你就問他：『假使沒有風，你到哪裡？』」第三天早上，乙碰到甲拿著籃子出來，急忙去問。想不到這次甲竟直接回答：「我到市場去。」乙準備好的應對又沒有派上用場，只好又認輸了。

以變制變，將愈逐愈遠，以不變應萬變，變的伎倆有盡，不變的方法無窮。

五十三、䷴漸——越急越慢，做事需要循序漸進

漸卦，上巽☴、下艮☶。上卦巽為毛筆（巽☴，上二爻為陽、為剛、為筆身，下爻為陰、為柔、為筆頭，巽為細長也符合毛筆之形象），下卦艮為桌案（艮☶，上爻「一橫」為陽、為硬面，下二爻「四短」為四條腿），書寫之象，書齋是也。讀書學習、著書立說循序漸進方能完成，故此卦命名為「漸」。

阻礙我們進步的是自己的心態，最高的境界是忘我與無為。「越急越慢」的故事，說的就是這個道理。

圖 59　漸卦示意圖

有一位少年，到山上請一位異人傳授劍法。來到老師的面前，這位少年問老師：「師傅，假如我努力學習，需要多久才能學成？」老師回答：「也許十年吧。」這位少年聽後說：「家父年事已高，我得服侍他，假如我更加刻苦努力學習，需要多久才能學成？」老師回答：「嗯，這樣大概要三十年。」老師的回答，大大出乎年輕人的預料，於是他不解地責問老師道：「你先說十年而現在又說三十年。我不惜任何勞苦，一定要在最短的時間內學成。」老師聽後則說：「這樣得跟我學七十年才能學成。」這個答覆使年輕人大吃一驚。

學習如此，他事亦然。急功近利者，欲速則不達，「平常心是道」正是這個道理。

五十四、䷵歸妹——物有所歸，都各有自己的軌跡

漸卦，上震☳、下兌☱。上卦震為龍、為動，下卦兌為澤、為悅，遊龍戲水，洞房之象。古之女子，在洞房與新郎首次相見，從此便成夫家之人，得以歸依，故此卦命名「歸妹」。

「漸」與「歸妹」互為綜卦，書齋和洞房是年輕人在家時間兩個不可缺少的處所，其互卦都有坎☵、離☲，離為日、坎為夜，象徵書齋和洞房所作所為之地久天長（日日夜夜）。所不同的是漸卦離上坎下、歸妹卦離下坎上，這除預示二者有晝、夜之分外（漸卦，離日在上為白天；歸妹，坎月在上為黑夜），還說明讀書能使人明志（漸卦的爻辭都為象徵志向遠大的「鴻」，就是最好的例證），代表好男兒志在四方，書齋往往是志者騰飛的起點；而如膠似漆的兒女情長則會使人喪志，代表女人情有所歸，洞房常常是遊子避風的港灣。所以，《周易・雜卦傳》曰：「漸女歸，待男行也。」「歸妹女之終也」。

漸卦與歸妹卦，又恰好是「物有所歸」的兩種形式的反映，「漸」卦反映的是歸的方式要循序漸進；「歸妹」卦反映的是歸的目標要使其回到自己的運動軌跡上去。「各有所能」的故事，說的就是這個道理。

猗于皋聽到尾勺氏畜養了一頭豹，善於捕捉野獸，就用一對白璧換他的豹；而且大擺筵席，把與自己同遊的朋友都請來飲酒，把豹子牽出來，放在院子裡，向大家誇獎它的捕捉野獸的本領。於是用金鏈子牽著它，再繫上綢帶，每天割牛、羊、豬肉讓它吃。過了不久，有隻大老鼠在廊檐下竄過，猗于皋急忙解開豹子，讓它殺死老鼠。豹子看見

圖 60　歸妹卦示意圖

老鼠就像沒看見一樣。猗于皋就大聲怒罵它。另一天，又有老鼠竄過這裡，猗于皋再解開豹子，放它抓鼠，豹子遇到老鼠仍舊視而不見。猗于皋大怒，用鞭子抽打它，豹子立刻吼叫起來，猗于皋更加狠狠鞭打它。換上繫牲畜的粗繩索牽住它，把它放進牛羊欄裡，每天給它吃糟糠。豹子懊喪得直想哭出來。

猗于皋的朋友安期子佗聽說這事後，譏笑說：「我聽說明劍巨闕很鋒利，但如果用以補鞋的話，它是不如尖利的錐子的；錦緞絲綢雖然華麗，用來洗臉，卻不如一尺粗棉布；漂亮的豹子雖然凶猛，但捕捉老鼠，卻不如野貓。你何等愚蠢呀！為何不用野貓抓鼠，而放豹子

捕獵野獸呢！」猗于皋聽後說：「就照你說的辦。」沒多久，野貓把老鼠都捉完了，豹子也獵獲了獐、鹿、兔等，數量無法計算。

五十五、䷶豐——人心即寶，得之者豐

豐卦，上震☳、下離☲。上卦震為山谷（從卦象直讀，下爻為陽、為實地，上二爻為陰、為空），可引申為如山谷一般的街道，古之穿越大山之大路皆從山谷通過，故震又為大路；離中虛，下卦離為空房，離又為美麗，為華麗之空房，大路或街道邊華麗的房子，自然是等待客人進入的酒樓了。酒樓之服務，吃喝玩樂住樣樣具備，可謂豐富多彩，故此卦命名為「豐」。

「大有」卦告示我們：成為天下人的知己，則天下人的財富就都是我的財富；「豐」再次提示我們：人心即是寶，廣得人心才是真正的富有，招攬人心者必豐也。「寶價十萬」的故事，講得就是這個道理。

西城有個姓胡的商人，手持珠寶出售。一種名叫「瓓」的寶玉，它的顏色純紅色，好像紅色的櫻桃，長一寸，價值超過十萬。龍門子問道：「瓓可以抵擋饑餓嗎？」答道：「不能。」「可治好疾病嗎？」答道：「不能。」「能驅逐瘟疫嗎？」答道：「不能。」「能教人孝順父母、順從兄長嗎？」回答：「不能。」龍門子又問：「既然如此

圖61　豐卦示意圖

無用，而它的價錢超過數十萬，這究竟為什麼呢？」答道：「因為它產在艱險僻遠的地方，獲得它萬分艱難。」

龍門子笑笑走開了。告訴弟子鄭淵說：「古人有這種說法，『黃金雖然是貴重寶物，活人吞服了就要死去，金粉進入眼睛就會瞎了。』寶物於我身無關係很久了，我身上有最可珍貴的寶物，它的價值還不止數十萬哩。這寶物水不能沾濕淹沒，火不能燒，風不能飄揚，日不能烤灼，用了就天下安定，不用則自身平安。有人竟然不知道日夜去求它，而把獲得珠寶看成是惟一的要事去追求。這難道不是捨近而求遠嗎？人心之死已經很久了！人心之死已經很久了啊！」

這個故事提醒我們，人自身具有最珍貴的寶物，價值大大超過了𤩽，此「寶」就是人心，也就是人的高尚品格和道德素質。誰擁有了更多這樣的寶物，才能敢說是獲得了「大豐收」。

五十六、䷷旅——人在旅途，醉者無憂

圖 62　旅卦示意圖

旅卦，上離☲、下艮☶。上卦（外卦）離為空房子，下卦（內卦）艮為山、為小路，山前或小路旁邊的空房子，客棧之象也。客棧為地處偏僻或條件簡陋的旅館，是供旅行之人住宿的地方，故本卦命名為「旅」。

「豐」與「旅」互為綜卦，酒樓與客棧同是為旅人提供所需的處所，客棧以吃住為基礎，酒樓卻豐富多彩。物滿則盈、水滿必溢，豐富多彩則容易使旅人喪失初衷，故而《周易・雜卦傳》曰：「豐多故，親寡旅也。」人生本來就是一種旅途，從動機來談，有人因目標而動，有人因對旅途生活本身的向往而行，有人則是為了逃避目前環境；從效果來看，有人負載過重仍在艱難跋涉，有人輕裝上路樂此不疲，有人則把原地踏步誤認為也是一種旅程。人在旅途只是一種感覺，如果沒有了家的概念，或者能把客棧和酒樓視為另一種家，思鄉的悲苦就會減輕或者沒有；如果沒有了目標的困擾，或者能設身處地隨時調整目標，跋涉的艱辛就會減少或避免。人的一切煩惱皆來自自身，就如陽光為我們驅走黑暗帶來的恐懼，卻又被陽光下自己的影子搞得忐忑不安，旅途之苦之起因皆來自內心。

人在旅途，或異國或他鄉，顛沛流離，沒有親人的陪伴，悲苦之情可想而知，然古今多少動人詩篇也由此產生。人在旅途而不知是在旅途的人或不把旅途當做旅途的人，才能真正體會旅途的歡樂。所以說，人在旅途，醉者無憂。「酒醉駕車的人」的故事，反映的就是這個道理。

喝醉酒的人，從車上墜下來，雖然摔得很重，但也不會死。因為他那時候，已不知道自己是在坐車，也不知道自己正從車上摔下來。生死驚懼，不能進入他的心中，所以他不會摔死。喝醉酒的人就像忘我的人一樣。忘我的人，能得自然保護。

然而，並非所有的人都能入「醉」，「兩朵玫瑰花旅行」的故事告訴我們「清醒」的代價。

兩朵鮮艷的玫瑰花要去旅行，天氣越來越熱，它們都感到口渴得受不了。來到一條小河邊，想借點水喝，小河說：「想喝水可以，但必須留下一個花瓣作為代價。」於是玫瑰甲便摘掉了一瓣留下，喝足了水繼續趕路，而玫瑰乙卻捨不得自己的花瓣，強忍著繼續趕路。又走了一段，前面又出現一條小河，於是它們又前去喝水。同前一樣，這條小河也要求留下一個花瓣作代價，於是玫瑰甲又摘下一瓣喝足水繼續趕路，而玫瑰乙照樣還是拒絕付出又堅持著繼續往前走。就這樣，它們按各自的方式進行著相同的旅程，待到旅途結束時，玫瑰甲雖然仍是水靈靈的，但卻一個花瓣也沒有了，根本算不上什麼花了；而玫瑰乙雖然花瓣一個也沒少，但卻因為沒有喝上一滴水而枯萎了。一個保留了生命卻喪失了自我，而另一個為了保持自我的本色卻失去了生命。

倘若，這兩朵玫瑰花帶上自己的家園（紮根的土地）一同旅行，則情況就會大不一樣。醉，不是自我陶醉，更不是借酒消愁，它是人生追求的極高層次，是一種只能神會無法言傳的理想境界。參悟了這個「醉」字的玄機，才能理解我們強調的「以旅為家」之意義所在，才能體會「人在旅途，醉者無憂」的真正內涵。

五十七、䷸巽——心中雜草，晚除為患

巽卦，上、下皆巽☴。上（外）卦巽為草木，下（內）卦巽為草木，遠近皆是草木，一望無際的草木，草原之象。草木即「巽」，故本卦以「巽」命名。

野草乃天然之物，故而生命力特別強。野火燒不盡，春風吹又生。社會乃雜草叢生的原野，要把理想的種子播種其間，想有滿意的收穫絕非易事。物在心中，只要我們人

人心田裡沒有雜草，社會的雜草就會泯滅。因此，如何對付心中的雜草，就成了我們收穫如何的首要問題。一句話：「心中雜草，早除為佳。」否則，就會後患無窮。「種穀」的故事，告誡我們，這絕非聳人聽聞。

圖 63　巽卦示意圖

古時候，有罔和勿二人，他們各自分開種植莊稼。播種的時候，沒有把雜草除掉，禾苗長出來了，但野草太多，二人馬馬虎虎拔了很長時間，還是解決不了問題，為此都感到十分頭痛。罔不耐煩了，索性在地裡放了一把火，心想這樣一下子可以把野草除盡了。勿拔了幾天也懶得再拔了，任憑野草在田裡生長。結果，罔的地裡，禾苗全部燒光了，但野草卻又長出來了，比以前更加興旺；勿的地裡，穀都變成了野草，稻也變了種不能吃了。兩人相互苦笑，餓著肚子你看著我、我看著你，就一起向後稷（傳說中的古代耕作始祖，曾為堯舜時農官）訴苦說：「是穀子的種不好。」後稷問他倆到底怎麼回事，他們一五一十地講明了原委。

後稷說：「這是你們的過錯啊。那穀物是由人而培育成功的，不是自己生長出來的。所以水泉流動就整治土地，靈雨降就播下種子，蜩螗鳴就鋤掉那些雜草，用糞土使它肥沃，用泉水而滋潤它。除草的時候，刪除那些不屬於苗的東西，不讓它們傷害禾苗的根；種植的時候，看那土質是否適宜，不要使它失掉自己的特性。澇了排水，幹了灌溉，全不要違背農時，然後才有希望獲得秋天的豐收。現在你們不向先前的農民學習，而輕率地由自己隨心所欲，來阻止天然的生物，卻不懲戒你們的自身，反而歸咎於種子不好，那怎麼能好呢？」

五十八、䷹兌——以船為岸，自足者樂

兌卦，上、下皆兌☱。上（外）卦兌為湖澤，下（內）卦兌為湖澤，遠近皆是水域，一眼看不到邊的水面，海洋之象，兌為湖澤，海洋是地球上最大的湖澤，故本卦以「兌」命名。

在浩瀚的知識海洋面前，我們的已知猶如滄海一粟；在變化莫測、神力無比的大自然面前，人類的力量顯得那樣無足輕重，我們一直身處低位而不覺，我們經常班門弄斧而不知，我們是該好好從對「兌」卦的領悟中得到反省。

「巽」與「兌」互為綜卦，草原與海洋同為生命之搖籃與根本，對熱愛神秘和冒險的人類來說，二者缺一不可。

茫茫人海，彼岸在哪裡？許多人就認準固定不動的山（陸地、島等）才是彼岸，而沒有從本質去認識「彼岸」。彼岸就是能給我們提供生活必須空間的地方或場所，如果一條大船能滿足我們的這種願望，那麼它就是我們尋找的彼岸。其實，任何東西的動與不動都是相對的，陸地和島都在變化之中，我們所居住的地球也在不停地運轉……「以不解解之」的故事，告訴我們：對於事物和問題，要從各個方面去看，尤其是要嘗試著從相反的角度加以考察，這樣才能透視全局，抓住解決問題的關鍵。

圖 64　兌卦示意圖

魯國有個鄉里人送給宋元王一個用繩子挽成的死結，宋元王向全國發出號令：「有技巧的人都來解這個結。」許多人都爭著前來應試，但沒有誰能夠解得開。兒說的學生請求前往試一試，結果解開了一部分，另一部分解不開，他說：「不是這個結能夠解而我解不開，而是它根本就不可能解開。」宋元王問魯國那個人，是不是這麼回事，魯國那個鄉下人說：「是的，這個結本來就是解不開的。是我挽的結，因此，我知道它是不可解的，而他沒有參加挽結，卻知道它不可解，這證明他比我聰明。」

兒說的學生，懂得「那個結不能解」，實際就是把問題解決了。同理，我們明白了「舟即彼岸」，也就把「彼岸」的問題解決了。

五十九、䷺渙——逆水行舟，人心渙散

渙卦，上巽☴、下坎☵。上卦巽為木，下卦坎為水，水上之木，舟船之象也。「渙者離也」，舟船之用在於離岸之後，故此卦以「渙」命名。

過去，人們把到四方各地流浪靠賣藝、賣藥等維持生活的稱為「走江湖」；如今，把離開穩定單位自己獨立經營或到各地自謀職業稱為「下海」。無論是走江湖還是下海，首先要對水（風浪）的特性有所了解，然後是擁有自己的一葉小舟，當然，能夠搭上別人的大船更好。只有這樣，你才能捕到魚，而不是成為大魚肚中的小魚。這一葉小舟，就是你事業的立足之本；這一葉小舟，就是你情感的生命所依。然而，該如何駕馭這一葉小舟呢？

學會游泳，這是駕好小舟的前提；順水行舟，這是駕好小舟的原則。順水行舟，不是隨波逐流；順其自然，不是毫無目的隨風漂泊。水能載舟，亦能覆舟。作為一個集團的首要，逆水行舟就會民心渙散；作為個人自我，逆水行舟容易使自己的信念動搖。因

此，避免「逆水行舟」是駕好生命小舟之首要。「呂梁丈夫」的故事，說明順其自然的重要。

孔子到呂梁去觀看瀑布的壯麗景色，水從三千丈高的懸崖峭壁上直瀉下來，浪花飛濺了四十里之遠，這樣凶險的水域，即使魚鱉等水族都不敢在這裡浮游。正在這時候，孔子看見激流中有一個漢子在飄浮，以為這個人有什麼痛苦要自尋短見，連忙叫他的學生們順流而下趕去救他。誰知，還沒有追上，那漢子已經從波濤之中鑽出來，披頭散發唱著歌，在一灣靜水塘裡游起來。

圖 65　渙卦示意圖

孔子十分驚詫，跑到塘邊，問道：「啊呀好險，剛才我還以為你是一個水鬼呢，仔細一看，原來你是人呀！你的水性真是好極了，請問，你游水有什麼訣竅嗎？」漢子回答說：「我沒有什麼訣竅。我帶著天賦的本性，開始了自己的童年；長大以後，我在不斷適應周圍環境的過程中，逐步形成了自己的性格；我順著命運安排而聽其自然。（曰：『亡，吾無道。吾始乎故，長乎性，成乎命。』）我能隨旋渦一同潛入水底，又能隨湧流翻出水面；我是完全按流水的規律行事，絕不以個人意志來違反它。這就是我能夠自如地在這裡游水的緣故。」孔子又問：「什麼叫『帶著天賦的本性開始自己的童年』？什麼叫『在不斷適應周圍環境的過程中逐步形成了自己的性格』？什麼叫『順著命運安排而聽其自然』？」（孔子曰：何謂始乎故，長乎性，成乎命）那漢子回答：「我出生在丘陵地區，逐漸習慣於丘陵地區的生活，這就是天賦我的本性。我在水邊長大，又習慣於水邊生活，這就是不斷適應周圍環境的結果。我不知道為什麼這樣會游水，但我跳進水去自然而然就會游水，這就是聽其自然！」

「成乎命」，實際上就是說順應客觀規律而取得成功。在長期的實踐中掌握了自然規律，就能達到「少成若天性，習慣成自然」的境地。

六十、䷻節——游刃節度，停駛自然

節卦，上坎☵、下兌☱。上（外）卦坎為江河、為流動之水，下（內）卦兌為湖澤、為靜止之水，內靜外動，港灣之象。節，節制也，船舶停在港灣受到限制不能自由活動，故此卦以「節」命名。

船舶與港灣是天生的一對，故此「渙」與「節」互為綜卦，一前一後排在《周易》六十四卦中，《序卦傳》曰：「物不可以終離，故受之以節；」（萬物不可以始終離散，所以接著是節卦）《雜卦傳》曰：「渙離也，節止也。」（渙卦象徵渙散離開，節卦象徵節制有止）都是對此意的恰當敘述。

駕駛自己的船隻，不要迷失航線，駛進他人的港灣，對他人構成威脅或危害。對他人構成了威脅就要遭到攻擊，對大自然構成危害，就要被暗礁所傷。「侵官之害甚於寒」的故事，告誡我們做事要有節度。

圖66　節卦示意圖

從前，韓昭侯喝醉了酒，昏昏沉沉睡在床上，典冠見此情景，擔心君王要受涼，便把一件衣服蓋在君王的身上。韓昭侯睡醒之後，很是高興，便問旁邊的侍從們說：「是誰給我蓋的衣服？」侍從們回答說：「是典冠。」韓昭侯聽後，卻立即把典衣和典冠一併加了罪——典衣之所以被懲罰，是由於他的失職；典冠之所以被懲罰，是因為他超越了自己的職權。韓昭侯並不是不怕寒冷，是認為侵犯職權的危害要比寒冷更加嚴重。（《韓非子・二柄》）

世間一切事物無不存在著一個確定的「度」：事物的界限、分寸、火候。遠遠達不到這個度的範圍，事物不成其事物；超過了一定的限度，就會引起質變，走向反面。「魯廟裡的怪酒壺」的故事，在這方面給我們很好的啟示。

孔子帶著他的弟子瞻仰魯桓公宗廟，在案桌上發現一隻形狀古怪的酒壺。孔子問守廟人：「這是什麼酒器？」守廟人回答：「是君王放在座右作為銘志用的酒壺。」「啊，我知道它的用處了！」孔子回頭對弟子們說，「快取清水來，灌進這口酒壺裡。」弟子舀來一大瓢清水，徐徐注入酒壺，大家都屏息靜氣地看著。只見水注入不多時，壺身開始傾斜了；接著當水達到壺腰時，酒壺卻又重新立得端端正正的；再繼續灌，水剛到壺口，酒壺就砰的一聲翻倒在地。大家都莫名其妙，一齊抬頭看著孔子。

孔子拍手嘆道：「對啊，世上哪有滿而不覆的事物啊！」子路問：「老師，請問這個酒壺虛則傾，中則正，滿則覆，其中可有道理？」「當然有！」孔子對大家說，「做人的道理也同這個酒壺一樣，聰明博學，要看到自己愚笨無知的一面；功高蓋世，要懂得謙虛禮讓；勇敢威武，要當做還很怯弱；富庶強盛，要注意勤儉節約。人們常說的不偏不倚，截長補短，也就是這個道理。」（《荀子・宥坐》）

六十一、䷼中孚——對待他人，宰相肚裡能撐船

中孚卦，上巽☴、下兌☱。上卦巽為草木，下卦兌為湖澤，又此卦為「大離」（䷝

↓☲），離中虛，蘆葦之象也。蘆葦，腹中空，故此卦稱為「中孚」。物空方能盛物，心寬才能容情。地廣物博，胸廣人眾。物博方能擇優，人眾始能舉賢。一人勢單，人心所歸方成大業，故而心胸寬廣是欲成大業者的前提。因此，肚裡不能撐船的人，是當不好「萬人之上」之宰相的。

圖 67　中孚卦示意圖

「解狐貴公」的故事，提醒我們做到「能撐船」的心胸並非一件易事。

解狐推薦邢伯柳作上黨郡的郡守。邢伯柳上任之前去解狐家道謝說：「你原諒了我的過錯，不計前仇，我怎能不來向你拜謝？」解狐說：「推薦你當官，是公事；怨恨你，是私事，你走開吧！我對你的怨恨，還像過去一樣。」

心胸寬廣是相對的，解狐雖然把邢伯柳看作仇人，但是當他認為邢伯柳能勝任上黨郡守之職時，仍能秉公持正地推薦他，說明解狐還算是一個正直無私、心胸比較寬廣的人，然而他還是沒有能徹底放下舊怨，說明他的心胸寬廣得還不夠。

六十二、䷽小過——對待自己，不放過堤下蟻穴

小過，上震☳、下艮☶。上卦震為木，下卦艮為山，又此卦為「大坎」（䷽→☵），坎中滿，與紅棗的外軟中堅極為吻合，乃山棗之象也。山棗，前面已講到「大過」為收割之象，山棗果實成熟之後部分自然落地，無需全部手工搖曳或擊落，故此卦稱為「小過」。

「中孚」與「小過」互為錯卦，正本相依，猶如只有真正信賴對方才能容忍他之小過，心寬方能有真情流過，周文王與姜太公、唐太宗與魏徵皆屬此類也。「中孚」卦提示我們，對別人要像「宰相肚裡能撐船」那樣心胸寬廣；「小過」卦告戒我們，對自己要像不放過「千里之堤下的蟻穴」那樣，抓住每一小的過失不放。

對自己來說，「小過失」乃「大過失」開始之

圖68　小過卦示意圖

兆，我們必須正確對待；對他人來說，雖說要做到「宰相肚裡能撐船」，然而也可「以小見大」看到事物的本質，不能一概輕易容納。「一錢罷官」的故事，值得我們深思。

南昌有一個男子，是國子監助教，赴任住在京城。有一天，他偶然走過延壽寺街，看見書鋪子裡有一個少年，正在數錢購買一部《呂氏春秋》。恰好有一錢掉落在地上，此人就暗暗地用腳踩著，待那位少年走開後，他就俯身將錢拾起來。旁邊坐著一個老漢，對此事觀察了很久，忽然起身來拜問他的姓名，冷笑一聲就走了。後來，這個男子以上捨生名義，入了謄錄館，請見選官，獲得了江蘇常熟知縣的官位。他準備好行裝去上任，投了一張名帖去求見上司官員。當時，潛庵湯公任江蘇巡撫，這個男子十次求見都不得一見。官衙的巡捕傳來了湯公的命令，叫此男子不必去赴任了，因為他的名字已經掛進被彈劾的公文中去了！

這男子便問為什麼事情而被彈劾？答道：「是貪污！」此男子心裡想：「自己還沒有赴任，哪裡得來的贓款？府內必有差錯，就急忙想進去當面陳述。」巡捕入內稟告，再度傳下湯公的命令道：「你不記得過去書鋪子裡的情況嗎？還是一個秀才的時候，尚且一錢如命；如今僥倖當了地方官，難道不要伸手到人家口袋裡去偷盜，成為烏紗帽下面的竊賊嗎？請你立即解下繫官印的絲帶回去吧，不要讓你經過的路上哭聲遍地吧！」

這男子才想起從前拜問他姓名的人，就是這位湯老爺，於是非常羞慚地罷官而去。這個男子還沒赴任當官就被彈劾了，也是一件出人意料的事情，記下它來，作為對行為不夠謹慎檢點的人的鑒戒吧！

六十三、䷾既濟——成功是相對的

圖 69　既濟卦示意圖

既濟卦，上坎☵、下離☲。上卦坎為月，下卦離為日，日月交替，月上日下，黃昏之象也。古人日出而作、日沒而歇，故此卦稱為「既濟」。

黃昏來臨，黑暗即至，我們應當把危險和困難考慮充分，這就是古人提倡的「居安思危」。學問沒有止境，成功總是相對的。失敗是成功之母，成功也會是失敗之母。

「相愛踢人之馬」的故事，告誡我們「山外有山，人外有人」。

伯樂教兩個徒弟辨認愛踢人的馬。這兩個徒弟便一塊兒到趙簡子的馬棚裡去實地觀察。一個徒弟指出一匹愛踢人的馬，另一個便到這匹馬後面去撫摩馬屁股，摩來摩去它卻不踢人。前一個徒弟便以為自己看錯了。這位徒弟說：「不是你相錯了，這確實是一匹會踢人的馬，只不過它肩膀扭傷，前腿膝蓋有些腫。凡是愛踢人的馬，當它舉起後退要踢人時，全身重量就落到了前腿上；這匹馬前膝腫脹便不能支撐全身的重量，所以，它的後腿就不能抬起來踢人了。你很善於識別愛踢人的馬，卻沒有看出前膝腫脹對於後腿的影響。」

六十四、䷿未濟——人生沒有終結

未濟卦，上離☲、下坎☵。上卦離為日，下卦坎為月，日月交替，日上月下，早晨之象也。早晨是一天的開始，吉凶未卜，故名為「未濟」。

「既濟」與「未濟」互為錯卦和綜卦，黃昏和早晨都在日月交替之際，朝霞與晚霞也都同樣美麗；成功與失敗總在錯綜交替之中，真理和謬誤同樣令人痴迷。有人把起點當作成功，有人把成功視為起點；有人在安全中想到危險，有人把危險看作安全，這就是「既濟」和「未濟」給我們的啟迪。

有黃昏就必然有早晨，有朋友就會有敵人，缺少朋友的幫助不成，沒有敵人的日子並不輕鬆。請看「運斤成風」的故事，帶給我們什麼樣的啟示。

莊子為人送葬，恰好經過老朋友惠施的墳墓。他默立一陣，然後淒然地對身旁的人說：「過去有一位郢（楚國的都城）人，在鼻子尖上抹了一層薄薄的白石灰粉，薄得像蒼蠅翅膀，他對面站著一個名叫匠石的人，揮動一柄鋒利的大斧，大吼一聲，對準郢人的鼻子一陣風似地劈將過去。白光閃過，薄薄的白粉全被劈盡，而鼻子一毫未傷。那郢人站著紋絲不動，面不改色。宋元君聽說有這般絕技，就把匠石召來，要他表演一番。匠石回答：『我倒是會使用斧頭，可是我那位鼻子上抹石灰的搭檔死去很久了啊！』唉，自從惠施先生死去之後，我也失去了自己的搭檔，我還有什麼話可說啊！」

圖 70　未濟卦示意圖

沒有合格的搭檔，保證在高手揮斧如風之時面不改色心不跳地站在那裡，高手的卓越本領就無法發揮出來。人生就是在尋找一個個搭檔（對手、敵人），找到一個新的對手（目標），就意味著一個新的起點。就像每天升起的太陽都是新的一樣，人生的敵人沒有窮盡，我們的戰鬥就永遠沒有終結！

第四章　五行——點綴《周易》宮殿不可少的庭院

第一節　五行基本概念

一、從生火做飯的必需品談起

古人煮飯，需要一個灶（土），灶上放一口鍋（金），鍋中放些水（水），灶內放些柴（木），然後點火（火）做飯。可見，金、木、水、火、土對做飯來說，樣樣都不能少。

我國古代先民，在長期的社會實踐中逐漸認識到，金、木、水、火、土是自然界人類不可缺少的最基本物質，故五行最初被稱作「五材」。如《左傳》中說：「天生五材，民併用之，廢一不可。」

人類要生存發展，首先是解決吃飯問題。而要解決吃飯問題，金、木、水、火、土五種基本物質不能少，可見這五種基本物質深刻影響著人們現實生活的改善，因而也就影響生產力的提高。

古代先哲，就是在這樣的反思中，漸漸形成了五行的概念。後來進一步引申為，世界上一切事物都是由金、木、水、火、土五種基本物質之間的運動變化而生成的。如《國語・鄭語》中說：「故先王以土與金、木、水、火雜，以成百物。」

所謂金、木、水、火、土五行，不是人們憑空揑造出來的，必須有它的社會實踐作背景。就像我們古人，把某一長度定義為「一尺」，用來衡量萬物之長短，世界其他各民族，也都將某種長度定為他們的「尺」，所以有市尺、公尺、英尺……這些度量尺度，顯然都不是先驗的，是人創造出來的，沒有什麼神秘可言。眾所周知，「五行生萬物，六合運三光」，「六合」指上下、四方，代表空間；「三光」指日、月、星，代表時間。就是說：天下萬事萬物，在時、空的錯綜複雜結合中運動，循環不已、茁壯成長，以至消失，生生不息。那麼，用什麼尺度來衡量萬物的這種運動規律呢？古人意識到五種典型事物，即金、木、水、火、土五行。

五行，代表五種典型事物，古人以金、木、水、火、土作代表，這五個文字也是五種符號，同八卦符號一樣，我們不要把它看得太死了。不能簡單機械地認為：所謂「金」就是黃金，「水」就是指我們平常喝的水。它們是古代先哲利用取象比類的思維方法，對自然界萬事萬物進行的一種歸類，目的是以此構築一種描述宇宙世界狀態及運動規律的推演模式。如五行中的「木」，古人稱「木曰曲直」，「曲直」本是指樹木的生長形態，後來把具有生長、生發、條達舒暢等性質或作用的事物均歸屬於「木」，如自然界的東方（取日升之意）、春天（取萬木生長時辰之意）等都歸之於「木」行。

再後來，古代先哲們在長期的社會經驗和對自然現象的觀察中，逐漸發現了事物之間存在著某種固定的聯繫，某一種事物的出現往往導致另一種事物的變化；某一種現象總是與另一種現象相呼應。於是他們便開始構築能夠概括自然界和人類社會本質特徵的普遍聯繫之網，五行學說就是在這樣的文化氛圍中形成和發展的。這樣，我國先哲們就以五行之間的生剋制化來闡釋事物之間的相互聯繫，認為任何事物都不是孤立、靜止的，它們都是在不斷的相生、相剋的運動中維繫著協調平衡。

由此看來，五行學說具有哲理的概括和思辨高度，所以，中國古人不僅將它用來推演自然界的一切物質，而且還將它擴展到對人（包括自然屬性和社會屬性）及人事系統和社會歷史發展的認同和規範上。如果我們稍加注意，就會感到我們的祖先真是處在「五行」的包圍之中。

《鐵齒銅牙紀曉嵐》電視連續劇中，有乾隆皇帝和紀曉嵐對對聯的一段描述。乾隆出的上聯是：「煙鎖池塘柳」，此聯將金、木、水、火、土五行全包括在其中，要求下聯也必須要有五行中的每一行。一位小姐對出的下聯為「炮堆鎮海樓」，此聯雖五行俱全，然與上聯並非金對金、木對木，還是紀曉嵐高明，他最後對出「炮鎮海城樓」，深得乾隆皇帝的讚譽。由此可見，五行文化源遠流長，影響甚廣，是中國傳統文化不可缺少的主要內容之一，值得我們這些後人仔細體悟領略和好好地繼承發揚。

二、五行基本概念及其外延內涵

1. 基本概念

五行，不單是指五種物質，而是廣指自然界中的五種狀態：木表示生命態，火是氣態，土是綜合、平衡態（萬物歸土、土生萬物），金表示結構致密、比較硬的固態，水表示液體。

《尚書・洪範》中記載：「五行，水曰潤下，火曰炎上，木曰曲直，金曰從革，土爰稼穡。潤下作鹹，炎上作苦，曲直作酸，從革作辛，稼穡作甘」，這段話道出了五行的最基本內涵。

①水，「水曰潤下」。潤，滋潤也，可引申為灌溉。雨自天空落下，渠水自江河引來，說明滋潤和灌溉體現的是一種流動性，有周流不息的特點。下，低、低走，隱蔽也。嚴冬到來，地表冰結而護其下，萬物皆將生機隱蔽其內，此皆說明「下」包含有暗、隱等特性。故我們可以將流動多變、周流不息、隱而不現、外柔內剛（外寒內熱）、寒涼、滋潤、向下運動的事物，歸屬於水。柳宗元的《江雪》，描述的就是這樣

一種「水」的境界。

千山鳥飛絕，萬徑人蹤滅。孤舟蓑笠翁，獨釣寒江雪。

②木，「木曰曲直」。我們常用「能屈能伸」來形容一個人的頑強鬥志，其精神猶如樹木之「曲直」特性。我們看到，一些植物不惜彎曲而求生，一旦繞過所阻卻筆直向上伸展，由此可知生命的「曲直」特性。春季到來，大地呈現一片生機，萬物開始復蘇萌發。故我們將生命力頑強、能屈能伸、根深蒂固、復蘇萌發、生發條暢的事物，歸屬於木。白居易的《原上草》，描述的就是「木」的這種特性。

離離原上草，一歲一枯榮，野火燒不盡，春風吹又生。

③火，「火曰炎上」。炎，炎熱、燃燒也；上，向上、升騰也。暑夏來臨，地下的水分被蒸發向上升騰，萬物生機異常活躍，此「上」之內涵。故我們將溫熱、升騰、繁榮昌盛、外露無遺、外剛內柔（外熱內涼）、激烈、乾燥、向上運動的事物，歸屬於火。岳飛的《滿江紅》抒寫的就是「火」的這種特徵。

怒髮衝冠，憑欄處、瀟瀟雨歇。抬望眼，仰天長嘯，壯懷激烈。三十功名塵與土，八千里路雲和月。莫等閑、白了少年頭，空悲切。靖康恥，猶未雪；臣子恨，何時滅！駕長車，踏破賀蘭山缺。壯志饑餐胡虜肉，笑談渴飲匈奴血。待從頭、收拾舊山河，朝天闕。

④金，「金曰從革」。從，跟隨、順從也；革，製革為甲冑、變革以適應也。秋季

來臨，氣溫驟變，風吹果落，萬物枯衰，大地呈現蕭條氣象。故我們將清除、收斂、蕭條、枯竭、衰老、變革、強硬、具破壞作用的事物，歸屬於金。馬致遠的越調《秋思》，描繪的就是「金」秋這種極為豐富的內涵。

枯藤老樹昏鴉，小橋流水人家，古道西風瘦馬。夕陽西下，斷腸人在天涯。

⑤土，「土曰稼穡」。稼，耕種、莊稼也；穡，收割莊稼。若無土地，則植物根無所依，耕種無從談起。可見大地是萬物所依，我們依賴大地而生存，大地有我們取之不盡、用之不絕的一切生活所需。「萬物土中生，萬物土中滅。」大地孕育生命，又將生命埋葬於其中。故我們將生化孕育、承載受納、可以播種收藏的事物，歸屬於土。附即興小詩一首，以說明「土」的養育、歸藏、承受、聚集等特性。

地球是我的家園，即使飛得再高，也要回到它的身邊；地球是一條小船，縱然駛得再快，也望不見理想彼岸。

2. 五行與顏色、方位

①五行壇的啟示

北京社稷壇（即今天的中山公園，位天安門西）有一處五行壇，壇呈方形，約有一百平方公尺。壇中有五色土。東邊是青（綠）土，南邊是紅土，西邊是白土，北邊是黑土，中間是黃土，其五種顏色恰好分別一一對應東方木、南方火、西方金、北方水、中央土。

②五行與五色、五向

木，具有生發特性，其稟性溫和向上，而東方正是太陽初升之處，故木屬東方、對應綠色（草木皆為綠色）；火具有炎熱向上的特性，而南方氣候炎熱，故火屬南方、對應紅色（火焰呈現紅色）；金的特性是清涼蕭條，而西方正是太陽落山、荒涼之地，故金屬西方、對應白色（我們把稀有貴重金屬元素鉑通稱為「白金」，而古代則把銀子稱其為白金，故而古人將金與白色對應）；水的特性是寒冷向下，而北方正是天寒地凍，故水屬北方、對應黑色（北方素有「黑土地」之稱）；土的特性是長養化育，厚實適中，故中央為土所在之地、對應黃色（中原大地自古以「黃土地」著稱）。

③古代皇宮建築色彩與五行的對應（以北京故宮為參照）

皇宮建築只取青、黃、赤三色以示大吉大利，此論即源於五行學說。

青色指綠色，象徵勃勃生機，有朝氣蓬勃向上之意。因此明朝初建時，紫禁城東部的宮殿，均覆綠色琉璃瓦；到了嘉靖年間，為了表示皇朝的尊貴向四方延伸，才用代表至高無上的黃色琉璃瓦代替了綠色琉璃瓦。青色，從木、從春，象徵青少年成長的蓬勃向上，所以皇太子的宮殿，叫東宮，用青色琉璃瓦蓋宮頂。

赤色指紅色，象徵紅紅火火，有「光明正大」之寓意。因此，紫禁城宮牆、殿柱都採用紅色，是因為紅色屬火。紅色代表火，是藏書樓不宜採用的，故而用來藏書的文淵閣採用黑瓦，不用紅牆而改為黑磚牆壁，這是因為黑色代表水，水剋火，是希望易燃的圖書免於火災的意思，另外水代表冬季、主收藏。

此外，在紫禁城中軸線北端御花園的天一門，其方位即是水位，其牆也用黑色，也是取人工牆與自然方位顏色一致和諧的緣故，此外也許還有水剋火（黑色之水剋紅色之火）之意。

黃色屬土居中央，象徵至尊至大，有支配四方之象徵。因此，黃色就成為皇帝的專用顏色，皇帝的宮殿全以黃色琉璃瓦為房頂，內部裝飾也多以黃色或黃金作金箔粘貼於宮內各方。

另外，白色，屬金，為秋，位西，象徵日落；黑色，屬水，為冬，位北，象徵黑夜，均不吉利，故為皇宮所不取。

3. 五行與性格

根據五行各自的屬性，以取類比象的方法，結合人的外在顯示，可以把人的個性按五行分類。

①木形之人

外貌顯示：瘦直挺拔，姿態軒昂，骨節突出，面部上闊下尖，眉目清秀，皮膚蒼（青）色，頭小，面長，肩背寬大，手足纖小，聲音高亢。

個性特徵：仁慈、溫柔、寬容，但意志易動搖。頗有才智，好用心機，體力不強，多憂勞於事物。

②火形之人

外貌顯示：額窄，頰豐，毛髮較少，齒本寬露，頤邊少髯，鼻高大而露孔，皮膚赤色，臉面和頭瘦小，肩背髀腹勻稱美好，手足小，步履急速，走路時身搖，聲音燥烈。

個性特徵：有禮有節，易使性子，情感激烈，富冒險精神。有氣魄、輕財物，少實用、多憂慮，不善抽象思維。對事物敏銳，性情急躁。

③土形之人

外貌顯示：敦厚，面圓頭大，頭面、身材都顯得厚重，背隆腰厚，肉輕骨重，五官厚大圓肥，膚色黃，腿部健壯，手足小，肌肉豐滿，全身勻稱，步履穩重，聲音深厚韻長。

個性特徵：厚道寬容，穩如泰山，心情安定，不爭逐權勢，善與人相處。動作緩慢，姿態安詳，心機很深，難以測度，為人極有信用，但思維、才智和情感都不突出。

④金行之人

外貌顯示：膚色白，面方頭小，骨堅肉實，小肩背、小腹、小手足，足跟健壯，行動輕快，個子一般不高，聲音和潤。

個性特徵：講義氣，做事果斷，剛強有毅力，思維嚴謹，深邃，機智靈巧，稟性廉潔，性情急躁，舉動猛悍剛強。

⑤水形之人

外貌顯示：圓滿肥胖，骨少肉多，腰厚、背圓，眉粗眼大，大頭寬頤，面色帶黑多皺紋，膚色黑，兩肩狹小，腹部大，下尻和脊背部較長，手足喜動，走路晃身，聲音緩急不定。

個性特徵：感情豐富，感受力好，想像力豐富，聰明性靈，活潑可愛，行動不因其肥而呆滯。對人既不恭敬又不畏懼，善用計謀。

4. 五行配五味

五味，即鹼、苦、酸、辛、甘。「潤下作鹼，炎上作苦，曲直作酸，從革作辛，稼穡作甘」，闡述了五行與五味的相互搭配，《周禮・天官・疾醫》中又將五味進一步延伸，提出「以五味五穀五藥養其病」。

醋則酸，酒則苦，飴蜜即甘，薑即辛，鹽即鹼也。這樣，幾種基本的生活用品即被納入五行系統了。從五味出發，中醫提出了對食品的五禁：肝病禁辛，心病禁鹼，脾病禁酸，腎病禁甘，肺病禁苦。此皆由五行之間的生剋關係得出，如肝屬木，辛屬金，金剋木，故肝病（弱）畏忌辛味食物之剋，其他類推。

5. 五行配五音（五姓）

五音，即古樂五聲音階的五個階名：宮、商、角、徵、羽。將五音與五行相配：商對金、徵對火、宮對土、角對木、羽對水，這樣五音就被納入五行系統了。

五音配五行在古代應用極廣。譬如，按發音時唇、舌、齒的張、歙、縮、撮等不同

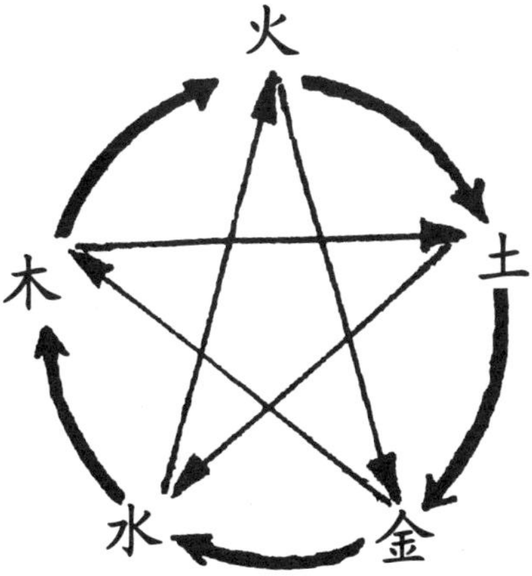

圖 71　五行相生相剋示意圖

外圈順時針爲相生，中間五角星爲相剋

位置，將姓氏劃分為宮、商、角、徵、羽五類，這樣人的姓氏也就被納入五行系統了。「五姓修宅」就是根據「五姓配五行」之說推斷宅門所宜方位的一種方法，如張姓五音屬商，五行屬金，宅忌向南，因南方屬火，火能剋金；李姓五音屬徵，五行屬火，宅忌向北，因北方屬水，水能剋火，等等。

6. 五行配五星

五星，本指金、木、水、火、土五大行星，後來依據天地對應、天人合一的宇宙觀，分別將圓、直、曲、尖、方五種形狀的山峰，以金星、木星、水星、火星、土星來命名。此說依據五行生剋原理附會吉凶休咎，以為尋龍點穴的主要準則，在傳統風水學中應用極廣。例如「木星」，指頂圓身端直的山峰，「直」為其顯要特徵，宜端正聳秀，忌歪斜枯槁，後龍宜有「水星」，若後龍為「金星」，則成凶星。

在現代都市中，樓房等高大建築猶如高山，故而現代城市建築亦可用五行學說作參考。

第二節　五行生剋原理及其應用

一、五行生剋原理

1. 五行相生

相生——表示一種事物對另一種事物有促進增長的作用。

五行相生即：木生火，火生土，土生金，金生水，水生木。

對五行相生，古人是這樣理解的：木性溫暖，火伏其中，鑽灼而生，故木生火；火熱焚木，木焚而成灰，灰即土也，故火生土；金居石依山，聚土成山，土必生石，故土生金；銷金亦為水，故金生水；水潤木能出，故水生木。

2. 五行相剋

相剋——表示一種事物對另一種事物有制約和剋制的作用。

五行相剋即：木剋土，土剋水，水剋火，火剋金，金剋木。

對五行相剋，古人是這樣理解的：眾勝寡，故水勝火；精勝堅，故火勝金；剛勝柔，故金勝木；專勝散，故木勝土；實勝虛，故土勝水。

3.五行生剋轉化

五行生剋關係不是絕對的，有時由於五行的旺衰會導致一種逆生和逆剋現象，這就是我們通常講到的物極必反道理。

古籍《三命通會》，對五行生剋轉化作了精闢論述：

> 金賴土生，土多金埋；土賴火生，火多土焦；火賴木生，木多火熾；木賴水生，水多木漂；水賴金生，金多水濁。
>
> 金能生水，水多金沉；水能生木，木盛水縮；木能生火，火多木焚；火能生土，土多火晦；土能生金，金多土變。
>
> 金能剋木，木堅金缺；木能剋土，土重木折；土能剋水，水多土流；水能剋火，火炎水熱；火能剋金，金多火熄。

4.小結

萬事萬物都是在如此相生相剋中達到動態平衡的，沒有生就沒有事物的發生和發展，沒有剋就不能協調事物發展過程中的不平衡。所以說，生與剋是同一事物的兩個屬性，生中有剋，剋中有生，相輔相成，互為體用。在生與剋到極點時，都會向相反的方向轉化。

二、從明代帝王名字看五行相生

古人取名，大至帝王將相，小到黎民百姓，都非常注重五行理論的運用，因為他們認為天地萬物是由金、木、水、火、土五種元素組成，世間諸般和諧皆由於五行的生剋制化所定，「五行取名」就是按照這種原理去實現五行的平衡。

在一個家族中，有同輩人中每人取一行，長幼連續相生的；也有每一輩取一行、輩輩相生的，明太祖朱元璋的子孫們的取名就屬後者。朱氏子孫的名字，是嚴格按照木生火、火生土、土生金、金生水、水生木……五行相生原則取名的。

成祖——朱棣（木）↓仁宗——朱高熾（火）↓宣宗——朱瞻基（土）↓英宗——朱祁鎮（金）↓憲宗——朱見深（水）↓孝宗——朱佑樘（木）↓武宗——朱厚照（火）↓穆宗——朱載（土）↓神宗——朱翊鈞（金）↓光宗——朱常洛（水）↓思宗——朱由檢（木）

明朝皇帝取名以五行相生為準則，其用意顯然在於讓這種「五行生鏈」保佑大明江山在其子孫後代中代代相傳、循環不止，然而最後卻被能夠剋勝「明」火的「清」水所推翻，最終沒能逃脫「五行剋鏈」的歷史規律，看來無意乃偶然之有意、偶然乃無意之必然。

三、五行相剋在古代建築方面的應用

1.針鋒相對「大明門」──「大清門」由來之一

今天人們來到瀋陽故宮時，首先映入眼簾的，就是這座皇家禁地四周高大的紅色宮牆。而惟一沒有被宮牆包圍的皇家建築，則是那屹立於宮殿建築群中路南端正中的「大清門」。

據載，這座城門在建成以後並沒有名稱，只是叫做「大門」。後來崇德元年，皇太極改國號為「大清」以後，聽說明朝北京皇城的正門叫做「大明門」，為了針鋒相對，剋其鋒芒，就把這座大門命名為「大清門」。其實，瀋陽故宮正南大門與大明北京皇城正南大門對應，既然北京皇城取其象徵火意的「大明」命名，瀋陽「盛京」的大門自然要取能剋制火、象徵水意的「大清」了。

另載，「大清門」的由來與當時改國號為「大清」有關，然而為什麼皇太極要把「金」改為「清」呢?據說「大清」國號源於五行學說的「水剋火」，據筆者分析，這種傳說很有道理。

2.「清」水剋「明」火——「大清門」由來之二

皇太極統一了女真各部以後，在與明朝會戰中節節勝利，勢力越來越膨脹。後來三十六部蒙古也先後歸順了後金政權，於是後金國力更是空前壯大。有了這樣強大的國勢，皇太極的下一個目標就是如何與明朝的崇禎皇帝爭奪一統江山了。

既要與明朝爭天下，那麼，就不應再使用傷害漢民族感情的「大金國」的名稱，但是，改什麼樣的名稱更好呢？於是，皇太極招來一幫文臣學士，商量來商量去，最後決定改國名為「大清」。

據說，當時有人認為大明朝的名字從日屬火，而火可以攻金，所以，遼西的幾座孤城和山海關以內久攻不下。還有人說，明朝大將袁崇煥的「煥」字有火，火可煉金，故而袁崇煥成為大金國深為頭痛的大對頭。在寧遠戰役中，大金國老罕王努爾哈赤更是遭受到平生最大的慘敗，從此一病不起，終於命歸黃泉。所以，要與明朝抗衡，一定要剋制住「明」字中的「火」。首先「女真」族之名文弱有餘而英武不足，須改成圓滿一統的「滿」字；而大金國的國名自然也不能再用，應改為具有勃勃生機的「清」字。而且更為重要的是，「滿」和「清」都從水，水可滅火，不愁明朝不亡。

皇太極一聽大喜，深以為是，遂下詔遵從其議。國名既改為「清」，瀋陽皇宮的大門也就從此有了一個正式的名字，叫做「大清門」，以與大明北京皇城正門的「大明門」對應。

3.無意乃偶然之有意、偶然乃無意之必然——人名、國名命名中的五行學問

也許「女真」改民族為「滿」，「金」改國號為「清」，「滿、清」二字所寓意之水剋勝「明」字所寓意之火，這純屬歷史的巧合。然自唐朝以來，唐、宋、元、明、清五個朝代的國號，其五行寓意又恰巧都符合五行逆剋之理，難道這些都是歷史的「巧合」嗎？

唐朝稱為「東土大唐」，其場為土；宋朝之「宋」顯示木場，木剋土；元朝原為金國，屬金場，金剋木；明朝之「明」為火，屬火場，火剋金；清朝之「清、滿」從水，皆顯示水場，水剋火。這樣就形成了「土↑木↑金↑火↑水↑土」一個完整的五行相剋鏈。

其實，這種國朝間的五行生剋之說由來已久，並非今人杜撰。據載：當年諸葛亮躬耕南陽，潛心學問時，他的老師鄧公玖問他說：「現在天下五龍出現，要具有神力的人，才能挽救這種混亂局面。」

「這幾條龍是誰呢？」諸葛亮問。

老師答道：「秦漢之時，嬴秦為白龍，呂秦為黑龍，項王為蒼龍，漢高祖為赤龍，漢文帝為黃龍。所以漢朝尚赤、黃，即『火』德。現在漢朝就要終了，孫堅尚『土』德，以『土』掩『火』；曹操尚『水』德，以『水』淹火，他們都是漢室的敵人，給世間造成了災禍。你以後，必須要選擇一個真正的明主，去輔佐他必然成功。」

也許，這只是根據流傳於民間的某個傳說編撰而成，然大凡傳說都有著深刻的哲學內涵。鄧氏對時勢的分析，很有世外高人那種清冷至聖的智慧，值得我們借鑒學習。

四、瀋陽故宮「一殿十亭」的建築布局所反映的五行學問

1.「八旗制度」與「八卦模式」

瀋陽故宮大政殿南的東西兩側，由北至南呈雁行依次排列著十座王亭。這種「一殿十亭」的分布形式，是以滿族為體的「八旗制度」在建築上的文化反映。它不僅顯著地區別於明代的北京故宮，也顯著地區別於古今中外的任何宮殿建築。

八旗制度是一種集軍事、行政、生產諸職能於一體的綜合性社會組織。八旗組織實際上是八個各自獨立的政治、軍事、經濟集團，它們共同組成一個聯邦式的國家。既然八旗組織在清初國家政治中扮演如此重要的作用，那麼，要理解這組別具一格的建築所體現的特殊含義也就不那麼困難了。

《周易・繫辭》曰：「是故，易有太極，是生兩儀，兩儀生四象，四象生八卦。」這就是古人描述的「宇宙產生」模式。根據宇宙全息統一論原理，世間任何事物的產生與發展也遵循這一規律，清代八旗制度的建立過程也與此不悖。

大政殿則相當太極，十亭中的兩翼王亭則相當兩儀，四正旗則相當「四象」，四

正、四鑲八旗則相當「八卦」。而太祖努爾哈赤和清太宗皇太極組建八旗制度的前前後後正應了這一過程。

這種八旗制度正式建立於一六一五年，是努爾哈赤根據本民族早期狩獵時的組織和社會結構加以改進以後形成的。為了適應對外戰爭和對內統轄的需要，將原來牛錄編制擴大，每三百人編為一牛錄，其首領仍然稱作「牛錄額真」。為了更好地統轄牛錄，又在牛錄之上設「固山」（漢語就是「旗」的意思），每個旗下屬若干牛錄。多時共設有四旗，以黃、白、紅、藍四色旗幟區別。

隨著其勢力的擴大，又在舊有的黃、白、紅、藍四旗之外增加鑲黃、鑲紅、鑲白、鑲藍四旗（即在原來四種顏色的旗幟上鑲上不同顏色的邊緣，規定黃、白、藍鑲紅邊，紅旗鑲白邊）。

本來「正」與「鑲」與該旗的地位並無直接關係，只是指旗幟上的顏色而已。但是，後來滿族受到中原文化的影響，把黃色作為皇帝的專用顏色。因此，正黃、鑲黃兩旗就成了天子親自統帥的皇旗，後來順治以後加上正白旗，合稱「上三旗」，地位要略高於諸王貝勒統領的「下五旗」。

在歷代統治者眼裡，「黃色」與中央土對應，象徵著統治、支配，因而一直成為皇親貴族的專用顏色；而滿清把白色也列入高貴顏色之列，大概是因為白色與五行的「金」對應，從而不忘祖宗「大金國」的緣故吧。

2.「一殿十亭」與「五行學問」

後金新建的皇宮，遵循著一種「一殿居正中，十亭分左右」的建築布局。「十亭」就是左翼王亭、右翼王亭和正黃、鑲黃、正白、鑲白、正紅、鑲紅、正藍、鑲藍「八旗亭」，統稱「十王亭」。這種布局，在中外古今帝王宮殿建築中是絕無僅有的，是當時以滿族為體的八旗組織政體在滲透五行學問的宮殿建築文化上的生動體現，也是瀋陽故宮中滿民族特色的重要標誌。

八旗亭的排列更是大有學問，在清代，無論是攻城略地還是駐防守土，一般都是兩黃居北，兩白旗居東，兩藍旗居南，兩紅旗居西。瀋陽故宮八旗亭的排列也是按上述方位排列的，只不過是為了整齊美觀，把東側的兩白與西側的兩紅分別向前移到了與翼王亭和南北兩旗亭呈八字的一條線上了。八旗如此排列，完全符合中國古老的陰陽五行學說。按著五行學說，北方黑（藍色和黑色都稱為青色，白天的大海為藍色，而夜間的大海則為黑色，故而藍與黑色有某種互通關係）色屬水，南方紅色屬火，西方白色屬金，東方綠色屬木，中央黃色屬土。

八旗方位的設計者，就是依照這種說法，把象徵「土」的兩黃旗放在北面去剋北方所屬的水；把象徵「水」的兩藍旗放到南面去剋南方所屬的火；把象徵「金」的兩白旗放在東面去剋東方所屬的木；把象徵「火」的兩紅旗放在西面去剋西方所屬的金。這種精心設置的安排寓意著八旗勁旅的四面八方攻無不克、戰無不勝。

然而「一殿十亭」的建築特色，也存在它的消極誘導，這是設計者所未能料想到的，此正應了「智者千慮必有一失」這句名言。也許正是由於這種「十王並立」，所以，在清代皇宮內院中的爭權奪位的故事就更格外顯得驚心動魄。自老汗王努爾哈赤去世以後，皇宮裡的「一王扳到眾王」的一幕幕鬧劇便接連不斷。

五、從「財主大院荒涼之秘」看五行學說在環境綠化方面的應用

一九八四年第一期的《知識畫報》，講述了這樣一個故事：

過去，磨盤山下搬來了一個大財主，他蓋了大瓦房，圍了一個大院落。他還買了僕人、丫鬟，連家裡的擺設，也是派人專門從京城裡買來的。第二年，財主突然來了雅興，在他的前頭院子裡，栽滿了桂花、葡萄、蘋果、核桃樹；後院又栽了松、柏、扦扦活（接骨木）等。說起來奇怪了，那些樹種在這財主的院子裡，便不長了：葡萄不開花，蘋果不結果；八九月間，松針黃了，桂花葉子也落了。前後院一片荒涼。

一天，村裡來了一個遊方道士，自己吹噓會看「風水」，財主就把他請到家裡。道士進了院子，東瞧瞧、西看看，把房子的走向、結構看了個夠。然後，裝腔

作勢，驚訝地說：「風水不好，如果再住下去，必定『先妨院中樹，後妨家中主』」。財主見沒人買房，沒有辦法，只要扔下房子，帶著一家大小搬走了。

不久，有個伐木工人，腳受了傷，不能幹活，想找個地方來養傷。聽說這房子沒人敢住，他說：「我不怕，我去住。」全家便搬了進去。當年秋天，伐木工人把院子前後的樹，重栽了一下，蘋果和葡萄做鄰居，桂花樹移到了後院，松柏樹栽到了大門外，核桃和扦扦活也都移出大牆外。第二年，葡萄和蘋果，竟然都結滿了滿枝架的果，桂花也重新放出了香味，松柏樹在門前長得碧綠碧綠，核桃和扦扦活一下子也長高了許多。村子裡的人都為伐木工人高興，大伙問：「為啥一栽一挪，就能改變風水？」伐木工人說：「我只隨便挪了挪，可能是咱窮人的『風水』好吧！」

難道真的是窮人的「風水」好嗎？直到解放以後，伐木工人念林學院的孫子回鄉時，才把這個問題解釋清楚。原來，花草樹木也跟人一樣，各有各的脾氣。它們身上的揮發性分泌物，會透過空氣、水分傳給別的樹木。這些分泌物，對有些樹木生長有利，而對別的樹木卻會起抑制生長的作用。譬如，葡萄的分泌物，桂花就討厭；桂花的氣味，葡萄也不喜歡；核桃的分泌物，蘋果就受不了；扦扦活發出的味兒，能讓松柏葉落枝黃、斷子絕孫。財主不懂這些，只是憑自己一時的興緻，胡亂栽植花木，落到樹死花落的結果，也就不奇怪了。

如果我們對五行學說已經有所了解，則我們不難從以上這則故事得到如下啟示：

1. 樹木之間的相互生剋——樹木旺衰原因之一

樹木之間存在著一種相生、相剋的關係，將相生的兩種樹木種植在一起，就會互相受益，二者皆易枝葉茂盛；相反如果將相剋的兩種樹木種植在一起，就會相互影響，二者皆易葉落枝黃。

樹木之間的這種維妙維肖的生剋關係，是古人長期實踐經驗的總結，其原理可用五行理論來概括，遠非一個「分泌物」概念所能包含了的。

這有點像中醫，許多中醫現象（例如經絡和穴位）用現代科學理論是無法解釋的，但誰也不否認其神奇的效用。中國目前的科技理論，主要來源於西方科學，很少將中國古代傳統的陰陽五行等優秀思維模式糅合進去，故而對一些神奇現象只能做一些膚淺的解釋，以上這個故事就是如此。

依據五行理論，任何事物都可與五行相配，樹木也是如此。松柏、樟樹等葉子常綠、木材致密的樹木，因最具木綠之特徵，屬性為木；木棉、石榴等花朵或枝葉火紅的樹木，因其具有火紅之特徵，屬性為火；金桂花、黃槐等與黃色有關的樹木，因其具有黃土之特徵，屬性為土；白玉蘭、白楊等與白有關的樹木，因其具有白金之特徵，屬性為金；荷花、水仙等與水或黑色關係密切的花草樹木，因其具有黑水之特徵，屬性屬水。

我們在前面講到，萬事萬物都是在五行的相生相剋中達到動態平衡的，沒有生就沒有事物的發生和發展，沒有剋就不能協調事物發展過程中的不平衡。樹木的旺衰也遵循這一原則，我們只有在這一原則的指導下，有的放矢地種植樹木，才能獲得一種人樹共同興旺的和諧狀態。

2.樹木與位置（方位）的協調與否——樹木旺衰原因之二

樹木與地域存在一種是否適宜的關係，在土質相差無幾的同一地域（例如一個院落內），這種關係則主要表現在樹木與方位之間的關係。

一般情況下，以樹木的五行屬性與方位的五行屬性相配（相生、相同）為宜，不相配（相剋、相耗）為不宜。

樹木與地域的不適宜還有許多其他說法，例如過去許多地方農村都有「前不栽桑，後不栽柳，門前千萬別鬼拍手」的說法，這些說法主要來自樹木名稱的諧音。

（門）前不栽桑（諧音喪），（房）後不栽柳（挽杖用的），門前千萬別鬼拍手（大葉楊樹，風一吹，葉子嘩嘩響，似鬼拍手）。中國漢字是形音的有機結合，讀音的作用不容忽視，故而「諧音」之說也是有些道理的。

有趣的是，就在上述俗語流傳很廣的河南濟原市，有一座始建於唐垂拱元年（公元六八五年）的奉仙觀，卻使用了世界建築史上榜上無名的荊（諧音驚）、棗（諧音遭），柿（諧音死）、桑（諧音喪）等四種木料：左柱棗木，樑為荊木；右柱桑木，樑為柿木。據說是有以毒攻毒、以正氣壓邪氣的意思。這些樑柱，一千三百多年來雖歷經劫難，屢遭天災兵禍，但仍巍然屹立，令人嘆為觀止。

3. 樹木與人的相互生剋——樹木旺衰原因之三

以上故事講到，伐木工人把院子前後的樹重栽了一下，從敘述的文字中，可以斷定這種重栽規模比較大。又從「第二年」的描述中，我們可以看出這種重栽的效果是明顯的，這些生機盎然的樹木可以基本否定「先妨院中樹，後妨家中主」之論，就是說這個院落外部環境（包括地基），從傳統風水來說沒有什麼不好。倒是村人的問話「為啥一栽一挪，就能改變風水？」值得我們認真思考。

伐木工人說：「我只隨便挪了挪」，筆者以為其奧妙恰恰就在這「隨便」二字。財主按他的意圖在前後院栽滿了樹，他的有意與大自然規律不合拍，破壞了固有的和諧；而伐木工人的無意與大自然定則合拍，恢復了原本的平衡。這種有意與無意，恰恰就是「天人相應」規律的最好體現。

現代找礦方法中，有一種以植物分布來發現地下寶藏的絕活，人們把這稱之為「科學」；北京等地的化工廠、鋼鐵廠，廠區的花草樹木，大多細弱枯黃，這也屬於環境科學範疇。

為什麼，依據植物的枯榮判斷天地之氣（也可稱之為「磁場」）對人的影響，就不是科學呢？植物的枯榮反映了天之氣、地之氣的異常，古人的「天人相應」理論，包括天與植物的相應，也包括人與植物的相應，而「人與植物的相應」恰恰是「天人相應」的最好反映。

第三節　人生社會的五行模式

一、人生五行模式構想

(一)、人生五行模式的構想

1. 身體是革命的本錢——土

「土曰稼穡」，土是綜合、平衡態，指生化孕育、承載受納、可以播種收藏的事物，故「自我」與「土」相對應。

「自我」好比大地，人生一切美好的、醜惡的都從這裡開始，又在這裡泯滅；所有的成功和失敗，榮耀和恥辱，「自我」均能接納與承受。就像土地有肥沃與貧瘠之分一樣，「自我」有強弱之別；貧瘠的隨著不斷的耕耘會變得肥沃，肥沃的任憑荒蕪也會變得貧瘠，健康的身心是擁有強大「自我」的前提和保證。

「身體是革命的本錢」，這裡的「身體」指的就是擁有健康的身心狀態。任何事物皆由陰陽兩部分組成，肉體和靈魂對我們來說缺一不可。擁有健康的身心，這個「自我」才具備「土」的特徵。

2.何不瀟灑走一回——金

「金曰從革」，金表示結構致密、比較硬的固態，指清除、收斂、蕭條、枯竭、衰老、變革、強硬、具破壞作用的事物，故「信仰或人生觀」「娛樂或享受」等與「金」相對應。

信仰可以使一個軟弱的人變得堅強，使他成為一名視死如歸的戰士。信仰猶如一把寶劍，要經過無數次的煅燒才能鋒利無比；信仰又像一塊埋藏深山的璞玉，雕琢之後才能呈現其連城的價值。然而信仰又是一位威嚴的將軍，他能讓你戰勝所有的敵人，條件是你必須無條件服從他的指揮。

「何不瀟灑走一回」，「沒有信仰」也是一種信仰。跟著感覺走，順從自然的意志，充分享受擁有的一切，也不失人生快樂的真諦。故而，信仰是一種特殊的享受，享受自然又是一種特殊的信仰，二者相輔相成才是快樂的人生。

3.千金散盡還復來——水

「水曰潤下」，水表示液體，指流動多變、周流不息、隱而不現、外柔內剛（外寒內熱）、寒涼、滋潤、向下運動的事物，故「財富或才華」「愛好或愛情」（這裡的

「愛情」指廣義上的感情）等與「水」相對應。

水不流要臭，鎖進保險箱的財富如同糞土；水越流越清，才華愈發揮愈光芒四射。舉刀斷水水更流，愛情猶如一江東流的春水，只有大海和沙漠才能止住它的腳步。天有旱澇，所以，要修堤壩和水庫；運有好壞，故而要求財富的擁有。才華是流動的財富，儲積才華卻不會富有。才華是愛情的昇華，一個擁有愛情的人才是真正的富有。山不轉水轉，才華猶如歡暢的小河；一個還能笑的人，不窮。

英文「bank」一詞，即代表河岸，又表示銀行。可見「金錢似流水」的觀念並非中國獨有。水往低處流，沒有了患得患失，才能心平如水；「千金散盡還復來」，拿得起放得下，您才會笑在最後。

4. 生當作人傑——木

「木曰曲直」，木表示生命態，指生命力頑強、能屈能伸、根深蒂固、復蘇萌發、生發條暢的事物，故「事業」「慾望」等與「木」相對應。

無論是參天大樹還是平凡小草，它們都是大自然的子孫，都有生長發育、開花結果的自由；無論是蓋世英雄還是平民百姓，他們都有上帝的臣民，都有成就事業、慾望滿足的權力。人的慾望沒有止境，它們確實猶如「離離原上草」，然而正是被這種永不滿足的慾望驅使，人類才邁出了文明的腳步。慾望的滿足，猶如孤單長起的一棵樹；事業的成就，才會將自己置身無垠的林海中。

然而，獨木不成林，個人的「慾望」同眾人的一致，你才會感到事業的召喚；只有將自己的命運交付於所獻身的事業，人生才會永遠郁郁蔥蔥。

「生當作人傑」，崇尚英雄，一直是人們生活的樂事；成為英雄，永遠是志者嚮往的美夢。缺少英雄的時代沒有生機，不能誕生英雄的社會沒有生命。

5. 高處不勝寒——火

「火曰炎上」，火是氣態，指溫熱、升騰、繁榮昌盛、外露無遺、外剛內柔（外熱內涼）、激烈、乾燥、向上運動的事物，故「名氣」「學問」等與相「火」對應。

如果說「才華」是隱而不現的生命精華，那麼，「名氣」就是外露無遺的人生光彩。如果說「財富」如流水總往低處流，易得也易失；那麼，「學問」就像浮雲總向高處升，奉獻了還有。雁過留聲，人過留名。名氣是對成就的肯定，學問換來的是人們的尊重。

「高處不勝寒」，學問越高知音越少，名氣愈大自由愈小。火大無濕柴，名氣大了缺點少；眾人拾柴火焰高，學問總是大家的好。

㈡、人生五行相生啓示錄

1. 天生我才必有用——土生金

從前有一個解差，押送一個和尚到某地，途經一片森林，和尚提出累了，請求休息一下再走。解差也感到非常疲乏，就決定休息，於是他拿出繩索把和尚捆在一棵大樹上，自己則靠在旁邊另一棵大樹上安心歇息。不一會兒，解差便呼呼地進入了夢鄉。和尚看到解差睡熟，便設法掙脫了繩索，從解差手裡摸出鑰匙打開枷鎖，想一走了之。和尚忽然想起什麼，便走過去將自己的外衣與解差對換，然後將他捆在樹上，並把他的頭髮剔光，最後將枷鎖也給解差帶上，這才大搖大擺地走開。

解差一覺醒來已是太陽落山，高喊「和尚」卻無人應答，於是摸摸自己的光頭、看看捆綁的繩索，自言自語道：「和尚在此，沒有跑掉。」而後突然醒悟：「和尚在這裡，『我』哪去了。」這則故事，自然是笑話一樁。然而，現實生活中類似解差這樣迷失「自我」的人卻大有人在。

沒有一個健康的心態，就不可能樹立一種正當的信仰；沒有一個健康的身體，正常的娛樂享受就無從談起。那些在茫茫人海失落「自我」的人，只有昏天黑地地了卻此生。「天生我才必有用」，上蒼創造每個人的時候，都給他安排了特定的角色，我們要努力尋找那個屬於自己的位置，成功地將這個角色演好。如此，我們才不枉為人生一世。

「金賴土生，土多金埋；土能生金，金多土變。」這說明，一個人的「自我」意識過於強烈，就難於樹立正當的人生觀；一個人過分追求娛樂享受，就會耗盡「自我」的能量，而一無所成。

2.天才是人生的病態——金生水

賈平凹曾在散文《醜石》中講述這樣一個故事：

作家門前有一塊醜石，「黑黝黝地臥在那裡，牛似的模樣」。「伯父家蓋房，想以它壘山牆，但苦於它極不規則，沒棱角兒，也沒平面兒……」因而棄而不用；奶奶請人洗一臺石磨，想用這塊石，但是，「石匠看了搖頭，嫌它石質太細，也不採用」。連「孩子們也討厭起來，曾合伙要搬走它，但又氣力不足，雖時時咒罵它，也無可奈何，只好任它留在那裡去了」。這塊連廢物都不如的石頭，有時，還要起壞作用。「每每到了十五的夜晚，孩子們爬到其上，翹望天邊，奶奶怕孩子們摔下來。」「人都罵它是醜石，它真是醜得不能再醜的醜石了。」「終有一日，村子裡來了個天文學家」，「說這是一塊隕石，從天上落下來已經有二三百年了，是一件了不起的東西。不久便來了車，小心翼翼地將它運走了。」

村人感到自己的可恥，也感到醜石不屈於誤解，寂寞地生存的偉大。

這個故事，說明了平凡與偉大的區別，同時也證明了非常的世界觀是天才誕生的搖籃。這讓我們想起巴爾扎克那句有關天才的至理名言：「天才是人生的病態，正如珍珠是蚌的病態。」此話道出了「金生水」的人生哲理。

大凡擁有巨大財富的人，都是有著堅定信仰的人，這是那些靠一時的運氣或投機心理發財的人，永遠望塵莫及的；大凡非常有才華的人，也都是有著與眾不同的人生觀，平庸的思想永遠不會孕育出非凡的天才。

正如娛樂能培養出愛好一樣，信仰能煥發出我們對人生、社會乃至宇宙自然界的巨大熱情。這種愛情，猶如奔騰不息的江河，孕育了多少可歌可泣的英雄。只要我們稍加注意就會發現，古今中外那些稱得上堅貞不渝的男女愛情，無不與他們獻身於共同事業那種熱情相輔相成，於是我們就會明白「大河有水小河滿」的真正道理。由此可見，世界觀對人生各個方面的影響。

「水賴金生，金多水濁；金能生水，水多金沉。」這說明，才華需要正當的信仰不斷滋育，而繁雜多變的人生觀則會破壞才華的生長發育；信仰能給予我們成功人生所必須的巨大熱情，而熱情過度或任憑熱情無限地膨脹，則反而會毀滅這種信仰。

3.心血澆開幸福花——水生木

無錢辦不成任何事，沒有才華獲得不了任何成就，這些常理只是對「水生木」人生哲理的一種淺顯的解釋。因為現實生活中，有不少人很有錢（或繼承祖業，或意外收穫）卻沒有做出任何事業來；有不少人也非常有才華，卻沒能取得應有的成就。若是將他們的失敗都歸於機遇對他們的苛刻，也未免過於武斷，這樣的人實在太多太多了，機遇之神即使如何躲避，也無法逃過這麼多人眼睛。

有兩個漁民餓壞了，他們企求上帝的幫助。他們的真誠終於感動了上帝，於是上帝就派神送給他們兩樣東西：一簍魚，另一樣是一套釣魚的漁具，讓他們二人各選其一。一個人選擇了那一簍魚，於是馬上生火燒烤起來，幾天後魚吃完了，又過幾天後他餓死在魚簍旁；另一個人拿起漁具朝大海走去，走啊走啊，幾天後也餓死在去往大海的路上。

這則故事說明，機遇降臨而不善於抓住或使用不當，才是一事無成的根本原因。然而如何才會抓住機遇呢？

機遇猶如水中的魚，你只有置身水中或水上才能捉到它。在小河中不會捕到大魚，駕駛著一條小船就無法獲得大的收穫，《老人與海》說的就是這樣一個故事。對事業的熱愛、對理想的追求，就是能讓我們置身大江大海之上的巨輪，有了它我們才能利用手中的工具（財富或才華），捕獲上蒼賜給我們的大魚（機遇）。

某老板生意紅火、財運亨通，一高興，便大筆一揮，將十五萬人民幣劃入他在小學讀書的兒子的帳戶上，造就了一個小「款爺」，於是這個寶貝疙瘩在學校便占了兩個第一：擺闊正數第一，學習倒數第一，此乃「木賴水生，水多木漂」之典型實例也。

那些因為慾望無止境最後導致失敗的人，則是對「水能生木，木盛水縮」的一種最好的注解。

「心血澆開幸福花」，當我們將滿腔的熱血傾注到理想的目標時，我們的才華就會得到最大程度的發揮，看著心愛的花木不斷成長，我們就會不停地繼續澆灌，直到幸福的花朵向我們綻放。

4.需要是學問的起點——木生火

事業的成就，使我們獲得社會的承認，從而也使他人對我們刮目相看，於是我們的社會地位日漸高漲。另一方面，為了完成事業所體現出來的意志和方法，由於得到更多人的贊同或共鳴，從而使自己成為一種備受尊重的人，甚或由此成為人們的榜樣或偶像。

人類自從意識到自己的慾望，便開始了探索慾望的起源以及如何滿足這些慾望，於是便產生了學問。如今世界上所有存在的所謂「學問」，有哪一項能說與人的「慾望」無關？

古時候有個叫朱泙漫的人，非常喜歡劍術，想學到天下無敵的劍術，有人告訴他：「世間龍最利害，能屠龍的劍術肯定是天下無敵的。」於是他就去向支離益學習屠龍劍法……用盡了價值千金的全部家產，花費了三年時間，終於學成下山了。朱泙漫想找一條龍來試試他的屠龍劍法，可是無論他如何尋找、打聽，走遍天下，卻怎麼也發現不了龍的蹤影，因此，他的劍術究竟能屠龍，還是只能殺狗，誰也不知道。

屠龍劍術這門「學問」，其實並不存在，然而朱泙漫卻認為他存在，因為他有屠龍的慾望。等到他終於有一天明白了，世間根本就沒有龍，屠龍的想法自然也就不存在了，屠龍劍術這門學問又從何談起？

由此可見，需要是一切學問的起點，慾望是學問賴以生存的家園。假如人類沒有了好奇心，則所有的學問都將停滯不前。

5.馬太效應正作用——火生土

我們經常看到這樣一種社會現象：某人由一首歌唱出了名，於是電影導演和電視主持人便蜂擁而至，於是乎這人搖身一變，成為了「電影新秀」或「電視明星」。

一個人一旦在某一領域有所成就出了名，人們往往就會認為他是多麼了不起，彷佛他無所不能。由此看來，由科學史研究者羅伯特·默頓提出的「馬太效應」，在社會各領域都很適用。這說明，名氣對「自我」能量的加強能起到不可忽視的作用，為將來個人的發展提供了可靠的營養保證。

我們把系統的知識稱為「學問」，知識對於我們每個人來說，都是不可缺少的精神營養，由此可見學問對改造、建立一個「新自我」的重要性。

山區某地水質不好，住在這裡的人們都生甲狀腺腫大的頸病（俗稱「大脖子病」），沒有一個人不得這種病的。某天一個外地人來到這裡，婦女和小孩圍了一大堆，一起譏笑這人說：「怪了，看那人的頭顱！枯瘦得一點不像我們。」

外地人告訴他們說，脖子上凸出來的是甲狀腺腫大，應該尋醫治療。這裡的人們卻說：「我們這裡的人都這樣，何必要把它除掉？」嗚呼，這裡的人們以醜為美、以病為康，皆為缺乏知識所致。

假如有一天，這裡的人們接受了外地人帶給他們的知識，相信他們就會在某種程度上脫胎換骨成為「新人」。無怪乎，高爾基說過：「每一本書都是一個小梯子，我向上爬著，從獸類，到人類……」

「土賴火生，火多土焦」反映的是那些被名所累的人；而「火能生土，土多火晦」說的則是，那些狂妄自大或自以為是不願接受新學問的人。二者皆為「火生土」的病態寫照，都值得我們作為反面經驗來吸取。

㈢、人生五行相剋啓示錄

1.木秀於林風必摧——木剋土

魏文侯向李克問道：「吳國滅亡的原因是什麼？」李克回答說：「因為屢戰屢勝。」文侯說：「屢戰屢勝是國家最吉利的事呀，怎麼還能使國家滅亡呢？」李克說：「屢戰，人民就要疲困；屢勝，君主就要驕傲。以驕傲的君主，去統治疲困的人民，這就是它敗亡的原因。」

就像戰爭使國家的人民疲困一樣，一個人的事業成就需要他傾注大量心血，故而「愛情（廣義上的）」、「財富」與故事中的「人民」相當；猶如戰爭的勝利使國君在其他諸國面前的威望地位上升一樣，一個人事業成就之後的社會地位隨之提高，故而「名氣（學問）」與故事中的「君主」相當。那些被偶然的成功沖昏了頭腦，以致不考慮自己眼下狀況和潛在實力，受虛榮心驅使勉強去做那些力不從心的事，只會引火燒身將多年成就毀於一旦，所謂「驕兵必敗」就是這個道理。

常言說：「樹大招風」，事業上的不斷成功帶給我們社會地位的不斷提高，同時也會由於競爭對手（敵人）的增加，使得事業的阻力加大，「木秀於林風必摧之」說的就是這個道理。

另一方面，慾望越多，給我們帶來的煩惱也就越多，所謂「希望越多，失望也就越多」是也。如果把取得最大成就（或最後成功）視為一百步的話，那麼，最後幾步所花費的時間、消耗的實力恐怕並不比前面的九十多步少。如果我們稍有疏忽，就會前功盡棄。

人生事業成就的取得，與登山比賽非常相似，越接近峰頂時大山給我們的阻力越大（各種環境、氣候條件越糟），而恰恰可以相互幫助的同道卻越來越少。

由此我們可知，事業成就的取得帶給「自我」的克制有多大。然而只要我們足夠堅強，能夠把阻力考慮充分，我們就能克服更大的困難，攀上無限風光的險峰。

2.身在江湖不自由——火剋金

古代齊國有個狗盜（反穿狗皮裝狗偷入所盜之家的人）的兒子和一個受過斷足之刑人的兒子，兩個小孩經常在一起玩耍。有一天，這兩個小孩互相誇耀自己的父親，都說自己的父親比別人好。狗盜的兒子說：「惟獨我爸爸的皮襖有尾巴。」受斷足之刑人的兒子說：「惟獨我爸爸，冬天也不穿褲子。」（看來此人「斷足」是整個腿部全部給斷

掉了）

兩個小兒為了誇耀自己的父親，以抬高自己的名氣，竟迫使自己接受「以恥為榮」的人生觀；另一方面，也可說明錯誤的「學問」（愚昧無知），嚴重阻止了正確「人生觀」的誕生。由此可見，名氣（學問）對信仰（人生觀）的克制作用。

在我們日常生活中經常遇到這種現象，某某成了模範勞工或街坊鄰里的榜樣，他就必須要按照大家所希望的那樣去安排自己的一切，包括婚姻戀愛、娛樂享受，稍有出入就會被他人指責，就連他們自己也是處處小心不敢越雷池半步，彷彿是為了他人繼續給予自己名譽活著，這種現象正好應了那句江湖中人經常說的話：「身在江湖不自由」。

各種學問，猶如一支只點燃的火炬，在使我們心明眼亮的同時，也帶給我們很多的顧慮，以致我們平常走路都要小心翼翼，生怕腳下的螞蟻被我們判處死刑，甚至躺在床上休息還為牆上的黑點疑慮。

如果這只是一種比喻，那麼，吃飯過於考慮營養搭配、穿衣過於講究審美，就連夫妻做愛也要機械地選擇所謂「最佳」時間，所有這些嚴重構成對我們自然天性的約束，不都是來自我們信奉的所謂「學問」？這哪是學問，實則是機械的「學究」。此乃「火剋金」之又一例證也。

3. 苦酒總是自己釀的——土剋水

古時候，魯國人公扈和趙國人齊嬰有疾病，一同請扁鵲治療。病已經都好了，扁鵲對公扈、齊嬰說：「你倆以前的病，是從外部侵入內臟的，因此，本是用藥物針灸可以治好的。如今你們還有一種從胎裡帶來的病，這病要和身體共同成長。現在我給你們治療，怎麼樣？」

二人說：「我們想先聽聽病情和療效。」

扁鵲對公扈說：「你的心志強而元氣弱，所以多謀而少斷；齊嬰心志弱而元氣強，所以，凡事都欠考慮而常自負。若換換你們的心，就都能完善了。」

二人表示同意，扁鵲就給二人喝了藥酒，把二人麻醉了三天，剖開胸，取了心，交換著放進去，又用了靈藥。不久就都蘇醒了，像原來一樣。這二人就都告辭回家了。於是乎公扈回到齊嬰的家去，與自己的妻子親熱；但妻子不認識他。齊嬰也回到公扈的家，與自己的妻子親熱；妻子也不認識他。這兩家的妻子就共同辨認、爭吵。最後請求扁鵲給分辨，扁鵲說明了因由，這兩家的爭辯才罷休。

從這則荒誕離奇的故事中，我們看到「心志」和「元氣」相互配合對一個人的重要性。故事中的「心志」類似我們通常所說的「精神」或「靈魂」，「元氣」則與「身體」或「肉體」相當，二者合二為一即是我們稱之為「自我」的東西。按扁鵲的說法，公扈和齊嬰二人的「自我」都處於病態（肉體和靈魂不協調），一個是多謀少斷，一個是武斷專行，擁有這樣病態的「自我」，自然是難以成為非常富足或很有才華的人。所以，扁鵲才建議他們將心互換，他們兩個倒是各得其樂，而他們的妻子卻要重新與一個陌生的丈夫建立感情，這無疑就要影響他們各自的愛情（感情生活），可見「自我」對感情生活的克制作用。

如果說上述故事純熟虛構，那麼，我們周圍不是有許多類似這樣的現象嗎？許多非常聰明的風流才子，終因自我約束能力不夠而妨礙了才華的正當發揮；許多非常有錢的花花公子，終因無節制地花錢如流水而傾家蕩產。而另一些人，則因自私心太重（「自我」意識太強），缺乏起碼的奉獻精神，無法擁有滿意的愛情，致使自己孤獨一生，找不到感情的歸宿。凡此種種，皆為「土剋水」之人生反映。

4.信仰決定成功類型——金剋木

從前，有兩個窮秀才，在一起互相談論理想。一個說：「我這一生覺得不滿足的，只有吃飯和睡覺。將來我得志出頭的時候，一定要吃完了就睡，睡完了就吃。」另一個說：「我卻跟你的想法不一樣。應當吃了又吃，哪裡還有得空去睡覺的時間。」（《志林》）

我們不難想像，抱有這樣的成功理念（人生觀）的人，是注定不會取得滿意的事業成就。事業成就，猶如建築房屋，打下什麼樣的地基，就只能建築相應的房子。如果我們將成功的目標視為「能夠滿足吃穿不愁」，又怎麼能夠肯花大力氣、下苦功夫為將來的巨大成功打好眼前的基礎呢？一個只想釣到幾條小魚填飽自己肚子的人，是絕不會設法去取得大船去大海撒網捕魚的。

古代宋國有個人，得到了一塊玉石，把它獻給了當地最高長官子罕，子罕不要。獻玉的人說：「我曾把它給玉石匠看過，玉石匠認為是塊難得的寶玉，所以，我才敢於獻給你。」

子罕說：「我把不貪當作寶物，你把玉石當作寶物，如果把它給了我，咱倆都失去了自己的寶物，不如咱倆都保有自己的寶物。」

子罕把「不貪」當作寶物，這樣廉潔奉公的父母官肯定會博得老百姓的擁護，如果遇上賢明的上司，日後加官晉級是肯定的了。然而如果他持有這樣的「信念」去做一個商人，那他注定是要將本賠光的。

商人的信念，就是如何以最小的投入和最小的風險，去賺取最多的利益，故而「貪」是商人的正常邏輯。

擁有商人的理念去做官，肯定不能善始善終。由商人起家的呂不韋雖然官至丞相，一人之下萬人之上（有很長一段還不在一人之下），最後就是因為太貪而被秦始皇嫉恨，而落得被迫自殺的結果。由此可見，擁有什麼樣的信仰，是如何約束、限制事業成就的領域、類型和規模的。

5.貪享樂身敗名裂——水剋火

周朝建都在豐、鎬，接近西戎人，所以和諸侯各國約定：在大道上修建碉堡，在上面放著大鼓，使遠近都能聽到。如果西戎人入侵，就打鼓傳告，諸侯的兵就都來救天子。戎寇曾經入侵，幽王一擊鼓，諸侯的兵就都來了，王后褒姒很高興地笑了。幽王因為希望她笑，就多次擊鼓，諸侯的兵幾次前來，但並沒有戎寇入侵。後來，戎寇真的來了，幽王又擊鼓，但是諸侯的兵卻不再前來了。幽王就被殺死在驪山之下，被天下人所恥笑。（《呂氏春秋・疑似》）

為了換取美人的一笑，周幽王竟敢擊鼓戲諸侯，失信於天下，以致身敗名裂，成為千古之笑料。此即為「水剋火」之典型實例也。

中國是禮儀之邦，受儒家思想的影響兩千多年，特別注重言行舉止的社會規範，從而使人的自然屬性受到很大壓抑，這種現象在某些特殊年代更為突出。譬如，在「文化大革命」時代，你若想談談戀愛或舉辦舞會娛樂娛樂，馬上就會成為「資產階級的後繼人」，使你名聲掃地，永遠在別人面前低人一頭，這也算娛樂帶來的名譽損失的又一種典型實例吧。

才華或財富本來可以由對事業的成就，從而最後達到提高自己社會名譽的目的，然而你若投機取巧，想走什麼捷徑，用你手中的錢或才華去直接獲取社會名譽，則往往會適得其反。那些用錢買文憑之後卻當眾出醜，還有那些靠耍小聰明騙取名譽卻被揭穿的人，注定是要成為人們笑料的。

二、社會五行模式構想

㈠、社會五行模式的構想

1.何處無芳草——土

「土曰稼穡」，土是綜合、平衡態，象徵生化孕育、承載受納、可以播種收藏的事物。故「土」在社會五行中象徵勞苦大眾，可進一步引申為農牧（魚）民、農牧（魚）業、小農經濟等。

「天涯何處無芳草」，土地到處都有，老百姓遍地都是；土地最不值錢又缺之不得，百姓地位最卑微又不可沒有，因此，老百姓與「土」對應。農民是直接與土地打交道的人，他們最了解土地的品性與價值，同時他們又是其他一切社會關係、社會組織的淵源和依附，正如金、木、水等均離不開土一樣。

擴大一點範圍講，土還代表我們的同類，相當於應用易學中的「兄弟」概念。它不僅代表與我有親屬關係的姐妹兄弟，同志同事、知己朋友、合作或競爭伙伴等都屬於這類範疇。

「只有永久的伙伴，沒有永久的朋友」，就是說：今天還是我們的朋友，明天可能因故成為我們的競爭對手或者敵人，不論是朋友還是敵人，其伙伴之概念沒有改變，只不過是合作伙伴變成了競爭伙伴，二者仍然要相互依存下去。

2. 團結的力量——金

「金曰從革」，金表示結構致密、比較硬的固態，象徵清除、收斂、蕭條、枯竭、衰老、變革、強硬、具破壞作用的事物。故「金」在社會五行中象徵軍隊，可進一步引申為工人、工業、執法人員等。

「團結就是力量」，結構致密、剛硬使得金類事物具有較大的殺傷或破壞作用，軍隊由於組織嚴密、異常團結而具有無比的征服和戰鬥力，因此軍隊與「金」對應。除軍隊以外，具有組織嚴密、節律性較強的大的社會團體，就是與鋼鐵或機械打交道的工人階層了，所以「金」又是工人、工業的象徵。

擴大一點範圍講，金還代表我們的下一代，相當於應用易學中的「子孫」概念。它不僅代表與我有親屬關係的子女、子孫，晚輩、徒弟、下屬、廣大消費者、能給我帶來快樂者（包括取悅於我的藝人和為我排憂解難的醫生、僧道等）等都屬於這類範疇。

由於功名利祿並非每個人都有緣分求得，因此「平平安安自是福」便成了平民百姓終生之所望，「和平」也就成為人們共同之心願。「金」既然代表維護和平（平安）的軍隊（警察），自然也就有了「和平」的象徵。

3.載舟的奧秘——水

「水曰潤下」，水表示液體，象徵流動多變、周流不息、隱而不現、外柔內剛（外寒內熱）、寒涼、滋潤、向下運動的事物。故「水」在社會五行中象徵商人，可進一步引申為私有企業（公司）董事、財政（經貿）業、國有經濟等。

水能載舟，在於它的柔順與流動。而主動示弱、流動多變性恰好是商人經營者的主要特點，因此商人與「水」對應。雨點雖小，落地匯集成流；小溪潺潺，相聚匯流成江。此皆與經營者的「天下無粹白之狐，而有粹白之裘」的經濟理念類似。

擴大一點範圍講，水還代表能為我用的人和物，相當於應用易學中的「妻財」概念。它不僅代表錢財、妻子，情人、僕人、貴重物品、食物等都屬於這類範疇。

4.大樹的邏輯——木

「木曰曲直」，木表示生命態，象徵生命力頑強、能屈能伸、根深蒂固、復蘇萌發、生發條暢的事物。故「木」在社會五行中象徵政府官員，可進一步引申為國家公務員、政治活動家、政治等。

樹木從大地汲取所需營養，同時對它紮根的土地也有克制作用（為的是所需營養得以長期保存），因此，我們採用植樹的辦法控制水土流失，這與「政府官員」對百姓的管制和制約作用非常相似，因此，政府官員與「木」對應。為了使自己能汲取更多的地下營養，樹根紮得很深、串得很長；為了使自己獲取足夠的陽光，樹尖拼命地向上鑽，並且枝杈僅可能地布滿周圍空間，那管它身邊的小樹低矮、根上的小草枯黃。生命在於競爭，這就是大樹的邏輯，與政治投機家們的品性何其相似。

擴大一點範圍講，木還代表約束、克制、加害我們的人和物，相當於應用易學中的「官鬼」概念。它不僅代表官方、丈夫，上司、盜賊、病災、痛苦、鬼神、死人、雷電、地震等都屬於這類範疇。

5. 光熱的由來——火

「火曰炎上」，火是氣態，象徵溫熱、升騰、繁榮昌盛、外露無遺、外剛內柔（外熱內涼）、激烈、乾燥、向上運動的事物。故「火」在社會五行中象徵立法者，可進一步引申為司法人員（或部門）、法律等。

「燃燒自己照亮別人」，火就是由不斷燃燒，將木柴中的能量以光和熱的方式釋放出來，這與那些立法者和司法機關的言行是何其相似，故立法者和司法機關與「火」對應。

法令法規能保護老百姓的應有權益不受侵害，司法部門則是進一步讓這些法令法規得以實施，猶如火能給人帶來光和熱一樣，使老百姓在現行社會和政府中感到溫暖看到光明，所以，我們以「火」象徵社會的立法者和司法機關。

擴大一點範圍講，火還代表生養、庇護我們的人和物，相當於應用易學中的「父母」概念。古代人特別重視「名不正則言不順」，所以，一切能證明或保障我之身份、地位的官文、契約等文字性的東西也歸屬此類。父母留給子孫能供他們直接實用的東西無外乎房屋、田地等，而所有這一切都必須由一紙文書（遺書）才能生效；另外一些書稿、銀行存款（或借據）等則都直接與文字有關，所以現代的「遺產」，就與象徵生養、庇護大眾的「火」相對應。

因此，「火」不僅代表與我有親屬關係的長輩如父母、祖父母（外祖父母），師傅、老師、姑舅、房屋、車船（多指帶蓬的）、衣服、任命書、身份證、規章制度、法令法規、文件批文、合同契約、天地等都屬於這類範疇。

㈡、社會五行模式啓示錄

社會五行模式的應用範圍極為廣泛，大到國家、世界，小到一個單位、家庭，只要我們將其內容一一對應，就會驚喜地發現，這種特殊模式所體現出來的智慧，能夠將諸多令人頭痛的社會問題揭示得淋漓盡致，這是那些不懂中國文化的西方社會學家們永遠無法理解的。由於著者的學識有限，加之考慮其他諸多因素，在此只能簡述一二，拋磚引玉。

1.社會五行相生啓示錄

軍隊從何而來?從每個普通家庭中來，從大眾百姓中來。就像地中之水遇泉（井）而出一樣，平時為民、戰時為兵（這也是《周易・師》卦之由來），可見「全民皆兵」

體現的是「土生金」之理。土既象徵大眾百姓，又代表與我同類的伙伴，無論在任何領域，競爭與合作的諸多規則，最終必然導致新的聯盟（金的象徵）的出現，這也是「土生金」之理的又一種體現。

金為軍隊，象徵著和平；水為商人，象徵著財富。和平安定的社會環境，不僅可以使我們創造更多的物質財富；「百花齊放，百家爭鳴」的大好局面，還會使人們創造出更多的精神財富。此「國泰民富」之理，恰好符合「金生水」之象徵。

此外，民富國強，體現的是「水生木」之道；社會制度的進步必然導致法律健全的產生，體現的是「木生火」之理；法律保護民眾，恰好符合「火生土」之象徵。

2.社會五行相剋啓示錄

一支能出色完成任務的軍隊靠得是什麼？是鐵的紀律。師卦的初六爻辭為：「師出以律，否臧凶（行軍打仗要有嚴明的紀律，否則其前景是很凶險的）。」「軍人的天職就是服從」，受嚴明的紀律（各種條文）約束，軍隊才成為軍隊，警察才成為警察。「軍令如山」，體現的就是「火剋金」之象徵。

此外，「槍杆子裡面出政權」，與「金剋木」之道不謀而合；「有錢能使鬼推磨」，則與「水剋火」之理恰好吻合；「苛政猛於虎」的故事，說明暴政給老百姓帶來的災難和恐懼，那些騎在人民頭上作威作福的「官老爺」，在黑暗的社會裡比比皆是，這正好是對「木剋土」的典型描述。

第四節　五行學說在企業管理中的具體應用

一、從「孫權聯劉抗曹」看五行模式在決策管理中的體現

話說曹操指揮著四十萬大軍，浩浩蕩蕩殺奔新野，劉備人少勢單，只好棄城而走。曹操節節勝利，大軍至襄陽，劉琮開城投降，之後計點馬步水軍共計八十三萬，詐稱一百萬，水陸並進，船騎雙行，沿江而來，西連荊、峽，東接蘄、黃，寨柵聯絡三百餘里。大敵當前，東吳孫權集團內部產生了主降派和主戰派之爭。如進一步劃分，又可分為保守、悲觀、中間、激進、樂觀五種，前兩種可歸屬主降派，後兩種可歸屬主戰派。

據《三國演義》的描述：「時武將或有要戰的，文官都是要降的，議論紛紛不一。」而孫權則「寢食不安，猶豫不決」。其「不決」的理由，正如他對吳國太說的那樣：「欲待戰來，恐寡不敵眾；欲待降來，又恐曹操不容。因此猶豫不決。」由此可見，孫權即為中間派之代表。這時，吳軍大都督周瑜正在鄱陽湖訓練水兵，聽說曹操大軍已到漢上駐扎，便星夜趕回柴桑郡商議軍機大事……

從故事中我們不難看出：以張昭、顧雍為首的一班文臣皆為保守派，以諸葛瑾、呂

範為首的文臣皆為悲觀派，此等皆屬主降派之列；以程普、黃蓋為首的一班戰將，皆為激進派，以周瑜、魯子敬（包括諸葛亮在內）為首的將軍、謀士皆為樂觀派，此等皆屬主戰派。根據五行特徵，則以孫權為代表的中間派呈現「中和」之態，與「土」相對應；以張昭、顧雍為代表的保守派呈現「收斂」之態，與「金」相對應；以諸葛瑾、呂範為代表的悲觀派呈現「退縮」之態，與「水」相對應；以程普、黃蓋為代表的激進派呈現「生發」之態，與「木」相對應；以周瑜、魯子敬為代表的樂觀派呈現「光明」之態，與「火」相對應。故事的結局，中和派的孫權採納了樂觀派的主戰論決策，但對保守派的主降論意見也進行了充分考慮，故而才做出了充分的作戰準備，為「赤壁之戰」的最後勝利打下了基礎。

其中道理，除了象徵「中和」之「土」受象徵「樂觀」之「火」相生、「中和」之「土」又生象徵「保守」之「金」外，與五行之間由相生、相剋達到綜合平衡之理不無關係，而這正是我們以下談論的主要內容。

二、用五行學說構建企業的管理模式

1.經濟運行中的五大要素與五行對應關係

①投資：投資是將資金固化為資本（購置設備、廠房、原材料等），不可抽回，而

資本是整個國民經濟的基礎，所以取象為「土」，意為坤，是生育萬物之母，且有不動之象。

②產值：產值直接消耗投資，故取象為「木」，剋土之意。且「木」具有生命活力，生發向上，類似於國民生產的自然增長。

③消費：用貨幣購買的商品，不能創造別的商品，在使用中被損壞掉。消費直接損耗產值，故取剋木者「金」為象，因金有收殺、毀折之意。

④積累：透過儲備、儲蓄、債券、股票等方式，將資金積累起來，用於投資或備它用。積累增多，消費自然減少，故取剋金之「火」為象。火性多變、強弱難控。

⑤財政：由稅收獲得的資金，除用於國防和事業開支外，國家將財政用於科研教育等基礎性投入。財政支出是消耗國家的淨積累，故取剋火之「水」為象。水多流動，其性潤下，類似國家財政支出補充重點產業和重要事業的缺口。

相剋關係：投資（土）→財政（水）→積累（火）→消費（金）→產值（木）→投資

相剋關係：投資（土）→消費（金）→財政（水）→產值（木）→積累（火）→投資

2.用五行學說構建企業的管理模式

根據五行基本象徵和現代企業管理的基礎內容，我們將五行的五常與企業管理的職能、對象、目標的對應劃分如下，依此可構建企業管理的五行模式：

①土：土代表綜合平衡態，象徵生化孕育，五常為「信」，與「生產管理」相對

應。管理對象為產品、設備、生產資料等，管理目標為「質量可靠、成本穩定」。

②木：木代表生命態，象徵能屈能伸，五常為「仁」，與「人事管理」相對應。管理對象為員工、崗位等，管理目標為「參差有序、富有生機」。

③金：金代表固態，象徵強硬清除，五常為「義」，與「市場管理」相對應。管理對象為營銷、廣告、信息、服務等，管理目標為「銳利進取、準確到位」。

④火：火代表氣態，象徵繁榮昌盛，五常為「禮」，與「形象管理」相對應。管理對象為企業文化、品牌塑造、規章制度、安全防範等，管理目標為「旗幟鮮明、防範於未然」。

⑤水：水代表液體，象徵流動多變，五常為「智」，與「財務管理」相對應。管理對象為資金、預算、合同、科研等，管理目標為「源源暢通、堤壩堅固」。

第五節　干支與五行（六十甲子納音）

一、干支概念及其內涵

干支即天干、地支的合稱，是古人用來紀時的代號，然其意義已經成為中國古代思想理論體系的一個重要組成部分。

天干，意思是說：在這個太陽系中，地球和外面的星球，彼此干擾的作用。以現在話言之，即地球和各個星球的放射功能，彼此吸收互相發生作用，對於這種天體的運動，古人歸納起來用十個符號代表，說明相生相剋的道理，故為甲、乙、丙、丁、戊、己、庚、辛、壬、癸。

地支意思是地球本身，在太陽系中運行與各個星球之間互相產生干擾的關係，無形中有一個力量在支持著，故地支有十二，為子、丑、寅、卯、辰、巳、午、未、申、酉、戌、亥。

古人云：「夫干，猶木之干，強而為陽；支，猶木之枝，弱而為陰」，這也許是干支最原始的概念。其實，干支是對時空的描述，干為陽、為能感知的空間，支為陰、為無法感知的時間。

根據陰中有陽、陽中有陰的原則，在空間的概念中，「天干」代表地球之外的星體對人類的影響，「地支」則象徵地球本身對人類的影響。這對一經一緯的干、支，則詳細描述了宇宙對人類自身的全部信息。所有這些，需讀者在實際經驗中慢慢體會才能深刻地領會。

二、天干的五行屬性及其象徵

天干	甲	乙	丙	丁	戊	己	庚	辛	壬	癸
陰陽	陽	陰	陽	陰	陽	陰	陽	陰	陽	陰
五臟	膽	肝	小腸	心	胃	脾	大腸	肺	膀胱	腎
方向	東		南		中		西		北	
五行	木		火		土		金		水	

三、地支的五行屬性及其象徵

地支	子	丑	寅	卯	辰	巳	午	未	申	酉	戌	亥
陰陽	陽	陰	陽	陰	陽	陰	陽	陰	陽	陰	陽	陰
五行	水	土	木	木	土	火	火	土	金	金	土	水
方向	北	東北	東北	東	東南	東南	南	西南	西南	西	西北	西北
生肖	鼠	牛	虎	兔	龍	蛇	馬	羊	猴	雞	狗	豬
月份	十一	臘	正	二	三	四	五	六	七	八	九	十
五臟	膀胱	脾	膽	肝	胃	心	小腸	脾	大腸	肺	胃	腎

四、干支組合（六十甲子納音）

由於十天干和十二地支的最小公倍數是六十，故天干地支相配六十為一循環，也就是通常我們所說的「六十甲子」，六十甲子在易學預測領域內的應用主要是其體現的「納音五行」，即「海中金」「爐中火」等等。

我們常聽某某人說：「我的命是霹靂火」，或者是什麼「松柏木」「長流水」「釵釧金」等，這就是指的「納音五行」了。

我們以前所介紹的五行，均為正五行。此外，還有一種特殊的五行，就是將六十甲子和五音十二律結合起來，以六十甲子的每四個字代表一種特殊性質的五行，古人稱之「納音五行」。歌訣如下：

甲子乙丑海中金，丙寅丁卯爐中火，戊辰己巳大林木，
庚午辛未路旁土，壬申癸酉劍鋒金，甲戌乙亥山頭火，
丙子丁丑澗下水，戊寅己卯城頭土，庚辰辛巳白蠟金，
壬午癸未楊柳木，甲申乙酉泉中水，丙戌丁亥屋上土，
戊子己丑霹靂火，庚寅辛卯松柏木，壬辰癸巳長流水，
甲午乙未沙中金，丙申丁酉山下火，戊戌己亥平地木，

庚子辛丑壁上土，壬寅癸卯金箔金，甲辰乙巳佛燈火，
丙午丁未天河水，戊申己酉大驛土，庚戌辛亥釵釧金，
壬子癸丑桑柘木，甲寅乙卯大溪水，丙辰丁巳沙中土，
戊午己未天上火，庚申辛酉石榴木，壬戌癸亥大海水。

納音五行到底是根據什麼而定的，古人沒有講得清楚。在每一種五行中，又分為六種狀態。如水，就有澗下水、泉中水、長流水、天河水、大溪水、大海水六種，其性質和強弱顯然是不一樣的。六十甲子和由六十甲子演變的納音五行，據考察，它與農作物的收成以及太陽黑子活動的規律，甚至和人類社會發展都有一定的聯繫，是一個豐富的信息體系。其變化真是深奧莫測。其原理也許很樸素，但對現代科學來講，還是個有待進一步破譯的迷陣。

例如，金有六種：海中金、劍鋒金、白蠟金、沙中金、金箔金、釵釧金。其中最堅硬的是劍鋒金，而蠟燭上的白蠟金是最弱的。劍鋒金喜火，因為有火煉才能鍛成利器，而白蠟金則就忌旺火了。海中金在海水裡，它的長處是一般的火是剋不著的。沙中金散埋在砂中，一般的火也剋不著，但倘若碰上霹靂火，就有可能被克服。海中金，金所生的水處在海水中，沒有什麼用處，無事可做。而沙中金生的水，又會很快被砂子吸入滲下，效果顯然不一樣。劍鋒金最鋒利，應該可以剋各種木，包括最硬的「大林木」，但劍鋒金又離不開火，全賴火煉之。所以，其關係真是錯綜複雜，互為生剋，循環作用，

不一而足。

再如，土有六種：路旁土、城頭土、屋上土、壁上土、大驛土、沙中土。其中，壁上土和大驛土，都是不長植物的處所，不易被木所剋。而路旁土就恰恰相反，極易被木所剋。屋上土、壁上土都很薄，生金的能力又不如路旁土、大驛土。生金能力最強的為沙中土。

再如，水：大溪水、大海水，水勢旺盛。澗下水，湍湍流淌，就極易被土所剋。而大海水和天河水，不怕土剋，特別是天河水，水在天上，土在地下，土完全無法剋之，反是被動的。澗下水、泉中水，滋潤地表之物昌茂，極易生木。而大海水之中，竟無法生木。但就水剋火而言，大海水、大溪水是無所阻擋的，而澗下水又很孱弱。但除了天河水外，各種水又獨克制不了天上火，因為火在天上。

再如，火有六種：就火勢而言，天上火、霹靂火最猛勁。山頭火顯然不如山下火燃得旺盛持久。特別是霹靂火，不但不怕水剋，還可以潛入海底行剋。天上火又獨怕天河水。霹靂火雖旺，不怕水剋，但恰恰又喜水來制服調節為好，特別是天河水。

再如，木有六種：其中，各種木性顯然不一樣。大林木、平地木不易受金剋之，尤最怕最鋒利的劍鋒金。大林木一旦生起火來，火勢必然猛烈，而桑柘木、石榴木，所生的火勢不會很大。

古代往往將納音五行用於合婚，以年命相生為佳，相剋為差。例如，長流水與楊柳木、山下火與壁上土等都是很好的配置。而大林木與路旁土、天河水與天上火，就很不好了。這種論述太過於片面教條，不可取之處很多。其實，納音五行的實質，是借助時空概念的引入，將原來停留在一個平面上的五行生剋制化關係，拓撲為一個立體化的時空模式，使得五行生剋內容更為豐富多彩，於是也才能包羅多姿多彩的人類生活。

在我們的日常生活中，經常遇到這樣的事情：有人想幫助別人，但卻心有餘而力不足；有人有能力去幫助別人，卻陰差陽錯地幫了倒忙，落一個「好心辦壞事」的結果；還有的想打敗對方，終因能力有限而偃旗息鼓；還有的憑著實力去迫害他人，卻歪打正著地反而激發出對方的鬥志，成就了別人的好事。

凡此種種，均與我們以上所論的「納音五行」之間的相生、相剋之論何其吻合。從此，我們不得不感嘆，祖先之偉大，他們創造的「納音五行」模式，為我們提供了一個多麼廣泛的應用易學空間。然而，處於種種考慮，我們的先哲沒有把其中的詳細道理流傳下來，致使我們至今仍舊徘徊在其門外而不得入內，面對到底該如何將「納音五行」更為廣泛地應用於易學諸領域等問題，一籌莫展。

《周易・繫辭》云：「理盡性，以至於命。」天下事物，莫過於一理，只有弄懂了事物的道理，才能直達它的本質，把握住它的命運。可喜的是，目前已有不少有志之士，開始從根本上對此進行深入的研究，相信不久的將來，「納音五行」應用原理就會大白於眾人，到那時，我們就會做到像庖丁解牛那樣，恰到好處，料事如神。

附：五行學說的特點以及與八卦、六十四卦的關係

一、五行學說的特點與《周易》思維模式的一致性

《周易》思維模式的特點主要有五，即：代碼性、系統性、全息性、模式性、辯證性。五行學說也都具有這些特徵，由此可見，二者思維特點的一致性。現概述如下：

1.代碼性：

馮友蘭先生認為，《周易》是一部宇宙代數學，六十四卦是個空套子，隨便帶入什麼均可。五行系統也有此特性，可以說「範圍天地之化而不過，曲成萬物而不遺」。

2.系統性：

由於五行外延的應用擴展，形成了以五行為基礎的對應系統。這個對應系統，大至天地宇宙，小到人體內臟。

在總體系統中，與五行相對應的每一部分，又形成一個小系統。如五色、五德、五方、五氣、五官、五音等等，這些系統一一對應。

3.全息性：

五行系統中五個要素可以與多種因素對象對應，代表各類各方信息。據《五臟生成論》之論，由五脈可以獲得人體的多種信息。不僅人體有全息現象，而且依據五行互生、互轉、互道、互透的原理，可以從系統中每一部分變異，重視整體的變化。因此，五行學說具有現代全息現象特點。

4.模式性：

五行模式，探索整體結構內部關係，以五行為基礎，以相生相剋為法則，企圖含攝世界萬物於其中。

5.辯證性：

五行學說是以陰陽說為基礎發展而來，必然延承它的辯證性的特點。

二、五行學說與八卦、六十四卦的關係

《易經》本來並未談過五行，也可以說五行與八卦沒有關係。後來認識到：五行為自然的五種基礎物質（古人假設的），把它們命名為金、木、水、火、土。古人假設八卦代表自然界八種基本現象，二者都源出自然界，且都是古代解釋宇宙的數學模式，後來五行逐漸與八卦發生了關係。

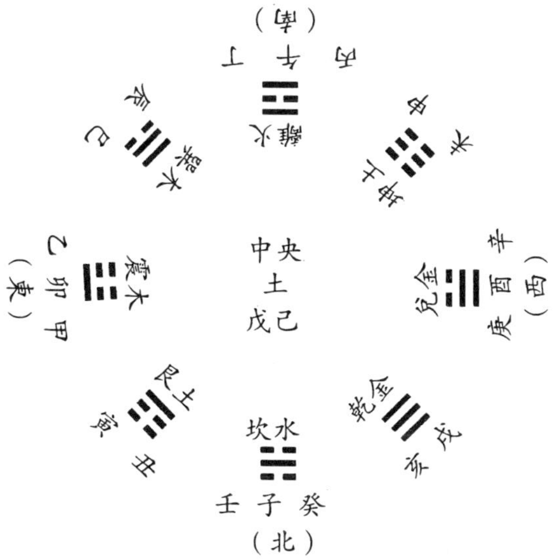

圖 72　天干地支八卦五行方位圖

1. 八卦與五行

八卦的五行屬性：乾屬金，坎屬水，艮屬土，震屬木，巽屬木，離屬火，坤屬土，兌屬金。

八卦五行屬性的由來，皆可由八卦和五行的取象類比特性推導而出。例如，離為火（日）、坎為水（雨）直接與五行對應；艮為山、坤為地皆為土之特性，故艮、坤二卦五行屬土；乾為剛、為實與金之剛硬、致密（固態）對應，兌為毀折與金之肅殺對應，故乾、兌二卦五行屬金；巽為木已有明示，惟震與木的聯繫令人不好接受。其實震卦本來就是萬物初生之意，一陽爻在最底下萌動象徵種子萌發，任何事物也都是先聞其聲而後見其形，猶如先聽到雷聲然後見到雨下，再後萬物開始萌發生長，故震與木之生發特性相對應，故震五行屬木。附「天干地支八卦五行方位圖」如圖72。

2. 六十四卦與五行

在應用易學中，六十四卦與五行主要體現在「六十四卦八宮卦序」方面，其次是六十四卦六爻的納干、納支。

①六十四卦八宮卦序，見圖73的「六十四卦八宮五行卦序圖」。

從圖中，我們可以看到「八宮卦序的排列」是極有規律的。

八宮第一卦是本宮卦，六爻不變，即八純卦。第二卦在八純卦的基礎上，初爻發生陰陽變化，由此產生新的一卦。第三卦是在第二卦的基礎上二爻陰陽變化所得新的一卦。第四卦是在第三卦的基礎上三爻陰陽變化所得新的一卦。第五卦是在第四卦的基礎上四爻陰陽變化所得新的一卦。第六卦是在第五卦的基礎上五爻陰陽變化所得新的一卦。第七卦上爻不變，轉下來四爻又陰陽變化所得新的一卦，因第五卦時，是四爻陰陽變化所得，現在又變了回去，其變化遊忽不定，故第七卦被稱為「遊魂」卦。第八卦是在第七卦基礎上整個內卦歸還本宮內卦的原形所得，所以第八卦稱為「歸魂」卦。

本宮八純卦世爻定在六爻上，本宮第二卦世爻定在首先發生爻變的第一爻上，第三卦世爻定在發生爻變的第二爻上，第四卦世爻定在發生爻變的第三爻上，第五卦世爻定在發生爻變的第四爻上，第六卦世爻定在發生爻變的第五爻上，第七遊魂卦世定在發生爻變的第四爻上，第八歸魂卦世爻定在第三爻上。

	乾金	震木	坎水	艮土	坤土	巽木	離火	兌金
本宮	乾	震	坎	艮	坤	巽	離	兌
一世	姤	豫	節	賁	復	小畜	旅	困
二世	遁	解	屯	大畜	臨	家人	鼎	萃
三世	否	恒	既濟	損	泰	益	未濟	咸
四世	觀	升	革	睽	大壯	無妄	蒙	蹇
五世	剝	井	豐	履	夬	噬嗑	渙	謙
遊魂	晉	大過	明夷	中孚	需	頤	訟	小過
歸魂	大有	隨	師	漸	比	蠱	同人	歸妹

圖73　六十四卦八宮五行卦序圖

②納干、納支

六十四卦納干，反映的是以月亮為主的宇宙天體對地球上事物的影響。六十四卦六爻納干以八單卦分別納入。

六十四卦納支，反映的是地球本身對其上事物的影響，主要表現在十二地支本身所帶信息上。同納干類似，六十四卦六爻納支也是以八單卦分別納入。因六十四卦的納干、納支具有很強的專業性，此不贅述。

3.小結

「八卦五行所屬」和「六十四卦八宮五行卦序」以及「納支」「納干」的介入，使原來的六十四卦體系一下子龐大起來，從而也使得《周易》這座神秘的宮殿更加絢麗多彩。這一龐大的易學體系的應用範圍極廣，我們較為熟悉的西漢京房所傳納甲筮法就是其中一例，這種筮法同周易古筮法（以陰陽變化來解釋宇宙萬物的規律，主要由卦象及卦、爻辭為象徵，說明人事的吉凶禍福）不同，即是由八卦納入十天干與十二地支，將八卦與陰陽五行學說緊密結合在一起，利用五行的生剋旺衰來進行預測。

由於這些內容不屬本書討論範圍，在此不多贅述。值得一提的是，這套龐大的易學體系的應用價值極大，可惜古人對此闡述不很細微，許多方面還有待我們進一步開發。

後記　耕耘者贊

在書稿即將付梓之際，突然感到有許多憂鬱湧上心頭。研易十餘年的酸楚，終於有了可喜的收成，然而那些為此默默耕耘的付出者，他們心血和汗水有幾人能知？

每當與熱愛周易文化的友人聊天，他們總是鼓勵我撰寫一本通解《周易》的普及讀物，以便讓更多的人了解這部凝聚古代賢哲智慧的思想結晶。承吳潄泉、霍斐然、潘啟明等老師的啟蒙，受吳巨義老師卦解詩詞的啟發，開始創作《詩情畫意說周易・六十四卦新象解》一書，又蒙梁敢雄老師提出修改意見，才使得該書較合初意，後經于寶儉老師為六十四卦配圖，此書得以最後完成。

經許多沒有接觸周易的友人傳閱後，認為該書仍不具備最通俗性，於是始創《談古論今說〈周易〉》，承蒙中國書店出版社趙安民主任的賞識，擬定首先出版這部書稿，為增加可讀性，決定將《詩情畫意說周易》中的六十四卦插圖放入該書。考慮到社會和篇幅等因素，在最後修訂時對原稿進行了大量刪節，為的是讓它成為更多讀者的朋友。

在我研易和本書創作中，得到了北京雷向陽、任建華、邱偉、陶正洲、劉鎖才等朋友的無私相助，以及愛人李向麗等親人的無怨奉獻，特別是雷向陽摯友，在易學諸多領域的獨特見地，使作者多方受益，在此一併表示感謝。

感謝易學前輩唐明邦教授作序，使本書蓬蓽增輝。

面對這份來之不易的收成，我感慨萬千。願這一收成能給所有耕耘者帶去一份溫馨；願這一成果能在廣大讀者心田紮根，讓明天廣博的收成使更多耕耘者綻開笑容。

作者辛巳年冬於北京

主要參考書目

易學類：

《白話易經》全譯本，中國民間文藝出版社，一九八九
《白話三玄》孔澤人著，中州古籍出版社，一九九二
《周易釋注》黃壽祺張善文撰，上海古籍出版社，一九八九
《周易與現代化》段長山主編，中州古籍出版社，一九九二
《周易尚氏學》尚秉和著，中州古籍出版社，一九九四
《易經雜說》南懷瑾著，中國世界語出版社，一九九五
《易經繫傳別講》南懷瑾著，中國世界語出版社，一九九五
《易經答問》陳囊民張文學編著，中州古籍出版社，一九九〇
《易經畫傳》李燕著，中國和平出版社，一九九三
《天干地支紀歷與預測》翁文波著，石油工業出版社，一九九三
《人生易經》雷禎孝著，湖北人民出版社，一九九八
《周易人生決策指南》雒啟坤著，中國社會科學出版社，一九九三

《易學大辭典》張其成主編，華夏出版社，一九九二

謀略類：

《怎樣出將入相》惟悟著，四川大學出版社，一九九三
《中國歷代謀士》羊春秋主編，中國人事出版社，一九九一
《謀略庫》柴宇球主編，藍天出版社，一九九〇
《參謀的藝術》王慶新著，知識出版社，一九九五
《三十六計全書》王喜主編，北京燕山出版社，一九九五
《郁離子譯注》張英基董文林著，北京師範大學出版社，一九九二

經營管理類：

《哈佛經營管理市場營銷學》蕭洋等編，北京燕山出版社，一九九八
《世界人才戰》吳建峰等著，遼寧民族出版社，一九九三
《怎樣識別人才》常清華常鴻範著，中國城市出版社，一九九九
《市場經濟企業競爭手冊》王榮文主編，中國友誼出版公司，一九九三
《企業診斷與弊病防範手冊》甘生等編，國際文化出版公司，一九九六

其他類：

《宇宙全息統一論》王存臻嚴春友著，山東人民出版社，一九九五
《中醫理發方藥精要》樊鼎編著，遼寧科學技術出版社，一九九一

《中國哲學全書》中外名人研究中心編，上海人民出版社，一九九四
《人生病態放言》老桂著，中國文聯出版社，一九九八
《天時地利人和》白血著，山西人民出版社，一九九三
《中國歷代寓言分類大觀》尚和主編，文匯出版社，一九九二
《中國古代哲學寓言故事選》嚴北溟編，上海人民出版社，一九八〇

大展出版社有限公司 品冠文化出版社

圖書目錄

地址：台北市北投區(石牌)
致遠一路二段 12 巷 1 號
郵撥：01669551＜大展＞
19346241＜品冠＞

電話：(02) 28236031
28236033
28233123
傳真：(02) 28272069

・熱門新知・品冠編號 67

1.	圖解基因與 DNA		中原英臣主編	230 元
2.	圖解人體的神奇	（精）	米山公啟主編	230 元
3.	圖解腦與心的構造	（精）	永田和哉主編	230 元
4.	圖解科學的神奇	（精）	鳥海光弘主編	230 元
5.	圖解數學的神奇	（精）	柳 谷 晃著	250 元
6.	圖解基因操作	（精）	海老原充主編	230 元
7.	圖解後基因組	（精）	才園哲人著	230 元
8.	圖解再生醫療的構造與未來		才園哲人著	230 元
9.	圖解保護身體的免疫構造		才園哲人著	230 元
10.	90 分鐘了解尖端技術的結構		志村幸雄著	280 元
11.	人體解剖學歌訣		張元生主編	200 元
12.	醫院臨床中西用藥		杜光主編	550 元
13.	現代醫師實用手冊		周有利主編	400 元

・名人選輯・品冠編號 671

1.	佛洛伊德	傅陽主編	200 元
2.	莎士比亞	傅陽主編	200 元
3.	蘇格拉底	傅陽主編	200 元
4.	盧梭	傅陽主編	200 元
5.	歌德	傅陽主編	200 元
6.	培根	傅陽主編	200 元
7.	但丁	傅陽主編	200 元
8.	西蒙波娃	傅陽主編	200 元

・圍棋輕鬆學・品冠編號 68

1.	圍棋六日通	李曉佳編著	160 元
2.	布局的對策	吳玉林等編著	250 元
3.	定石的運用	吳玉林等編著	280 元
4.	死活的要點	吳玉林等編著	250 元
5.	中盤的妙手	吳玉林等編著	300 元
6.	收官的技巧	吳玉林等編著	250 元

7. 中國名手名局賞析　沙舟編著　300 元
8. 日韓名手名局賞析　沙舟編著　330 元
9. 圍棋石室藏機　劉乾勝等著　250 元
10. 圍棋不傳之道　劉乾勝等著　250 元
11. 圍棋出藍秘譜　劉乾勝等著　250 元
12. 圍棋敲山震虎　劉乾勝等著　280 元
13. 圍棋送佛歸殿　劉乾勝等著　280 元
14. 無師自通學圍棋　劉駱生著　280 元

·象棋輕鬆學· 品冠編號 69

1. 象棋開局精要　方長勤審校　280 元
2. 象棋中局薈萃　言穆江著　280 元
3. 象棋殘局精粹　黃大昌著　280 元
4. 象棋精巧短局　石鏞、石煉編著　280 元

·智力運動· 品冠編號 691

1. 怎樣下國際跳棋 國際跳棋普及教材(上)　楊永編著　220 元

·鑑賞系列· 品冠編號 70

1. 雅石鑑賞與收藏　沈泓著　680 元
2. 印石鑑賞與收藏　沈泓著　680 元
3. 玉石鑑賞與收藏　沈泓著　680 元

·休閒生活· 品冠編號 71

1. 家庭養蘭年年開　殷華林編著　300 元

·生活廣場· 品冠編號 61

1. 366 天誕生星　李芳黛譯　280 元
2. 366 天誕生花與誕生石　李芳黛譯　280 元
3. 科學命相　淺野八郎著　220 元
4. 已知的他界科學　陳蒼杰譯　220 元
5. 開拓未來的他界科學　陳蒼杰譯　220 元
6. 世紀末變態心理犯罪檔案　沈永嘉譯　240 元
7. 366 天開運年鑑　林廷宇編著　230 元
8. 色彩學與你　野村順一著　230 元
9. 科學手相　淺野八郎著　230 元
10. 你也能成為戀愛高手　柯富陽編著　220 元
12. 動物測驗—人性現形　淺野八郎著　200 元
13. 愛情、幸福完全自測　淺野八郎著　200 元

14. 輕鬆攻佔女性	趙奕世編著	230 元
15. 解讀命運密碼	郭宗德著	200 元
16. 由客家了解亞洲	高木桂藏著	220 元
17. 從愛看人性	黃孚凱編著	220 元
18. 後宮生活秘辛	廖義森編著	230 元
19. 野史搜奇	廖義森編著	220 元

・血型系列・品冠編號 611

1. A 血型與十二生肖	萬年青主編	180 元
2. B 血型與十二生肖	萬年青主編	180 元
3. O 血型與十二生肖	萬年青主編	180 元
4. AB 血型與十二生肖	萬年青主編	180 元
5. 血型與十二星座	許淑瑛編著	230 元
6. 血型與職業	萬年青主編	180 元

・女醫師系列・品冠編號 62

1. 子宮內膜症	國府田清子著	200 元
2. 子宮肌瘤	黑島淳子著	200 元
3. 上班女性的壓力症候群	池下育子著	200 元
4. 漏尿、尿失禁	中田真木著	200 元
5. 高齡生產	大鷹美子著	200 元
6. 子宮癌	上坊敏子著	200 元
7. 避孕	早乙女智子著	200 元
8. 不孕症	中村春根著	200 元
9. 生理痛與生理不順	堀口雅子著	200 元
10. 更年期	野末悅子著	200 元

・傳統民俗療法・品冠編號 63

1. 神奇刀療法	潘文雄著	200 元
2. 神奇拍打療法	安在峰著	200 元
3. 神奇拔罐療法	安在峰著	200 元
4. 神奇艾灸療法	安在峰著	200 元
5. 神奇貼敷療法	安在峰著	200 元
6. 神奇薰洗療法	安在峰著	200 元
7. 神奇耳穴療法	安在峰著	200 元
8. 神奇指針療法	安在峰著	200 元
9. 神奇藥酒療法	安在峰著	200 元
10. 神奇藥茶療法	安在峰著	200 元
11. 神奇推拿療法	張貴荷著	200 元
12. 神奇止痛療法	漆 浩 著	200 元
13. 神奇天然藥食物療法	李琳編著	200 元

14. 神奇新穴療法	吳德華編著	200 元
15. 神奇小針刀療法	韋丹主編	200 元
16. 神奇刮痧療法	童佼寅主編	200 元
17. 神奇氣功療法	陳坤編著	200 元

・常見病藥膳調養叢書・品冠編號 631

1. 脂肪肝四季飲食	蕭守貴著	200 元
2. 高血壓四季飲食	秦玖剛著	200 元
3. 慢性腎炎四季飲食	魏從強著	200 元
4. 高脂血症四季飲食	薛輝著	200 元
5. 慢性胃炎四季飲食	馬秉祥著	200 元
6. 糖尿病四季飲食	王耀獻著	200 元
7. 癌症四季飲食	李忠著	200 元
8. 痛風四季飲食	魯焰主編	200 元
9. 肝炎四季飲食	王虹等著	200 元
10. 肥胖症四季飲食	李偉等著	200 元
11. 膽囊炎、膽石症四季飲食	謝春娥著	200 元

・彩色圖解保健・品冠編號 64

1. 瘦身	主婦之友社	300 元
2. 腰痛	主婦之友社	300 元
3. 肩膀痠痛	主婦之友社	300 元
4. 腰、膝、腳的疼痛	主婦之友社	300 元
5. 壓力、精神疲勞	主婦之友社	300 元
6. 眼睛疲勞、視力減退	主婦之友社	300 元

・休閒保健叢書・品冠編號 641

1. 瘦身保健按摩術	聞慶漢主編	200 元
2. 顏面美容保健按摩術	聞慶漢主編	200 元
3. 足部保健按摩術	聞慶漢主編	200 元
4. 養生保健按摩術	聞慶漢主編	280 元
5. 頭部穴道保健術	柯富陽主編	180 元
6. 健身醫療運動處方	鄭寶田主編	230 元
7. 實用美容美體點穴術＋VCD	李芬莉主編	350 元
8. 中外保健按摩技法全集＋VCD	任全主編	550 元
9. 中醫三補養生	劉健主編	300 元
10. 運動創傷康復診療	任玉衡主編	550 元
11. 養生抗衰老指南	馬永興主編	350 元
12. 創傷骨折救護與康復	鍾杏梅主編	220 元
13. 百病全息按摩療法＋VCD	王富春主編	500 元
14. 拔罐排毒一身輕＋VCD	許麗編著	330 元

國家圖書館出版品預行編目資料

談古論今說周易／龐鈺龍 著
——初版－臺北市，大展，2005［民 94］
面；21 公分－（易學智慧；13）
ISBN 978-957-468-349-9（平裝）
1. 易經—研究與考訂
121.17　　93020467

談古論今說周易

ISBN 978-957-468-349-9

編 著 者／龐　鈺　龍
責任編輯／錢　　進
發 行 人／蔡　森　明
出 版 者／大展出版社有限公司
社　　址／台北市北投區（石牌）致遠一路 2 段 12 巷 1 號
電　　話／(02) 28236031・28236033・28233123
傳　　真／(02) 28272069
郵政劃撥／01669551
網　　址／www.dah-jaan.com.tw
E-mail／service@dah-jaan.com.tw
登 記 證／局版臺業字第 2171 號
承 印 者／傳興印刷有限公司
裝　　訂／建鑫裝訂有限公司
排 版 者／弘益電腦排版有限公司
授 權 者／中國書店
初版1刷／2005 年（民 94 年） 1 月
初版2刷／2010 年（民 99 年）11 月　　定價／280 元

大展好書　好書大展
品嘗好書　冠群可期

大展好書　好書大展
品嘗好書　冠群可期